Elke Hartebrodt-Schwier (Hg.)

Das große Bibelspielebuch

350 Gruppenspiele

Mit Spielen von Elke Hartebrodt-Schwier,
Michael Jahnke, Sybille Kalmbach
und Heike Schütz

Illustrationen von Elisabeth Focken

aussaat

2. Auflage 2009
© 2008 Aussaat Verlag
Neukirchener Verlagsgesellschaft mbH, Neukirchen-Vluyn
www.nvg-medien.de
Umschlaggestaltung: Andreas Sonnhüter, Düsseldorf,
unter Verwendung der Bilder von © istockphoto.com
Satz: Breklumer Print-Service, Breklum
Druck: Fuck Druck, Koblenz
Printed in Germany
ISBN 978-3-7615-5615-3

Inhaltsverzeichnis

Altes Testament

Neues Testament

Einleitung

Spielen besitzt eine wichtige Bedeutung für die Entwicklung des Menschen und gehört zu den grundlegenden Phänomenen des Lebens. Hans Scheuerl charakterisiert das Spiel mit Freiheit, innerer Unendlichkeit, Scheinhaftigkeit, Ambivalenz, Geschlossenheit und Gegenwärtigkeit (vgl. Scheurl, Das Spiel, S. 67-102), sodass diese phänomenologischen Merkmale auch in der Spielpädagogik berücksichtigt werden müssen. Denn alle Spielmerkmale zusammen ergeben eine ganze Bewegungsgestalt, die zerbricht, wenn ein Merkmal blockiert ist. Dennoch findet die Spielpädagogik zwei Anwendungsgebiete: Zum einen ist sie die Motivation zum Spielen und die pädagogische Beeinflussung der Spieltätigkeiten, zum anderen ist sie die Erziehung mit und durch Spiel, also Spiel als Methode für organisierte Lernprozesse (vgl. Arbeitsblätter zur Spielpädagogik, S. 3).

Die in diesem Buch aufgelisteten Spiele sind reflektiert im Hinblick auf das spielerische Erleben im Kontext von Religion. Wie Kinder nach dem Buchtitel von Bruno Bettelheim Märchen in ihrer Erziehung brauchen (vgl. Bettelheim, Kinder brauchen Märchen), so gehen wir davon aus, dass auch biblische Geschichten und die Auseinandersetzung mit der eigenen religiösen Identität erforderlich sind, um eine Identität in dieser Welt zu finden.

Das vorliegende Buch soll helfen, spielerische Anregungen für die Arbeit in der Religionspädagogik zu finden. 350 Spiele bieten die Möglichkeit, gemeinsam mit anderen Menschen Erfahrungen im Kontext von Themen des Glaubens zu machen. In einem weiteren Lernprozess können diese spielerischen (Glaubens-) Erfahrungen mit anderen Arbeitsformen verdichtet werden.

In vielen Spielbüchern und -karteien sind die Spiele nach mehreren, nebeneinander stehenden Einteilungssystemen geordnet. In diesem Buch sind die Spiele chronologisch in der Reihenfolge der biblischen Bücher sortiert. Bei manchen Spielen befinden sich exemplarische Querverweise auf andere Bibeltextstellen, sodass sich das entsprechende Spiel auf die angegebene Textstelle bzw. das Thema übertragen lässt. Zu jedem Spiel befinden sich Angaben zu Material, Spieldauer, Spielort, Gruppengröße, Alter der Spieler und zur Klassifikation, wie z. B. Bewegungs-, Interaktions-, Kennlern-, Kooperations- oder Wettkampfspiel. Sie helfen dem Spielleiter, seine Spiele sorgfältig für die geplante Aktion auszuwählen. Einige Spiele stellen Prinzipien dar, sodass sich dieses Spiel mit kleinen Abweichungen auf andere Textstellen bzw. Themen übertragen lässt.

Alle Spiele sind von den vier Autoren, Elke Hartebrodt-Schwier (EHS), Michael Jahnke (MJ), Sybille Kalmbach (SK) und Heike Schütz (HS) über Jahre hinweg aus der Praxis für die Praxis gesammelt, reflektiert und erprobt. Sie bieten Anregungen für eigene Veränderungen und sind somit flexibel einsetzbar, nicht nur für die Zielgruppe der Kinder und Konfirmanden, sondern auch für die Arbeit mit Jugendlichen und Erwachsenen.

Für den praktischen Einsatz vieler Spiele sind einige Tipps hilfreich:
Der Spielleiter macht sich zu Beginn Gedanken über die ausgewählten Spiele. Er setzt die Spiele zielbewusst und zielgerecht ein. Spiele werden nicht einfach aneinandergereiht, sondern mit adäquater Überleitung eingeführt. Hierbei können Spielketten – eingebettet in einer Rahmengeschichte aus der Lebenswelt der Spieler – eine Stütze sein. Der zeitliche Ablauf der Spiele und der Spielort sind dabei aufeinander abgestimmt. Das zu verwendende Material liegt bereit.

Ferner ist es hilfreich,
– nur Spiele auszuwählen, von denen der Spielleiter die Regeln gut kennt.
– nicht den Namen des Spiels vorher zu nennen.
– mehr Spiele im Vorfeld auszuwählen, als eingesetzt werden können.
– abwechslungsreiche Spiele in der Stärke und Art der Bewegung und Zusammensetzung der Untergruppen und Spielmittel auszuwählen.
– die Spielregeln kurz, gebündelt und schrittweise einzuführen.
– einzelne Spiele kurz nach dem Höhepunkt abzubrechen.
– sich ein Raster im Vorfeld anzufertigen, das auch als Spickzettel während der Anleitung dienen kann.
– unerwünschte Auswirkungen zu vermindern, also z. B. Angst vor Blamage, Furcht vor Verletzungen, Angst vor Körperkontakten, Unsicherheit bei ungewöhnlichen Verhaltensweisen.
– selber gerne mitzuspielen, wenn dies im Rahmen des Spieles möglich ist.

Altes Testament

1.   1. Mose 1   Was ist falsch?

 Material: geeignete „falsche" Gegenstände
Für die Variante: Mülltüten

 Spieldauer: ab 20 Minuten

 Spielort: anregungsreiche Spielfläche

 Gruppengröße: ab 4 Spielern

 Alter: ab 6 Jahre

 Art: Geländespiel

Der priesterliche Schöpfungsbericht erklärt, wie sich Menschen vor ca. 2500 Jahren die Erschaffung der Welt vorstellten. Dieses Spiel regt dazu an, mit den Spielern über die Frage ins Gespräch zu kommen: Wie gehe ich mit Gottes Schöpfung um?

Die Spielleitung präpariert eine Wegstrecke in einem geeigneten Gelände. Sie bringt entlang einer Strecke Gegenstände an, die nicht dorthin passen, z. B. eine Kerze im Blumenbeet, einen Tannenzapfen in einem Busch, einen Ball im hohen Gras, Kirschen im Apfelbaum.
Je nach Gruppengröße und -alter geht die Gruppe zusammen, in Kleingruppen oder als Einzelperson, durch das Spielfeld und sucht nach den „falschen" Gegenständen in der Schöpfung Gottes.

Variante:
Bei einem gemeinsamen Spaziergang durch Wald und Flur können alle nicht natürlichen Gegenstände – also primär Müll – eingesammelt werden. Welche Gruppe hat am Ende der Spielzeit den meisten Müll in der Schöpfung gefunden?

2.   1. Mose1,1-2,4a   Die überwältigende Schöpfung von A-Z

 Material: Buchstabenkarten von A bis Z, evtl. in mehrfacher Ausfertigung

 Spieldauer: ab 30 Minuten

 Spielort: anregungsreiche Spielfläche

 Gruppengröße: ab 2 Spielern

 Alter: ab 5 Jahre

 Art: Geländespiel

Das „Sechstagewerk" Gottes beinhaltet acht Schöpfungswerke. Hierzu lassen sich viele Schöpfungswerke von A bis Z, wie Ameise, Banane, Chilibohne, Dahlie usw., aufzählen.

Die Spieler arbeiten als Gesamtgruppe zusammen oder werden in zwei oder mehr Gruppen aufgeteilt. Je mehr Spieler in einer Gruppe sind, desto schneller ist das Spiel zu Ende, da sie sich gegenseitig unterstützen. Aufgabe ist es, die Buchstabenkärtchen auszulegen und unter jedes Kärtchen einen Gegenstand aus Gottes Schöpfung zu legen, der mit diesem Buchstaben beginnt, z. B. Ameise, Banane, Chilibohne, Dahlie, Efeu, Fliegenpilz, Ginster, Haare. Einfacher wird es, wenn die Spieler fünf oder mehr Jokerblätter bekommen, auf die sie etwas aufmalen dürfen, was sie im Spielfeld nicht besorgen können, z. B. bei P eine Palme oder bei M einen Menschen. Bei den Buchstaben Q, X und Y müssen die Spieler nichts finden – wem doch etwas einfällt, der bekommt einen Sonderpunkt! Dazu können die Spieler in Gottes Schöpfung nach Gegenständen suchen oder bei einem Dorf- bzw. Stadtspiel bei diversen Haushalten klingeln und darum bitten.
Wenn das Spiel nur im Haus gespielt wird, können die Spieler auch ausschließlich Bilder zu den jeweiligen Buchstaben malen.

Tipp:
Das Spiel kann über zwei Gruppenstunden verteilt gespielt werden. Interessant ist es, wenn sich die Spieler die Woche über Gedanken machen, welche Buchstaben ihnen noch fehlen, und welche Gegenstände sie besorgen und mitbringen könnten.

3.   1. Mose 1,1-2,4a   Zwilling

 Material: viele unterschiedliche Gegenstände

 Spieldauer: ab 10 Minuten

 Spielort: anregungsreiche Spielfläche

 Gruppengröße: ab 6 Spielern

 Alter: ab 6 Jahre

 Art: Bewegungsspiel

Entsprechend zu den Schöpfungswerken hat der Spielleiter viele unterschiedliche Gegenstände gesammelt, z. B.

1. Tag: Teelichter, Stumpenkerzen, Streichhölzer
2. Tag: Wasser und Erde in Filmdosen, diverse Steinarten
3. Tag: verschiedene Früchte, Samen, Blumen

4. Tag: Sterne aus Tonkarton, Bilder von Planeten
5. Tag: Produkte aus/von Vögeln und Fischen, z. B. Federn, Eier, Gräten, Fisch aus der Dose
6. Tag: Produkte aus/von Tieren/Menschen, z. B. Käse, Salami, Milch; Erfindungen des Menschen, z. B. Kugelschreiber, Büroklammer, Deoroller
7. Tag: CD, Buch, Uhr

Entsprechend der Schöpfungswerke werden diese Gegenstände jeweils in einer Papiertüte verborgen gehalten. Jeder Spieler entscheidet sich für eine Tüte seiner Wahl. Er greift einen Gegenstand heraus und versucht, den gleichen Gegenstand möglichst schnell zu beschaffen.
Wer hat als erster einen „Zwilling" besorgt?

Variante:
Die Gruppe teilt sich in Kleingruppen auf. Jede Kleingruppe ist komplett für eine Tüte zu einem Schöpfungstag zuständig. Der Spielleiter achtet darauf, dass die Anzahl der Gegenstände in den Tüten gleich ist.

4. 1. Mose 1,3-5 **Schnitzeljagd im Dunkeln**

 Material: zahlreiche Reflektoren, Taschenlampen

 Spieldauer: ca. 60 Minuten

 Spielort: anregungsreiche Spielfläche

 Gruppengröße: ab 6 Spielern

 Alter: ab 10 Jahre

 Art: Geländespiel

Bei diesem Spiel wird Licht in die Dunkelheit gebracht. Die Gruppe wird in zwei Teams eingeteilt. Ein Team wird mit einem Vorsprung von ca. 15 bis 20 Minuten als Vorhut auf den Weg geschickt. Wie bei einer Schnitzeljagd am Tag wird die Wegstrecke durch die Vorhut mit Reflektoren markiert, damit die Verfolgergruppe eine Chance hat zu folgen. Kleine, beabsichtigte Irreführungen an Wegkreuzungen sind erwünscht. Wenn die Verfolgergruppe ihre Suche nach der Vorhut beginnt, kann sie den Weg nur finden, wenn sie mit den Taschenlampen die Reflektoren anstrahlt. Sie folgt den aufleuchtenden Reflektoren in das Versteck der Vorhut.

5.   1. Mose 1,3-5   Lichterfahrung

 Material: Rhythmikreifen, Goldplättchen (ca. 7x3 cm), mehrere gelbe Chiffontücher, Bienenwachskerze, Legematerialien

Spieldauer: ca. 20 Minuten

Spielort: im Kreis

Gruppengröße: bis 30 Spieler

Alter: ab 5 Jahre

Art: Interaktionsspiel

Alle Spieler betreten einen dunklen Raum, z. B. eine Kirche, und lassen die Dunkelheit auf sich wirken. Nach einiger Zeit versammeln sich alle zu einem Kreis. Der Spielleiter bringt einen Rhythmikreifen ins Spiel. Dieser rollt von Hand zu Hand im Uhrzeigersinn, bis er beim letzten Spieler angelangt ist. Der Spieler fordert eine zweite Person auf, den Reifen mit ihm zusammen in die Mitte des Kreises zu legen. Der Reifen wird von allen mit kleinen Goldplättchen geschmückt. Anschließend wird der Reifen von mehreren Spielern mit gelben Chiffontüchern ausgefüllt. Die Spieler äußern ihre Assoziationen zum entstandenen Bild, z. B. Sonne, Mond, Licht, warm, hell ... Dann zündet der Spielleiter eine Bienenwachskerze an und spricht dazu den Satz: „Ich leuchte, bin hell und schenke Wärme." Dann bittet er alle Spieler, ihre Augen zu schließen. Er geht von einer Person zur anderen. Mit dem Lichtstrahl der Kerze erleuchtet er die einzelnen Gesichter. Wer die Wärme des Lichtes spürt, darf seine Augen öffnen. Die Kerze wird in die Mitte gestellt, noch einmal spricht der Spielleiter den Satz: „Ich leuchte, bin hell ..." Abschließend dürfen alle Spieler den Reifen mit verschiedenen Legematerialien ausschmücken.

Andere Bibeltextstelle: z. B. 1. Johannes 1,5.

6.   1. Mose 1,9-10   Schöpfungswerk: Wasser

 Material: Spielaufträge als Bild oder in Worten

Spieldauer: ca. 20 Minuten

Spielort: ausreichende Bewegungsfläche

Gruppengröße: ab 4 Spielern

Alter: ab 6 Jahre

Art: Pantomimik

Im priesterlichen Schöpfungsbericht wird von acht Schöpfungswerken berichtet. In diesem Spiel soll das Wasser in verschiedenen Spielszenen erlebbar werden. Die Spieler teilen sich in Kleingruppen ein. Jede Kleingruppe erhält eine Spielszene. Nach einem kurzen Austausch und den Proben der Kleingruppen werden die einzelnen Szenen den anderen vorgespielt. Durch genaues Hinschauen erraten die Zuschauer, um welche Szene es sich handelt.

Mögliche Spielszenen:
1. Jemand geht lange Zeit durch eine Wüste. Es ist sehr heiß. Er ist sehr durstig. Er kommt an einen Brunnen. Er schöpft Wasser und trinkt es.
2. Es regnet. Wie reagieren Pflanzen? Jetzt ist es lange Zeit trocken. Was passiert nun? Jemand kommt und gießt die Pflanze.
3. Ein Feuer brennt. Es ist zunächst klein, wird aber größer und größer. Schließlich kommt jemand und löscht das Feuer.
4. Ein Wasserrad steht still. Wasser setzt es in Bewegung. Das Rad treibt eine Maschine an.
5. Wasser schleift einen Stein rund.
6. Wasser spült Dreck hinweg.
7. Ein Schiff auf dem Meer. Ein Sturm kommt. Die Wellen werden groß. Sie überschwemmen das Schiff. Es kommt vom Kurs ab. Was passiert jetzt?
8. Jemand geht spazieren. Plötzlich ziehen dunkle Wolken auf. Es gibt einen starken Schauer. Die Person versucht, irgendwo Unterschlupf zu finden.

7.   1. Mose 1,9-10   Wasserrallye

 Material: den Aufgaben entsprechendes Material

 Spieldauer: hängt von den Stationen ab, ab 60 Minuten

 Spielort: anregungsreiche Spielfläche

 Gruppengröße: ab 8 Spielern

 Alter: ab 6 Jahre

 Art: Wettkampfspiel, Rallye

Es gibt zahlreiche Ideen, um das Wasser in einer Rallye ins Spiel zu bringen. In einem Spielfeld werden verschiedene Stationen eingerichtet. In einem Abstand von etwa zehn Minuten Gehzeit kommen die in Kleingruppen eingeteilten Spieler von einer Station zur nächsten. An jeder Station erleben sie das Wasser in unterschiedlicher Weise.

Mögliche Aufgaben:
Schöpft Wasser mit bloßen Händen und füllt damit einen Krug!

Gurgelt mit Wasser und singt ein Wasserlied!
Angelt Korken aus einem Bach, ohne dabei nass zu werden!
Wascht ein dreckiges Hemd im Wasser aus und hängt es auf eine Wäscheleine!
Sucht im Gelände nach Gegenständen, die das Wasser bedrohen!

Andere Bibeltextstelle: z. B. Psalm 104,10.

8. 1. Mose 1,10 Erde erkunden

Material: evtl. Bergsteigerseil, evtl. Tücher zum Augen verbinden

Spieldauer: ab 30 Minuten

Spielort: ausreichende Bewegungsfläche

Gruppengröße: ab 4 Spielern

Alter: ab 6 Jahre

Art: Geländespiel

Gott schuf die Erde mit allen ihren Wundern.

Die Spielleitung spannt in einem geeigneten Gelände eine möglichst lange Schnur oder ein Seil von mind. 200 m Länge. Das Gelände sollte anregungsreichen Untergrund und Bepflanzung besitzen (Wiese, Wald, Kies, Sand, hohes Gras, Büsche). Gefährliche Stellen müssen ausgespart werden (tiefe Gräben, Dornbüsche, giftige Pflanzen, tiefes Wasser). Die Spieler gehen nun entlang des Seils mit geschlossenen Augen und ertasten die Natur. Anschließend tauschen sich die Spieler über ihr Erleben aus.

9. 1. Mose 1,11-26 Ball, Ei, Frosch

Material: diverse Gegenstände, die sich als „Ball" eignen, z. B. ein Styroporei, ein kleines Stofftier, Massagebälle etc.

Spieldauer: ca. 10 Minuten

Spielort: ausreichende Bewegungsfläche

Gruppengröße: ab 12 Spielern

Alter: ab 6 Jahre

 Art: Bewegungsspiel

19

Auch Bälle, Eier, Stofftiere hat Gott erschaffen. Wirklich?

Die Spieler stehen in einem Kreis. Der Spielleiter wirft einen „Ball" einer anderen Person zu. Diese wirft ihn einer dritten Person zu. Der „Ball" wird solange hin und her geworfen, bis alle Spieler einmal den „Ball" in ihren Händen hielten. Zum Schluss kommt der „Ball" zum Spielleiter zurück. Jeder muss sich dabei merken, von wem er den „Ball" bekommen und zu wem er ihn geworfen hat. Denn dies ist das Muster für die weiteren Spielrunden. Der „Ball" kommt erneut ins Spiel. Während er noch von einer Person zur anderen geworfen wird, wird der nächste Gegenstand als „Ball" geworfen. Je nach Gruppengröße können vier bis fünf „Bälle" ins Spiel gebracht werden. Wenn die Spielspannung abnimmt, nimmt der Spielleiter einen „Ball" nach dem anderen aus dem Spiel.

1. Variante:
Wenn alle „Bälle" im Spiel sind, bleiben die Spieler nicht mehr an ihrem Platz stehen, sondern bewegen sich im Raum. So müssen sich die Spieler stets orientieren, wo sich Ihre unmittelbaren Mitspieler aufhalten, um den „Ball" weiterspielen zu können.

2. Variante:
Es werden bis zu drei verschiedene Spielmuster gleichzeitig ins Spiel gebracht: Das Styroporei wird von A nach B, C, D, das kleine Stofftier von A nach D, B, C usw. geworfen.

10. 1. Mose 1,24-25 **Mach die Raupe**

Material: nicht erforderlich

Spieldauer: ab 4 Minuten

Spielort: ausreichende Bewegungsfläche

Gruppengröße: ab 6 Spielern

Alter: ab 6 Jahre

Art: Interaktionsspiel

Die Spieler stellen sich in einer Reihe hintereinander auf. Dabei fasst jeder Spieler mit der linken Hand auf die Schulter des Vorderkindes und greift mit der rechten Hand zudem dessen nach hinten erhobenes, rechtes Fußgelenk. Auf ein Startsignal setzt sich die Raupe hüpfend in Bewegung.

Variante:
Die Spieler knien sich auf allen Vieren hintereinander und greifen mit den Händen die Fußgelenke des Vorderkindes. Dann setzt sich das Kriechtier in Bewegung.

Tipp:
Auf weichem Untergrund spielen!

11.   1. Mose 1,24-25   Schmetterlingshochzeit

Material: nicht erforderlich

Spieldauer: ab 5 Minuten

Spielort: ausreichende Bewegungsfläche

Gruppengröße: ab 13 Spielern

Alter: ab 6 Jahre

Art: Bewegungsspiel

Die Spieler bilden paarweise hintereinander stehend eine Reihe. Vorne in der Reihe steht ein einzelner Spieler. Wichtig: Alle Spieler blicken nach vorne. Jetzt klatscht der vorne stehende Spieler in die Hände und ruft dabei „Schmetterling–Hochzeit". Sofort fliegen die beiden letzten Spieler an der jeweiligen Seite der Reihe vorbei nach vorne und versuchen, vor der Reihe zusammenzufinden. Der einzelne Spieler versucht, einen der Schmetterlinge zu berühren und mit ihm das neue Paar zu bilden. Das alte / neue Paar reiht sich vorne ein, der einzelne Spieler wird wieder / neu zum Fänger.

12.   1. Mose 1,26   Du bist einmalig

Material: Tücher zum Augen verbinden

Spieldauer: ab 5 Minuten

Spielort: im Kreis

Gruppengröße: ab 4 Spielern

Alter: ab 5 Jahre

Art: Interaktionsspiel

Ein Spieler betrachtet seine Mitspieler sehr genau und prägt sich die Besonderheiten der Gesichtszüge ein. Dann bekommt es die Augen verbunden und muss seine Mitspieler ertasten.

Andere Bibeltextstelle: z. B. Psalm 139.

13. 1. Mose 2,2 Weckersuchen

Material: Wecker

Spieldauer: ab 5 Minuten

Spielort: ausreichende Bewegungsfläche

Gruppengröße: ab 6 Spielern

Alter: ab 5 Jahre

Art: Bewegungsspiel

Ein tickender Wecker wird versteckt. Die Spieler machen sich auf die Suche. Um den Wecker finden zu können, muss es im Raum ganz still sein. Ist der Wecker gefunden, kommt der nächste Spieler an die Reihe und versteckt ihn.
Die Spieler erleben: Es muss still sein, damit ich hören kann. Diese Stille erinnert an den Tag der Ruhe.

14. 1. Mose 2,7 Noch mehr Puste

Material: Tischtennisball, Klebeband, Strohhalme
Für die Variante: Watte

Spieldauer: 10-20 Minuten

Spielort: am Tisch

Gruppengröße: 10-20 Spieler

Alter: ab 5 Jahre

Art: Wettkampfspiel

Die Spieler treten zu einem Fußballturnier an, für das jeder viel Puste braucht!

Die Spieler bilden Teams mit drei bis vier Spielern. Das Fußballfeld ist ein einfacher Tisch, auf dem zwei Tore und eine Mittellinie aufgeklebt sind. Alle Spieler bekommen einen Strohhalm. Es wird ein Spielplan ausgelost, in welcher Reihenfolge welches Team gegen welche andere Mannschaft antreten soll.
Dann geht es los: Gespielt wird mit einem Tischtennisball. Dieser wird auf der Mittellinie ins Spiel gebracht. Alle Spieler müssen nun versuchen, den Ball in das gegnerische Tor zu bekommen, dürfen ihn aber nur mit der Luft aus dem Strohhalm bewegen.

Anstelle eines Tischtennisballs kann auch mit einem Wattebausch gespielt werden. Dieser hat eine weniger starke Eigenbewegung als der Tischtennisball.

15. 1. Mose 2,9 **Den Baum zur Sprache bringen**

Material: viele Redewendungen, jeweils eine auf einer Karte

Spieldauer: ab 10 Minuten

Spielort: im Kreis

Gruppengröße: ab 4 Spielern

Alter: ab 8 Jahre

Art: Pantomimik

Wenn jemand vom „Baum der Erkenntnis" oder vom „Baum des Lebens" spricht, hat jeder ein inneres Bild vor Augen, wie dieser Baum aussehen könnte.

In der deutschen Sprache schlägt sich die symbolische Tiefendimension der Bäume nieder. Es gibt zahlreiche Redewendungen zum Baum, z. B.:
- Äpfel nicht mit Birnen vergleichen
- Auf keinen grünen Zweig kommen
- Blühende Landschaften
- Die Bäume wachsen nicht in den Himmel
- Einen alten Baum verpflanzt man nicht
- Ich könnte Bäume ausreißen
- In voller Blüte stehen
- Jemand ist wie ein unbeschriebenes Blatt
- Niemand sägt den Ast ab, auf dem er sitzt
- Sich auf einem absteigenden Ast befinden
- Sich von Ast zu Ast hangeln
- Zittern wie Espenlaub
- Der Apfel fällt nicht weit vom Stamm

In der Spielvorbereitung werden die Redewendungen jeweils auf einem Blatt Papier notiert. Die Spieler werden in zwei Kleingruppen eingeteilt. Zunächst zeigt der Spielleiter einer Gruppe eine Redewendung, die diese der anderen Gruppe pantomimisch darstellen soll. Wenn die andere Gruppe richtig geraten hat, ist sie an der Reihe und stellt eine andere Redewendung dar. Welche Gruppe errät die meisten Redewendungen?

16.   1. Mose 2,18   **Zu zweit**

Material: nicht erforderlich

Spieldauer: ab 5 Minuten

Spielort: ausreichende Bewegungsfläche

Gruppengröße: ab 10 Spielern

Alter: ab 5 Jahre

Art: Bewegungsspiel

Im zweiten Schöpfungsbericht wird dem Mann die Frau an seine Seite gestellt, um gemeinsam durch das Leben gehen zu können. Zu zweit fühlen sie sich sicher.

Ein Kind ist der Fänger, ein Kind ist der Gejagte. Die anderen Kinder bilden Paare und stellen sich jeweils nebeneinander im Spielfeld verteilt auf. Der Fänger versucht, den Gejagten zu fangen. Wird der Gejagte müde, stellt er sich an eine Zweiergruppe an. Das Kind an der anderen Seite der Dreiergruppe wird nun zum neuen Fänger, der bisherige Fänger zum Gejagten. Wird ein Kind tatsächlich gefangen, wechseln die Rollen zwischen Fänger und Gejagtem.

17.   1. Mose 2,18-20   **Adam, Adam, wer sind wir ?**

Material: nicht erforderlich

Spieldauer: ab 5 Minuten

Spielort: ausreichende Bewegungsfläche

Gruppengröße: 10-20 Spieler

Alter: ab 5 Jahre

Art: Bewegungsspiel

Adam sollte allen Tieren einen Namen geben. Wie das ausgesehen hat, kann ich mir so vorstellen:

Ein Spieler ist Adam und steht auf einer Seite des Raumes. Die übrigen Spieler stehen ihm an der anderen Raumseite gegenüber.
Jetzt fragen die Spieler: „Adam, Adam, was für ein Tier sind wir?"
Adam denkt sich ein Tier aus und antwortet zum Beispiel: „Ihr seid Schlangen!"
Dann fragen die Spieler: „Und wie bewegen wir uns?"

Adam erklärt, wie die Spieler sich zu ihm hin bewegen sollen: In diesem Falle schlängeln sich die Spieler flach auf dem Bauch über das Spielfeld. Adam nimmt ebenfalls die Bewegungshaltung der anderen ein und versucht, Mitspieler zu fangen. Gelingt ihm dies, bleiben diese bei ihm und fangen in der nächsten Runde mit. Der letzte Spieler, der gefangen wird, wird der neue Adam.

18.   1. Mose 2-4   Äpfel aus dem Paradies

 Material: Äpfel, Korb

Spieldauer: ca. 30 Minuten

Spielort: im Kreis

Gruppengröße: ab 10 Spielern

Alter: ab 6 Jahre

Art: Interaktionsspiel

Eva lebt zusammen mit Adam im Paradies, wo die Äpfel des verbotenen Baumes sehr verlockend aussehen. Sie isst und gibt auch Adam davon. Nun gehen beiden die Augen auf.

Auch die Spieler sollen anhand von Äpfeln ihre Wahrnehmung schulen. Hierzu erhält jeder einen Apfel derselben Sorte in die Hand. Alle haben ausreichend Zeit, ihren Apfel mit den Händen abzutasten und mit den Augen zu betrachten. Dann werden alle Äpfel in einem Korb gesammelt. In beliebiger Reihenfolge werden sie anschließend ausgeteilt. Der erste nimmt den Apfel vom Spielleiter entgegen, tastet ihn ab und schaut ihn sich genau an. Wenn es nicht der Apfel ist, den er in der ersten Runde erfühlt und ertastet hat, wird er an den nächsten Spieler weitergegeben. Der erste Spieler erhält einen neuen Apfel usw. Wer meint, seinen Apfel unter den vielen anderen ausfindig gemacht zu haben, behält ihn bei sich. Nur die fremden Äpfel werden an den nächsten weitergegeben.

19.   1. Mose (2,8-9) 3,17-19   Mühsam ernten

Material: verschiedenfarbige Kreide, Tücher zum Augen verbinden

Spieldauer: 10-15 Minuten

Spielort: ausreichende Bewegungsfläche

Gruppengröße: 10-15 Spieler

Alter: ab 6 Jahre

 Art: Bewegungsspiel

Mühsam muss der Mensch sich nun ernähren und Nahrung pflanzen. Dieses Bewegungsspiel gibt das Pflanzen und Ernten wieder. Wenn ein ganzes Feld mit einer Saat bepflanzt ist, ist das Ergebnis kaum zu übersehen. Werden aber nur vereinzelt Samen ausgesät, muss ich suchen, um sie wiederzufinden.

Einem Spieler werden die Augen verbunden, dann muss er sich auf den Boden knien. Jetzt kriecht er drei Schritte vorwärts, dann zwei und dann wieder drei und macht jedes Mal mit einem Stück Kreide einen Kreis auf den Boden. Dann wendet er sich um, kriecht in dem gleichen Rhythmus zurück und versucht seine Kreise wiederzufinden. Mit verschiedenfarbiger Kreide können mehrere Spieler gleichzeitig starten. Wer findet seine eigenen Markierungen zuverlässig wieder?

20. 1. Mose 3 **Verstecken verkehrt**

 Material: nicht erforderlich

 Spieldauer: ab 10 Minuten

 Spielort: ausreichende Bewegungsfläche

 Gruppengröße: ab 5 Spielern

 Alter: ab 5 Jahre

 Art: Bewegungsspiel

Ein Spieler versteckt sich gut. Die anderen zählen währenddessen bis 100. Dann fangen alle an zu suchen und versuchen, das Versteck zu entdecken. Findet einer das Versteck, hockt er sich leise dazu. Schließlich werden es immer weniger, die suchen. Der Letzte ist derjenige, der sich wieder verstecken darf.

21. 1. Mose 3,19 **Scrabble**

 Material: Jeder Buchstabe des Alphabets auf einem Zettel oder Buchstaben aus dem Brettspiel „Scrabble", Edding

 Spieldauer: ab 10 Minuten

 Spielort: im Kreis

Gruppengröße: ab 4 Spielern

 Alter: ab 10 Jahre

 Art: Konzentrationsspiel

In der Spielvorbereitung werden die Buchstaben des Alphabetes jeweils auf einen Zettel geschrieben.
Alle Spieler erhalten die gleiche Anzahl an beliebigen Buchstaben. Dabei ist darauf zu achten, dass viele Vokale im Spiel sind. Das erste Wort wird von der Spielleitung selbst gelegt. Der Reihe nach legt jeder Spieler ein weiteres Wort senkrecht oder waagerecht daran. Bereits gelegte Buchstaben können natürlich mitbenutzt werden. Alle Worte, die gelegt werden, müssen etwas mit dem Thema Tod und Sterben zu tun haben.

Tipp:
Das Prinzip dieses Spiels lässt sich auch auf andere Themen gut übertragen.

22. 1. Mose 4,1-10 **Mörderspiel**

 Material: Skatblatt, für jeden Spieler ein Teelicht mit Kerzenständer, Streichhölzer

 Spieldauer: ab 15 Minuten

 Spielort: verdunkelte, ausreichende Bewegungsfläche

 Gruppengröße: ab 16 Spielern

 Alter: ab 9 Jahre

 Art: Interaktionsspiel

Als Kain tötet, bringt Gott Licht in das Dunkel und verurteilt ihn zu einem nomadischen Leben. In diesem Spiel entlarven die Spieler den „Mörder".

Im noch hellen Raum erhält jeder Spieler aus einem Skatblatt eine Karte, die von den anderen nicht eingesehen werden darf. Kreuzbube und Herzdame haben dabei eine besondere Bedeutung und müssen stets beim Verteilen der Karten an die Spieler dabei sein. Wer den Kreuzbuben zieht, ist im Spiel der „Mörder". Wer die Herzdame erhält, ist unsterblich.
Dann geht das Spiel im dunklen Raum los: Vor jedem Einzelnen steht ein brennendes Teelicht. Alle Spieler liegen bäuchlings so in einem Kreis, dass jeder jeden sehen kann. Der „Mörder" hat nun die Aufgabe, durch unauffälliges Zublinzeln andere Spieler „zu ermorden". Wer sich angeblinzelt fühlt, bläst als „Opfer" seine Kerze aus.

Wenn zwei Spieler glauben zu wissen, wer in der Spielgruppe der „Mörder" ist, melden sie sich. Der Spielleiter hört sich deren Verdachtsmomente an, ohne dass die anderen Spieler diese hören. Wenn die beiden Verdachtsmomente übereinstimmen, fragt der Spielleiter laut den entsprechenden Spieler, ob er den Kreuzbuben gezogen hat. Bei einer Bejahung ist der „Mörder" entlarvt. Bei einer Verneinung müssen die beiden Spieler mit dem falschen Verdachtsmoment ihre Kerzen ausblasen; es sei denn, einer der beiden hatte die „unsterbliche Herzdame" gezogen.

Es kann aber auch passieren, dass die beiden Verdachtsmomente nicht übereinstimmen, sodass der Spielleiter erst gar nicht nachfragen kann, ob ein entsprechender Spieler der „Mörder" ist. In diesem Fall müssen beide Spieler ihre Kerze auslöschen – die Person mit der Herzdame ist wieder davon ausgenommen.

Das Spiel ist beendet, wenn der „Mörder" alle Spieler zum Schweigen gebracht hat oder wenn er entsprechend entlarvt wurde.

Tipp:
Da die Spieler auf Teppichboden besonders bequem liegen können, ist besonders darauf zu achten, dass keine Wachsflecken auf dem Fußboden entstehen.

23. 1. Mose 6,9-8,22 Arche Noah

 Material: nicht erforderlich

 Spieldauer: ab 10 Minuten

 Spielort: im Kreis

 Gruppengröße: ab 4 Spielern

 Alter: ab 6 Jahre

 Art: Interaktionsspiel

Es bilden sich Pärchen. Eine Person legt sich auf den Bauch, die Unterlage ist bequem und warm. Wer mag, darf dabei auch die Augen schließen. Die andere Person hat die Aufgabe, den Rücken der liegenden Person entsprechend der Erzählung mit den Fingern zu „bearbeiten".

„Ein Mann – tief in seine Gedanken versunken– geht einen Berg hinauf (Handlung). Dort fängt er an, mit einer Säge Bäume zu fällen (Handlung). Nachdem der Mann etliche Baumstämme zusammen hat, zieht er sie mit aller Kraft in das Tal. Jeden Stamm einzeln (Handlung). Alle im Dorf wundern sich über diesen Mann, sie kommen schnell herbei, um zu sehen, was ihr Nachbar dort macht (Handlung). Er lässt sich nicht irritieren, im Gegenteil: Er fängt an, die Baumstämme mit der Axt zu spalten, die Holzscheite aufeinander zu legen (Handlung), aus ihnen Pfosten und Bretter zu sägen und zu hämmern (Handlung). So vergehen einige Tage, und das Bauwerk diesen Mannes wird immer größer ..."

Die Erzählung wird fortgesetzt, verschiedene Tiere kommen auf die Arche Noah …

Tipp:
Verschiedene Geschichten können dabei Anleitung für entsprechende Handbewegungen sein, die der Spielleiter erzählt. In weiteren Runden können die Massierenden selbst ihre Fantasie entfalten.

24. 1. Mose 7 Hochwasser

Material: nicht erforderlich

Spieldauer: ab 4 Minuten

Spielort: im Kreis

Gruppengröße: ab 4 Spielern

Alter: ab 5 Jahre

Art: Interaktionsspiel

„… und auf Erden kam ein Regen vierzig Tage und vierzig Nächte."

Es wird gemeinsam eine Geräuschkulisse erstellt. Dabei gibt der Spielleiter eine Bewegung zu einem Geräusch vor, die von den Kindern aufgegriffen wird.
Wind: Die Handflächen werden wie beim Händewaschen aufeinander gerieben.
Regentropfen: Finger schnipsen (unrhythmisch)
Regen: Schnelles leichtes Händeklatschen
Viel Regen: Schnelles festes Händeklatschen
Blitz: Gleichzeitiges Klatschen in die Hände
Donner: Trampeln mit den Füßen
Mit dem Wind beginnend wird das Gewitter aufgebaut. Mehrfach blitzt und donnert es, und der heftige Regen will gar nicht enden. In den Höhepunkt des Gewitters hinein wird eine Erzählpause eingelegt.

25. 1. Mose 7-9 Das Maß ist voll

Material: eine Schüssel mit Wasser gefüllt, Murmeln

Spieldauer: ab 5 Minuten

Spielort: im Kreis

Gruppengröße: 5-15 Spieler

Alter: ab 5 Jahre

 Art: Interaktionsspiel

Gott hat sich immer wieder bemüht, den Menschen ein erfülltes Leben zu geben. Er hat ihnen viele Sünden vergeben, aber jetzt ist das Maß voll. Eine Sintflut soll die Erde reinwaschen von allem Übel. Nur Noah und seine Familie werden verschont.

Auch bei folgendem Spiel ist das Maß voll: Alle Spieler sitzen im Kreis auf dem Boden. In der Mitte steht eine Glasschüssel mit Wasser. Sie ist bis kurz unter den Rand gefüllt. Alle Spieler bekommen Murmeln. Nun legt jeder Spieler der Reihe nach ganz vorsichtig eine Murmel in die Glasschüssel. Der Wasserstand steigt. Zunächst bildet sich durch die Oberflächenspannung eine Wasserkuppel. Aber bei wem ist das Maß voll, sodass das Wasser überläuft?

26. 1. Mose 8,1 Pustestaffel

 Material: Kreide, Watte, Strohhalme
Für die Variante: Riesen-Luftballon, Teppichfliesen

 Spieldauer: je 5 Minuten

 Spielort: ausreichende Bewegungsfläche

 Gruppengröße: 10-20 Spieler

 Alter: ab 5 Jahre

 Art: Wettkampfspiel

Bevor der Regen sintflutartig einsetzt, kommt Wind auf.

Die Kinder teilen sich in zwei Gruppen auf. Diese treten in einer „Wattebauschpustestaffel" gegeneinander an. Auf dem Boden wird eine Start- und eine Ziellinie markiert. Das jeweils erste Kind der beiden Gruppen beginnt, einen Wattebausch mithilfe eines Strohhalmes über die Ziellinie zu pusten. Dann läuft es zurück zur Startlinie. Das zweite Kind erhält den Strohhalm, läuft zu dem Wattebausch und pustet ihn zurück zum Start. Das dritte Kind pustet ihn zur Ziellinie usw. Die Gruppe, deren Kinder zuerst alle einmal an der Reihe waren, hat gewonnen.

Variante:
Die Kinder teilen sich in zwei Gruppen auf. Auf dem Boden werden zwei Torlinien markiert. Dann wird ein Riesenluftballon auf das Spielfeld gelegt. Alle Kinder rüsten sich diesmal mit einer Teppichfliese aus. Die Aufgabe besteht darin, den Ballon über die Torlinie der Gegenmannschaft zu bringen, gleichzeitig aber zu verhindern, dass

der Ballon der anderen Mannschaft über die eigene Torlinie gelangt. Der Ballon darf nur durch das Wedeln mit der Teppichfliese bewegt aber nicht berührt werden.

27. 1. Mose 9,2 **Tiere haben es schwer**

 Material: Zettel mit Tiernamen, Klebeband

Spieldauer: 10-15 Minuten

Spielort: im Kreis

Gruppengröße: ab 10 Spielern

Alter: ab 6 Jahre

Art: Konzentrationsspiel

Alle Spieler sitzen im Kreis. An den Pullover geheftet tragen sie einen Tiernamen, z. B. Hund, Katze, Maus, Löwe, Esel. Die Tiere sitzen zusammen und klagen sich ihr Leid, wie viel sie bei den Menschen arbeiten müssen.

Und das geht so: Der Hund sagt: „Ich muss so schwer arbeiten bei den Menschen, aber die Katze hat es gut!" Jetzt muss die Katze reagieren und sagen: „Ich muss auch so viel arbeiten, aber der Esel, der hat es gut!" So schieben die Tiere die „Faulenzerrolle" von einem Tier zum anderen. Der Satz kann noch ausgeschmückt werden, indem die Tiere sagen, was sie Schweres machen müssen, z. B. kann der Hund sagen: „Ich muss so schwer arbeiten bei den Menschen. Ich muss ihm jeden Tag seine stinkenden Hausschuhe bringen. Aber die Katze, die hat es gut!" Wenn ein Kind seinen Einsatz verpasst oder zu lange zögert, gibt es Strafpunkte.

Andere Bibeltextstelle: z. B. Römer 8,19-22.

28. 1. Mose 9,8-17 **Einen Regenbogen bilden**

Material: Schaumstoffwürfel, evtl. bunte Chiffontücher in den Farben des Regenbogens

Spieldauer: hängt von der Größe der Spielgruppe ab, ca. 7 Minuten

Spielort: anregungsreiche und ausreichende Spiel- und Bewegungsfläche

Gruppengröße: ab 10 Spielern

Alter: ab 6 Jahre

 Art: Bewegungs- und Interaktionsspiel

Der Regenbogen besteht aus vielen Farben. Einzelne Farben werden für das Spiel einer Würfelaugenzahl zugeordnet, z. B. die Zahl Eins entspricht der Farbe Rot, die Zahl Zwei entspricht der Farbe Blau usw. Der Spielleiter beginnt zu würfeln. Die erwürfelte Augenzahl ruft er laut in die spielende Gruppe hinein. Jeder Spieler muss sofort einen Gegenstand in der entsprechenden Farbe auf der Spielfläche anfassen. Wenn der Spielleiter das Wort „Regenbogen" ruft, verbinden sich alle Spieler miteinander über die angefassten Gegenstände im Raum.

Tipp:
Um die Spielspannung zu erhöhen, scheidet nach jeder Spielrunde der Spieler aus, der als Letzter einen farbigen Gegenstand anfasst. Je weniger Spieler im Spiel sind, umso schwieriger wird es für die anderen sein, sich beim Begriff „Regenbogen" miteinander zu verbinden.
Wenn der Raum bzw. die Bekleidung der Spieler für das Spiel nicht anregungsreich genug ist, erhalten alle Spieler bis zu drei farbige Chiffontücher, die sie an ihrem Körper festbinden.

29. 1. Mose 11,1-9 **Kuriose Rekorde**
vgl. Hilkert, Wir sind die Kleinen in der Gemeinde,
Ernst Kaufmann Verlag, S. 26.

 Material: den jeweiligen Rekordaufgaben entsprechendes Material

 Spieldauer: ab 20 Minuten

 Spielort: ausreichende Bewegungsfläche

 Gruppengröße: ab 8 Spielern

 Alter: den Aufgaben entsprechend

 Art: Wettkampfspiel

Die Turmbauer von Babel wollen sich einen Namen machen und ihre Größe dokumentieren, indem sie einen Turm bauen, der bis in den Himmel reichen soll. In dem Guinnessbuch der Rekorde sind viele kuriose Leistungen von Menschen eingetragen, die anzeigen, dass die Menschen Grenzen von Hohem, Schnellem oder Weitem überwinden möchten. In diesem Spiel können die Spieler selber in zwei Mannschaften Rekorde aufstellen, z. B.:
Wer kann am längsten still auf seinem Stuhl sitzen?
Wie viele Streichhölzer lassen sich auf einer schmalen Flasche stapeln?

Wer baut den höchsten Turm aus Bierdeckeln?
Wie viele Legosteine können auf einem aufgeblasenen Luftballon gebaut werden?

30. 1. Mose 11,22-32 **Opa Nahor**

Material: nicht erforderlich

Spieldauer: ab 5 Minuten

Spielort: im Kreis

Gruppengröße: 10-20 Spieler

Alter: ab 5 Jahre

Art: Bewegungsspiel

Die Spieler hören von Abrahams Vater und von der ganzen Familie. Wie hieß eigentlich der Großvater von Abraham? In diesem Spiel wird von ihm erzählt, denn er hat so einige Macken: Alle Spieler sitzen im Kreis. Die Spielleitung fragt seinen rechten Nachbarn: „Kennst du Opa Nahor?" Der Spieler verneint. „Opa Nahor, der macht immer so!" (Mit dem Zeigefinger drohend wedeln!) Der Spieler fragt nun (während die Spielleitung noch wedelt) den nächsten Spieler. „Kennst du Opa Nahor?" Der verneint natürlich auch. So geht es weiter, bis alle Spieler einmal gefragt worden sind und selbst ihren Nachbarn gefragt haben, sodass alle mit drohendem Finger wedeln. Dann geht es weiter mit der nächsten Runde. Während immer noch alle Finger wedeln, wird eine neue Macke ins Spiel gebracht, indem wieder gefragt und verneint wird. Weitere Macken können zum Beispiel sein: Füße wippen, Kopf schütteln, Zunge zeigen usw.

31. 1. Mose 12,1-9 **Auf geht's**

Material: kleine Zettel, Stifte, Klebeband

Spieldauer: ab 5 Minuten

Spielort: im Stuhlkreis

Gruppengröße: 10-20 Spieler

Alter: ab 6 Jahre

Art: Bewegungsspiel

Der große Aufbruch: Sara und Abraham machen sich auf den Weg.

Alle Spieler sitzen im Stuhlkreis. Dann bekommen alle einen Zettel angeheftet, auf dem ein Städtename steht. Ob dies biblische Städte, Orte aus der Umgebung der Spieler oder Hauptstädte verschiedener Länder sind, ist dem Spielleiter überlassen. Es ist ein Stuhl weniger da als Spieler. Ein Freiwilliger geht in die Mitte. Dieser beginnt mit der ersten Reise. Er sagt z. B.: „Ich reise von Kanaan nach Bethel!" Jetzt müssen die beiden Spieler mit den genannten Städten ihre Plätze tauschen. Der Freiwillige versucht, blitzschnell einen der beiden freigewordenen Stühle zu bekommen. Der Spieler, der jetzt übrig bleibt, startet die nächste Reise.

Variante:
Es dürfen auch Zwischenstationen genannt werden: Ich reise von Kanaan über Rom nach Bethel.

32. 1. Mose 12-25 Hausspiel zur Abrahamgeschichte

 Material: Spielplan (evtl. auf einem Bettlaken), Spielfiguren, Würfel, nummerierte Fragekärtchen, den Fragen entsprechendes Material

 Spieldauer: ab 30 Minuten

 Spielort: ausreichende Bewegungsfläche

 Gruppengröße: ab 6 Spielern

 Alter: ab 6 Jahre

 Art: Bewegungs- und Ratespiel

Auf einem Spielplan werden je nach zur Verfügung stehender Zeit 30 oder mehr Spielfelder in einem Kreis angeordnet, mit einer Linie verbunden und durchnummeriert. Entsprechend dieser Felderanzahl werden Fragekärtchen im Raum verteilt. Die Spieler werden in Kleingruppen eingeteilt und bekommen jeweils als Gruppe eine farbige Spielfigur. Die Spielleitung bleibt beim Spielplan. Es gibt so viele Spielleiter wie Kleingruppen.
Nun beginnt das Spiel: Eine Gruppe nach der anderen würfelt und setzt ihre Spielfigur auf das entsprechende Spielfeld. Dann sucht sie die entsprechende Zahl im Raum. Hat die Gruppe das entsprechende Fragekärtchen gefunden, merkt sie sich die Frage zu der Abrahamgeschichte und läuft zur Spielleitung zurück. Sobald die Gruppe die Nummer samt richtiger Antwort genannt hat, darf die Gruppe wieder würfeln. Die Spielfigur wird entsprechend weitergesetzt. So beginnt für diese Gruppe eine neue Spielrunde. Alle Gruppen spielen gleichzeitig, sodass im Raum ein turbulentes Treiben entsteht.
Das Spiel ist beendet, wenn entweder die vorher vereinbarte Spielzeit abgelaufen

ist, eine Gruppe alle Aufgaben erfüllt hat oder wenn das Spiel an Spieldynamik verloren hat.

Mögliche Fragen bzw. Aktionsaufgaben zu der Abrahamgeschichte:
Wie heißt der Sohn von Abraham?
In welchem Verwandtschaftsverhältnis stehen Abraham und Lot?
Lot zieht in das bewässerte Jordantal. Trinkt ein Glas Wasser!
Welche Rolle spielt Hagar in der Abrahamgeschichte?
Die Zahl der Nachkommen Abrahams soll der Zahl der Sterne am Himmel entsprechen. Schneidet einen Stern aus Tonkarton aus und schreibt einen persönlichen Wunsch auf.

Tipp:
Dieses Spielprinzip lässt sich auch auf andere biblische Geschichten übertragen.

33. 1. Mose 12-25 **Quiz-Pyramide**

Material: Papier, Stifte, Stoppuhr

Spieldauer: hängt von der Anzahl der Fragekärtchen ab

Spielort: ausreichende Bewegungsfläche

Gruppengröße: ab 6 Spielern

Alter: ab 6 Jahre

Art: Rate- und Wettkampfspiel

Es werden verschiedene Oberthemen festgelegt und dazu jeweils acht Unterbegriffe gesucht. Jeder Unterbegriff wird groß und deutlich auf Papier geschrieben. Die Oberthemen sollten zu der behandelten Geschichte passen.
Dann beginnt das Quiz: Die Spieler werden in mindestens zwei und höchstens vier Kleingruppen eingeteilt. Es wird gruppenweise gespielt. Ein Spieler aus der ersten Gruppe kommt nach vorne und setzt sich auf einen einzelnen Stuhl, die anderen Spieler der Gruppe setzen sich im Halbkreis vor diesen Spieler. Die Spieler dürfen sich eines der Oberthemen aussuchen und der Spielleiter stellt sich mit den entsprechenden Begriffkärtchen (Unterbegriffe) hinter den einzeln sitzenden Spieler. Nun hält der Spielleiter das erste Kärtchen über dem Kopf des ratenden Spielers. Dieser darf die Karte nicht sehen. Die anderen Spieler der Kleingruppe versuchen, den gesuchten Begriff in ihren Worten zu erklären. Hierbei ist es nicht erlaubt, das gesuchte Wort zu sagen, etwas pantomimisch darzustellen oder auf Gegenstände in der Spielfläche zu zeigen. Sobald der ratende Spieler den Begriff genannt hat, wird der nächste Begriff hochgehalten. Der ratende und die erklärenden Spieler haben die Möglichkeit, „Weiter" zu rufen, um den nächsten Begriff gezeigt zu

bekommen. Hat der Spieler alle anderen Begriffe erraten, werden die zurückgestellten Begriffe noch einmal gezeigt. Die Spieler haben 60 Sekunden Zeit zum Raten. Sind die Spieler sehr jung oder sehr langsam beim Raten, kann die Ratezeit auf 90 oder 120 Sekunden erhöht werden. Am Ende der Spielzeit wird gezählt, wie viele Begriffe richtig erraten worden sind. Anschließend kommt die nächste Gruppe an die Reihe. Wer erreicht am Ende die meisten Punkte?

Variante:
Immer eine Gruppe erklärt, aber es sitzt von jeder Gruppe jeweils ein ratender Spieler vorne. Der Spieler, der den gesuchten Begriff errät, erhält den Punkt. Diese Spielregel eignet sich als Abschlussrunde oder zum Stechen bei gleichem Punktestand. Hier ist es sinnvoll, einen zusätzlichen Spielleiter einzusetzen, der darauf achtet, welcher Spieler den Begriff zuerst errät.

Tipp:
Dieses Spielprinzip lässt sich auf andere biblische Geschichten übertragen.
Die Ober- und Unterthemenkarten können aufbewahrt und bei einer anderen Spielgruppe wieder verwendet werden.

34. 1. Mose 13,1-12 **Die Reise nach Jerusalem**

 Material: Stühle, Musik, Musikanlage

 Spieldauer: hängt von der Größe der Spielgruppe ab

 Spielort: ausreichende Bewegungsfläche

 Gruppengröße: ab 10 Spieler

 Alter: ab 6 Jahre

 Art: Wettkampfspiel

Auf der Reise des Abraham war das Ziel zwar nicht Jerusalem, aber vielleicht war der Weg ähnlich turbulent.

Hierzu kann das klassische Spiel „Reise nach Jerusalem" gespielt werden. Eine Reihe Stühle (ein Stuhl weniger, als Spieler) wird aufgestellt. Von einer Musikanlage wird Musik abgespielt, und alle tanzen um die Stuhlreihe. Wenn die Musik stoppt, müssen sich alle Spieler schnell auf einen der Stühle setzen. Der Spieler, der keinen Stuhl bekommt, scheidet aus. Jetzt wird ein Stuhl weggenommen, und die Reise geht von neuem los. Der Spieler, der schließlich übrig bleibt, hat gewonnen.

35. 1. Mose 13,1-12 **Landkarten**

Material: Papier, Stifte, evtl. ein Schatz

Spieldauer: ab 60 Minuten

Spielort: anregungsreiche Spielfläche

Gruppengröße: ab 8 Spielern

Alter: ab 6 Jahre

Art: Geländespiel

Wachsender Viehbesitz in der Familie veranlasst Abraham, seinen Neffen Lot eine Wahl treffen zu lassen, in welchen Landesteil er ziehen möchte. Freimütig verzichtet Abraham auf das fruchtbare Weideland. So ist es beiden Sippen möglich, in Frieden zu leben. Abraham und Lot gehen getrennte Wege.

Es werden zwei oder mehr Kleingruppen mit jeweils ca. vier bis sechs Spielern gebildet. Jede Gruppe erhält einen großen Bogen Papier und Stifte. Nachdem die Spieldauer für die erste Spielrunde festgelegt worden ist, ziehen die Kleingruppen in verschiedenen Himmelsrichtungen los. Ihre Aufgabe besteht darin, möglichst genau einen beliebig gewählten zu erkundenden Weg wahrzunehmen und als Landkarte aufzuzeichnen, also z. B. typische Bäume am Wegesrand. Nach der verabredeten Zeit kommen alle wieder zusammen. Die Gruppen tauschen die Landkarten aus und erkunden den Weg der anderen.

Tipp:
Die Spieldynamik wird erhöht, wenn die Kleingruppen bei ihrer ersten Erkundung einen kleinen Schatz vergraben, der dann von einer jeweils anderen Gruppe gesucht werden muss.

36. 1. Mose 15,1-5 *Sterne am Sternenhimmel*

Material: vorbereitete Schriftrollen, Codes für die Lösung, Sterne aus gelber Pappe

Spieldauer: ab 15 Minuten

Spielort: ausreichende Bewegungsfläche

Gruppengröße: ab 8 Spielern

Alter: ab 9 Jahre

 Art: Bewegungs- und Ratespiel

Die Vielzahl der Sterne verheißen Abraham reiche Nachkommenschaft.

In der Spielvorbereitung nehme ich Pergament- oder Elefantenpapier und schreibe den Text der biblischen Erzählung aus 1. Mose 15,1-5 in verschlüsselter Form auf. Ich wähle einen einfachen Schlüssel: Unter das normale Alphabet schreibe ich ein zweites und verschiebe dabei den Anfangsbuchstaben um drei Stellen. Unter dem A des normalen Alphabets steht im verschlüsselten Alphabet nun das C. Aus einem A im biblischen Text wird nun ein C im verschlüsselten Text. Umgekehrt wird das C im verschlüsselten Text zum A im biblischen Text.
Sterne: Ich schneide etliche Sterne aus gelber Pappe aus und klebe einen richtigen Code und einige falsche Codes (je nach Alter und Gruppengröße) auf die Rückseiten.

Ich verstecke die fünf Schriftrollen und die Sterne im Raum. Schön wäre, wenn sie sich in Himmelsnähe verstecken ließen (an der Decke, auf dem Schrank, an der Lampe). Die Kinder suchen die Schriftrollen und die Sterne. Aus den Sternen mit den unterschiedlichen Lösungsvorschlägen suchen sie den passenden heraus (ausprobieren) und übersetzen den Text auf den Schriftrollen. Unter dem „Himmel" lese ich den biblischen Text zusammenhängend und erläutere dazu.

Schriftrolle 1
Iqvv ucivg bw Cbtcjco: »Jcdg mgkpg Cpiuv, Cbtcjco, kej dkp fgkp Uejwvb. Fw uqnnuv tdkej dgnqipv ygtfgp.«
(Gott sagte zu Abraham: »Habe keine Angst, Abraham, ich bin dein Schutz. Du sollst reich belohnt werden.«)

Schriftrolle 2
»Jgtt, ogkp Iqvv«, gtykfgtvg Cbtcjco, »yqokv yknnuv fw okej fgpp dgnqjpgp? Kej qvgtdg qipg Mkpfgt, wpf ogkpgp Dgukvb gtdv gkp cpfgtgt.«
(»Herr, mein Gott«, erwiderte Abraham, »womit willst du mich belohnen? Ich sterbe ohne Kinder, und meinen Besitz erbt ein anderer.«)

Schriftrolle 3
Ygkvgt ucivg Cbtcjco: »Fw jcuv okt mgkg Mkpfgt igigdgp, ogkp gkigpgt Fkgpgt yktf okej dggtdgp.«
(Weiter sagte Abraham: »Du hast mir keine Kinder gegeben, mein eigener Diener wird mich beerben.«)

Schriftrolle 4
Fc urtcej Iqvv: »Uq uqnn gu pkejv ugkp. Fw yktuv gkpgp Uqjp dgkqoogp, fgt uqnn fgkp Gtdg ugkp.«
(Da sprach Gott: »So soll es nicht sein! Du wirst einen Sohn bekommen, der soll dein Erbe sein.«)

Schriftrolle 5

Iqvv hwgjtg Cbtcjco cwu fgo Bgnv wpf ucivg: »Ukgj jkpcwh bw fgp Uvgtpgp co Jkoogn. Mcppuv fw ukg bcgjngp? Uq mpbcgjndct ygtfgp fgkpg Pcejmgoogq ugkp.«

(Gott führte Abraham aus dem Zelt und sagte: »Sieh hinauf zu den Sternen am Himmel. Kannst du sie zählen? So unzählbar werden deine Nachkommen sein.«)

Code für die Lösung
CDEFGHIJKLMNOPQRSTUVWXYZAB (Verschlüsselter Text)
ABCDEFGHIJKLMNOPQRSTUVWXYZ (Biblischer Text)

37. 1. Mose 19,26 *Zur Salzsäule erstarren*

Material: nicht erforderlich

Spieldauer: ca. 10 Minuten

Spielort: ausreichende Bewegungsfläche

Gruppengröße: ab 6 Spielern

Alter: ab 5 Jahre

Art: Wettkampfspiel

Lot flüchtet mit seiner Familie, während Gott über Sodom und Gomorra Schwefel und Feuer niedergehen lässt. Als Lots Frau sich umdreht, erstarrt sie zur Salzsäule.

In einem Spielfeld laufen alle Spieler umher. Ein Spieler nimmt die Rolle des Fängers ein und versucht, alle anderen Spieler zu fangen. Wer von dem Fänger berührt wird, verharrt in seiner Position. Ein zur Salzsäule erstarrter Spieler kann nur erlöst werden, wenn sich ein anderer Spieler vor ihn stellt und die gleiche Körperhaltung einnimmt. Beide Spieler können daraufhin weiterspielen. Wenn der Fänger es nicht schafft, alle Spieler zur Salzsäule werden zu lassen, kann die Rolle des Fängers getauscht werden.

Andere Bibeltextstelle: z. B. Matthäus 5,13-14.

38. 1. Mose 21,8-21 *Lebensquelle in der Wüste*

Material: Papier, Stifte, Bibeltext

Spieldauer: ab 20 Minuten

Spielort: ausreichende Bewegungsfläche

 Gruppengröße: ab 8 Spielern

 Alter: ab 12 Jahren

Art: Rollenspiel

Sara bittet Abraham, die Magd Hagar mit ihrem Sohn Ismael „in die Wüste zu schicken". Die Wüste bringt Hagar und ihren Sohn in eine Notsituation, aber unter

Gottes Schutz werden ihr die Augen geöffnet, und sie erkennt eine Lebensquelle.
Im Raum werden zwei Zettel mit den Stichworten „Wüstennot" und „Lebensquelle" einander gegenüber auf den Boden gelegt. Die Spieler entscheiden sich für eine der beiden Perspektiven. In den so entstandenen beiden Kleingruppen wird anschließend jeweils ein Standbild zum Thema „Wüstennot" und „Lebensquelle" entwickelt. In der Gesamtgruppe können die Standbilder mit folgendem Verlauf nacheinander gezeigt werden:
Zunächst stellt eine Kleingruppe ihr Bild auf. Die Zuschauenden gehen um und in das dargestellte Bild, betrachten die „Bildteile", Haltungen sowie Mimik, Gestik und das Gesamtgebilde.
Die Spielgruppe löst das Bild auf, die Betrachter benennen ihre Wahrnehmungen, Beobachtungen und damit verbundene Assoziationen zum gezeigten Standbild.
Die Darsteller erzählen daraufhin, was sie verkörpern wollten und jeder einzelne beschreibt den eigenen Anteil am Standbild, das Erleben und weitere Einfälle.
Abschließend zeigt die Spielgruppe noch einmal ihr Standbild.

Nach der Präsentation und Reflexion beider Standbilder wird der Text aus 1. Mose 21,8-21 gemeinsam gelesen.
Wenn die Spielgruppe klein ist, können alternativ beide Perspektiven nacheinander als Standbild entwickelt werden.

Tipp:
Dieses Spielprinzip lässt sich auf alle Bibeltextstellen übertagen, in denen Gegensätze im Mittelpunkt stehen, wie z. B. Licht und Dunkelheit (Jesaja 9,1-11), Suchen und Finden (Lukas 15,1-10), Vergehen und Werden (Johannes 12,24), Bewegung und Ruhe (1. Mose 1-2,4), Offen und Verschlossen (Heilungsgeschichten), Fülle und Leere (1. Könige 17), Empfangen und Geben (Matthäus 14,13-21), Höhe und Tiefe (Kreuzigung und Auferstehung).

Weiterführendes Spiel:
Aus dem Standbild kann sich ein biblisches Rollenspiel entwickeln:
Der Text wird zwei Mal gelesen, wegen des unterschiedlichen Eindrucks von zwei verschiedenen Personen, möglichst von einer Frauen- und einer Männerstimme. Die Zuhörer können beim Hören zwei unterschiedliche Plätze mit unterschiedlichen Körperhaltungen, z. B. sitzen, stehen oder liegen, im Raum einnehmen. Nach der Textlesung kommen alle wieder zusammen. Es werden die im Text vorkommenden

Personen Ismael, Hagar, Sara, Abraham und die Personen, die noch dabei gewesen sein könnten, z. B. Isaak, Karawanenbesitzer, Knecht im Hause Abrahams, im Gespräch benannt.

Aus der Spielgruppe wählt sich jeder eine Rolle. Die Rollen, die nicht besetzt sind, werden beiseite gelegt. Im nächsten Schritt klärt die Spielgruppe die darzustellende Situation. Anschließend sucht sich jeder seinen Platz und seine Position, bis alle zufrieden sind.

Es folgt ein Auswertungsgespräch. Wenn die Spielgruppe groß ist, bietet das szenische Interpretieren eine weitere Chance zum Textverständnis. Hier werden einzelne „Bildteile" von Betrachtenden ersetzt, indem z. B. jemand an eine Person herantritt, sie durch Berührung ablöst, sodass der Betrachter deren Haltung einnimmt. Alternativ dazu kann ein Betrachter einer Person im Bild seine Stimme geben. Dies bietet die Möglichkeit, das eigene Standbild von außen zu betrachten und unterschiedliche Positionen einzunehmen. In einem weiteren Schritt kann die „Originalbesetzung" des Standbildes eine „erste Bewegung" machen, um dann wieder darin zu erstarren.

Abschließend teilt sich die Spielgruppe ihre Empfindungen und Entdeckungen an dieser Geschichte mit.

39. 1. Mose 27 **Wem gehört diese Hand?**

 Material: Tuch zum Augen verbinden

Spieldauer: ca. 10 Minuten

Spielort: ausreichende Bewegungsfläche

Gruppengröße: ab 6 Spielern

Alter: ab 6 Jahre

Art: Interaktions- und Ratespiel

Die beiden Brüder rivalisieren miteinander um den Segen des Vaters. Da die Zwillinge an ihren unterschiedlichen Händen zu erkennen sind, gelingt es Jakob, Isaak zu täuschen.

Bei diesem Spiel sollen die Kinder an ihren Händen erraten werden. Hierzu werden einem Kind die Augen verbunden. Ihm wird dann eine Hand eines Spielers gereicht. Der „Blinde" befühlt diese Hand und rät, zu welchem Kind diese Hand gehört.

40. 1. Mose 28,10-22 **Gottes Haus**

 Material: ein weißes Blatt

Spieldauer: ab 7 Minuten

Spielort: im Kreis

Gruppengröße: 5-15 Spieler

Alter: ab 8 Jahre

Art: Illusions- und Wettkampfspiel

Alle Spieler sitzen im Kreis. Ein weißes Blatt wird an den ersten Spieler weitergegeben mit dem Satz: „Hier sieht man Gottes Haus!" Der Spieler nimmt das Papier und reicht es an seinen rechten Nachbarn weiter mit dem Satz: „Hier sieht man die Tür von Gottes Haus!" Der nächste Spieler reicht das Papier vielleicht mit dem Satz weiter: „Hier sieht man den Schlüssel zur Tür von Gottes Haus!" So bildet sich der Satz immer weiter. Wer nicht weiter weiß oder Teile vergisst, scheidet aus.

41. 1. Mose 33,1-16 *Aufeinander zugehen*

 Material: Tuch

 Spieldauer: ab 7 Minuten

 Spielort: ausreichende Bewegungsfläche

 Gruppengröße: ab 6 Spielern

 Alter: ab 6 Jahre

 Art: Bewegungsspiel

Jakob war vor Esau auf der Flucht. Esau war wütend, weil Jakob ihm den Segen abgeluchst hatte. Nun begegnen sie sich friedlich.

Alle Kinder stellen sich zusammen. Eines der Kinder wirft ein Tuch hoch und ruft dabei den Namen eines Mitspielers. Dieser muss das Tuch auffangen, während die anderen wegrennen. Hat der Mitspieler das Tuch, schreit er „Stopp", und die anderen bleiben stocksteif stehen. Der Tuchfänger schaut sich einen Mitspieler aus und schätzt laut, wie viele Schritte er braucht, um zu ihm zu gelangen. Dann geht er los. Gelingt es ihm, mit der geschätzten Schrittzahl den anderen zu erreichen und ihn mit dem Tuch zu berühren, darf der andere das Tuch nehmen und hochwerfen, und das Spiel geht von vorne los. Gelingt es ihm nicht, den anvisierten Menschen mit dem Tuch zu berühren, scheidet er aus.

42. 1. Mose 33,1-16 **Was ich für Versöhnung tun kann**

 Material: Tonkarton, Scheren, Stifte

Spieldauer: ca. 10 Minuten

Spielort: ausreichende Bewegungsfläche

Gruppengröße: ab 5 Spielern

Alter: ab 8 Jahre

Art: Diskussionsspiel

In der Spielfläche (auf dem Tonkarton) werden zwei Punkte festgelegt. Der eine ist mit „Streit", der andere mit „Versöhnung" beschrieben. Jeder Spieler erhält einen kleinen Pappfuß, den er beschreiben oder bemalen soll. Dies kann im Austausch darüber geschehen, welche Momente der Versöhnung die Spieler schon erlebt haben. Im Anschluss legen die Spieler die Füße zwischen den Punkten „Streit" und „Versöhnung" als Fußweg. Dabei wird über die Möglichkeiten, vom Streit zur Versöhnung zu finden, gesprochen.

43. 1. Mose 37,3 **Kleider machen Leute**

 Material: viele bunte Tücher, Sicherheitsnadeln

Spieldauer: ca. 30 Minuten

Spielort: ausreichende Bewegungsfläche

Gruppengröße: ab 6 Spielern

Alter: ab 6 Jahre

Art: Illusionsspiel

Josef erhält von seinem Vater Jakob ein kostbares Gewand, das die besondere Beziehung zwischen Vater und Sohn widerspiegelt. Durch das Kleidungsstück wird Josef seinen Brüdern gegenüber in besonderer Weise hervorgehoben.

Im Spiel sollen die Kinder erfahren, was ein Kleid bzw. Gewand bedeutet (Kleider machen Leute). Hierzu liegen in der Mitte viele bunte und kostbare Tücher. Nacheinander bekleiden sich die Kinder gegenseitig mit diesen Tüchern. Wenn sich die Kinder sehr gut untereinander kennen, können die Tücher passend zu den Lieblingsfarben der jeweiligen Kinder ausgewählt werden.

Dann beginnt eine Modenschau. Hierzu tritt ein Kind in den Kreis. Es spürt nach, wie das Gewand das eigene Aussehen verändert und es zum Schmuck wird. Vielleicht mögen einzelne Kinder eine dem Gewand entsprechende Haltung einnehmen. Dann kommt das nächste Kind an die Reihe.

Andere Bibeltextstelle: z. B. Lukas 15,22.

44. 1. Mose 37-45 i. A. „Wer näht das beste Kleid?"

Material: Spielgeld (bei Banken erhältlich), Kärtchen mit Fragen/Aufgaben zum Thema, Tacker, Stoffreste, ein akustisches Signal, z. B. eine Hupe

Spieldauer: ab 30 Minuten

Spielort: ausreichende Bewegungsfläche

Gruppengröße: 10-20 Spieler

Alter: ab 6 Jahre

Art: Planspiel

Josef trägt viele Kleider: Mal sind sie zu groß, mal zu eng, mal zu bunt.

Die Spielleitung besteht aus drei Personen. Zwei Personen nehmen die Antworten der Spieler entgegen und eine Person nimmt die Rolle des Verkäufers im Stoffladen ein. Die Spieler bilden zwei Gruppen, die im Wettstreit gegeneinander antreten: „Wer näht das beste Kleid?" Die Gruppen können an verschiedenen Stellen im Haus Geld (Spielgeld) verdienen, das sie in der „Stoffhandlung" gegen bunte Stoffe eintauschen. Die Stoffhandlung ist in einem kleinen Raum untergebracht, der sonst nicht für das Spiel gebraucht wird. Hier tauschen die Spieler ihr Geld gegen Stoffreste ein, die sie mit einem Hefter zu einem Mantel zusammenheften sollen. Die Preise der Stoffe können beliebig festgelegt werden.
Die Aufgaben (Fragen), mit denen die Gruppen das Geld verdienen, beziehen sich auf die ausgewählte thematische Einheit und werden auf Zettel geschrieben und im ganzen Haus versteckt. Alle Spieler müssen in ihren Gruppen ausschwärmen und nach den Fragen bzw. Aufgaben suchen. Wer eine Karte gefunden hat, geht damit zur Spielleitung. Diese vergütet dann die erbrachte Leistung mit Geld.
Ob eine Gruppe zuerst möglichst viel Geld verdient und dann den Stoff kauft, oder jede verdiente Summe gleich im Stoffgeschäft ausgibt, ist den Spielern überlassen. Der Clou an der Sache ist, dass dem Spiel nicht von vornherein ein Ende gesetzt wird. Nach einer beliebigen Zeit ertönt eine Hupe und kündigt das Ende des Spiels in fünf Minuten an. Wer das feinste Gewand geheftet hat (möglichst vollständig), gewinnt.

45. 1. Mose 37-50 **Buchstaben-Wörter-Werfen**

 Material: Ball, Schminkfarbe

 Spieldauer: ab 5 Minuten

 Spielort: im Kreis

 Gruppengröße: ab 6 Spielern

 Alter: ab 7 Jahre

 Art. Konzentrationsspiel

Alle Spieler sitzen im Kreis. Der Spielleiter wirft einem Spieler den Ball zu und ruft gleichzeitig einen Buchstaben. Nun muss der Spieler, der den Ball fängt, innerhalb von zehn Sekunden (je nach Alter der Spieler die Zeitdauer anpassen) ein Wort sagen, das mit diesem Buchstaben beginnt. Dieser Spieler wirft nun den Ball wieder einem anderen Kind zu usw. Bei älteren Spielern gilt die Regel, dass jedes Wort nur einmal genannt werden darf. Wer das Wort trotzdem doppelt nennt oder zu lange überlegt, bekommt einen Strich mit Schminkfarbe ins Gesicht oder auf die Hand.
Sobald die Spieler die Grundregel des Spiels verstanden haben, kommt die folgende Regel hinzu: Es dürfen nur Wörter verwendet werden, die zu der zuvor gehörten Josef-Erzähleinheit passen, z. B. Kleid, Vater, Brüder, Garben, Mond, neidisch, traurig, durstig. Wenn der spielenden Gruppe ein Wort unpassend erscheint, muss der entsprechende Spieler erklären, warum es seiner Meinung nach passt, z. B. Maus: „Als der Josef in den leeren Brunnenschacht geworfen wurde, waren bestimmt auch Mäuse dort."

Tipp:
Dieses Spielprinzip lässt sich auch auf andere Geschichten übertragen, die viele Begriffe für die Wörtersuche hergeben, wie z. B. die Schöpfungsgeschichte.

46. 1. Mose 37-50 **People-Bingo mit Josef**

 Material: Bingotabelle (je mehr Spieler mitspielen, um so mehr Felder sollte die Bingotabelle enthalten), Stifte

 Spieldauer: ab 5 Minuten

 Spielort: ausreichende Bewegungsfläche

 Gruppengröße: ab 10 Spielern

 Alter: ab 8 Jahre

Art: Interaktionsspiel

Als Spielvorbereitung wird auf einem Blatt Papier eine Tabelle mit etwa 20 Feldern, fünf waagerecht und vier senkrecht, angelegt. In jedes Feld wird eine Aussage geschrieben, z. B. „Hat einen bunten Pulli wie Josefs Kleid an". Diese Tabelle wird entsprechend der Spieleranzahl kopiert. Dann geht das Spiel los: Alle Spieler sollen sich zu jeder Aussage in der Tabelle eine Unterschrift von einem anderen, dazu passenden Spieler zu holen. In jeder Reihe, Spalte oder Diagonale dürfen keine gleichen Namen aus der Gruppe auftreten. Auch der eigene Name darf nicht verwendet werden.
Der Spieler, der als erster alle Felder mit Unterschriften gefüllt hat, ruft laut: „People Bingo".

Mögliche Aussagen für das Bingo-Spiel:
Hat wie Josef einen Bruder.
Hat heute Nacht geträumt.
Kennt den Namen von Josefs Vater.
Weiß, in welches Land Josef verkauft wird.

47. 1. Mose 39+40   Schuhpoker

 Material: Strümpfe, Schuhe

 Spieldauer: hängt von der Gruppengröße ab, ab ca. 7 Minuten

 Spielort: im Kreis

 Gruppengröße: 10-20 Spieler

 Alter: ab 6 Jahre

 Art: Konzentrationsspiel

Josef wird seines Kleides bzw. seines Mantels beraubt. Im Spiel beschränken sich die Spieler auf die Schuhe und Strümpfe. Alle Spieler sitzen im Kreis und werden der Reihe nach einer Nummer zugeordnet. Nun schlagen und schnippen alle Spieler einen Viererrhythmus: Rechte Hand flach auf den rechten Oberschenkel, linke Hand auf den linken Oberschenkel, rechte Hand schnippen, linke Hand schnippen. Am besten üben das alle Spieler vorher ein.
Dann geht es los. Ein Spieler beginnt und sagt beim Schnippen der rechten Hand seine eigene Nummer und beim Schnippen der linken Hand eine andere Nummer. Dies alles muss in dem laufenden Rhythmus geschehen.
Der Spieler, dessen Nummer genannt wird, muss blitzschnell reagieren, indem er auch beim rechten Schnippen die eigene Nummer sagt und beim linken Schnippen die nächste Nummer aufruft.

Wenn ein Spieler seinen Einsatz verpasst oder einen Fehler macht, muss er einen Schuh oder Strumpf abgeben. Wer zuerst mit beiden Füßen barfuß ist, hat verloren.

48. 1. Mose 45 Überraschung

 Material: evtl. Überraschungseier oder andere Überraschungen

Spieldauer: 20-30 Minuten

Spielort: hängt von den Überraschungen ab

Gruppengröße: ab 3 Spielern

Alter: ab 5 Jahre

Art: Interaktionsspiel

Für Josefs Brüder kommt die Nachricht vollkommen überraschend: Josef lebt. Und nicht nur das: Josef ist ein Mann von hohem Rang.

Im Vorfeld kündigt der Spielleiter eine Überraschungsaktion an, um bei den Spielern Interesse zu wecken. Wenn alle zusammengekommen sind, machen mehrere Überraschungseinlagen den Titel zum Programm, z. B. das Verschenken von Überraschungseiern, ein Überraschungsgast, ein Überraschungsessen, ein Überraschungsgeschenk für ein bestimmtes Kind oder ähnliche unerwartete Vorkommnisse. Bei jeder Überraschung kann der Spielleiter „Überraschung" sagen.

Tipp:
Der Überraschungseffekt ist eindrücklich, denn Kinder mögen Überraschungen (vor allem positive). Der Spielleiter achtet darauf, dass die biblische Geschichte nicht durch den fröhlichen Überraschungsmoment in eine Comedy-Nummer ausartet. Überraschungsaktionen sind vor allem dann lohnenswert, wenn die Spieler die Geschichte schon kennen. So kommt ein für die Spieler neuer Aspekt der Geschichte ins Blickfeld.

49. 2. Mose 1,15-22 Ohnmacht oder Macht

Material: Papier, Stifte

Spieldauer: ab 5 Minuten

Spielort: im Kreis

Gruppengröße: ab 2 Spielern

 Alter: ab 6 Jahre

 Art: Interaktionsspiel

Der Pharao hat Angst vor dem großen Volk Israel, es könnte an Macht gewinnen. Darum befiehlt er den hebräischen Hebammen, alle männlich geborenen Kinder zu töten. Die beiden Frauen entziehen sich jedoch dem Befehl des Pharao und lassen alle Jungen am Leben.

Jeder Spieler sucht sich einen Partner. Beide zusammen halten einen Stift, um gemeinsam zu malen, z. B. eine Frau, den Pharao, Gewalt, Frieden. Die Schwierigkeit besteht darin, dass nicht miteinander gesprochen werden darf. Beim gemeinsamen Bildmalen wird die Macht des Partners spürbar. Nach dieser Übung tauschen die Spieler ihre Erfahrungen aus.

50. 2. Mose 1-14 i.A. **Befreiung versus Enge**

 Material: nicht erforderlich

 Spieldauer: ab 15 Minuten

 Spielort: im Kreis

 Gruppengröße: ab 10 Spielern

 Alter: ab 8 Jahre

 Art: Interaktionsspiel

In dem Spiel lernen die Spieler den Zusammenhang zwischen der Befreiung der Israeliten und der erlebten Enge während der Unterdrückungszeit in Ägypten verstehen. Dazu erzählt der Spielleiter die biblische Geschichte in Auszügen. Dann werden die Spieler aufgefordert, stehend einen Kreis zu bilden. Zwei oder drei Freiwillige gehen in die Mitte. Der Außenkreis rückt immer näher an die Freiwilligen heran. Sie dürfen versuchen, aus dem Kreis auszubrechen, während der Außenkreis sie daran hindert.
Nach einer angemessenen Zeit greift der Spielleiter ein und hilft den im Innenkreis stehenden Personen beim Aufbruch zur Befreiung.

Dieses Interaktionsspiel endet mit einem Gespräch zu den möglichen Fragen:
Wie habt ihr euch in den unterschiedlichen Rollen gefühlt?
Kennt ihr im Alltag das Gefühl der Enge, durch Regeln eingegrenzt zu sein?
Was könnt ihr unternehmen?

Wenn ihr an die befreiende Geschichte Gottes mit den Israeliten denkt, welche Regeln wären euch als befreite Menschen wichtig?

51. 2. Mose 2,1-5 Im Korb

 Material: Musikanlage, ruhige Musik

Spieldauer: ab 5 Minuten

Spielort: ausreichende Bewegungsfläche

Gruppengröße: ab 12 Spielern

Alter: ab 6 Jahre

Art: Interaktionsspiel

Ein Körbchen aus Schilf bewahrt und rettet Mose als Säugling vor dem Ertrinken bzw. dem Pharao. Mirjam, seine Schwester, und die Tochter des Pharaos werden für ihn zu Schutzengeln.

Im Spiel erleben die Spieler den Schutz eines „Körbchens". Mehrere Paare stellen sich dazu gegenüber auf. Sie reichen sich die Hände und bilden mit ihren Armen einen Kreis. So entsteht ein „Korb", in den ein anderer Spieler als Mose hineinschlüpft. Im Korb soll er sich wohl fühlen. Zu geeigneter Musik wiegt sich das Nest langsam hin und her. Wenn die Musik unterbrochen wird, suchen sich die „Mose-Spieler" einen neuen Korb. Nach geraumer Zeit wechseln die Spieler untereinander ihre Rollen.

52. 2. Mose 3,1-15 Ich spüre dich nah

 Material: Tuch zum Augen verbinden

Spieldauer: ab 7 Minuten

Spielort: im Kreis

Gruppengröße: 10-20 Spieler

Alter: ab 4 Jahre

Art: Interaktionsspiel

Gott ist nahe bei mir. Es gibt Momente im Leben, da spüre ich das deutlich. Wenn ich von Menschen umgeben bin, dann kann ich sie auch sehen. Manchmal spüre ich sie auch, ohne sie tatsächlich sehen zu können.

In dem folgenden Spiel möchte ich dieses Gespür fördern. Alle Spieler stellen sich im Kreis auf. In der Mitte steht ein Spieler mit verbundenen Augen. Dieser soll spüren und hören, von wo jemand auf ihn zukommt. Durch ein Kopfnicken der Spielleitung wird ein Spieler aus dem Kreis aufgefordert, sich ganz leise dem Kind in der Mitte zu nähern. Sobald der Spieler mit den verbundenen Augen das Gefühl hat, dass sich ein anderer Spieler auf ihn zu bewegt, zeigt er in die Richtung, aus der sich Spieler nähert, und sagt „Stopp". Wenn der Spieler es richtig erspürt hat, darf ein anderer Spieler in die Mitte kommen. Eine neue Spielrunde beginnt.

53. 2. Mose 3,5 **Nicht den Fußboden berühren**

 Material: Stühle, Tische und ähnliches

 Spieldauer: ab 5 Minuten

 Spielort: ausreichende Bewegungsfläche

 Gruppengröße: ab 6 Spielern

 Alter: ab 5 Jahre

 Art: Bewegungsspiel

Mose betritt heiligen Boden, dazu soll er seine Schuhe ausziehen.

Für dieses Spiel ziehen die Spieler ihre Schuhe aus. Es wird ein Kletterparcours aus Stühlen, Bänken und Tischen gebaut. Die Spieler müssen diesen Parcours bewältigen, ohne mit dem Fuß auf den Boden zu treten.

54. 2. Mose 5 **Freiheit oder Gefangenschaft**

 Material: Kreide

 Spieldauer: 10 Minuten

 Spielort: ausreichende Bewegungsfläche

 Gruppengröße: 10-25 Spieler

 Alter: ab 5 Jahre

 Art: Bewegungs- und Wettkampfspiel

Zwischen Moses und dem Pharao entsteht ein regelrechtes Tauziehen um die Freiheit des Volkes Israel. Moses droht mit Gottes Strafen, der Pharao knechtet das Volk immer mehr.

Dieses Ringen wird im Spiel nachempfunden: In der Mitte des Raumes ist ein etwa ein Quadratmeter großes Quadrat aufgemalt. Alle Spieler bilden einen großen Kreis um das Quadrat und fassen sich an den Händen. Das Quadrat steht für Knechtschaft, der Spielerkreis für Freiheit.
Nach einem Startzeichen versuchen alle Spieler, ihren Nebenmann so in die Mitte zu ziehen, dass dieser dem Quadrat nicht mehr ausweichen kann. Ist es auch mit einem Sprung darüber nicht mehr zu verhindern, dass der Spieler das Quadrat berührt, scheidet er aus.

Wer bis zum Schluss in Freiheit bleibt, darf sich Moses nennen. Die anderen sind das in Knechtschaft geplagte Volk Israel.

55. 2. Mose 5   Sklavenarbeit

Material: nicht erforderlich

Spieldauer: ab 5 Minuten

Spielort: ausreichende Bewegungsfläche

Gruppengröße: ab 8 Spielern

Alter: ab 6 Jahre

Art: Bewegungs- und Wettkampfspiel

Ein Kind spielt den Aufseher des Pharao und kontrolliert die Sklaven bei ihrer Arbeit. Die anderen Kinder sind die Sklaven. Sie arbeiten, indem sie sich zu zweit oder zu dritt an der Hand nehmen und maximal zehn Kniebeugen machen. Danach müssen sie sich wieder loslassen und neue Mitarbeiter finden. Die Arbeit ist auf Dauer sehr anstrengend und sie versuchen, jede Minute zu nutzen, um eine Pause zu machen. Der Aufseher darf jeden Sklaven, den er nicht bei seiner Arbeit sieht, abklatschen. Dieser Sklave scheidet aus dem Spiel aus. Das Spiel ist zu Ende, wenn nur noch ein Sklave übrig ist.

Tipp:
Den Kindern kann nach dem Spiel erzählt werden, dass die Sklaven schwer arbeiten mussten und häufig auch noch angetrieben und ausgepeitscht wurden.

56. 2. Mose 7-10 Pharaos Leibwächter

Material: Tuch, Kopfbedeckung

Spieldauer: ab 5 Minuten

Spielort: ausreichende Bewegungsfläche

Gruppengröße: ab 8 Spielern

Alter: ab 5 Jahre

Art: Bewegungs- und Wettkampfspiel

Dies ist ein Spiel für jeweils vier Kinder, wobei mehrere Gruppen gleichzeitig spielen können. Ein Kind spielt den Pharao und wird mit einer Kopfbedeckung gekennzeichnet. Zwei Kinder sind die Leibwächter des Pharao. Diese drei Kinder halten sich an den Händen. Das vierte Kind ist ein wütender Sklave und trägt ein Tuch als Kennzeichen. Der Sklave soll den Pharao am Rücken abschlagen. Die Leibwächter versuchen, den Pharao so gut es geht zu schützen. Hat der Sklave den Pharao abgeschlagen, werden die Rollen getauscht.

57. 2. Mose 8,16-28 Fliegenplage

Material: Kreide

 Spieldauer: ab 5 Minuten

 Spielort: ausreichende Bewegungsfläche

Gruppengröße: ab 8 Spielern

 Alter: ab 4 Jahre

Art: Bewegungs- und Wettkampfspiel

Quer durch das Feld verläuft der Nil (sichtbare Markierung), in dem zwei Frösche sitzen. Zwei Kinder sitzen als Frösche in der Hocke und sind auf der Jagd nach Fliegen. Alle anderen Kinder sind Fliegen und müssen mit ausgebreiteten Armen den Nil überfliegen. Die Frösche versuchen, die Fliegen zu erwischen, indem sie überraschend einen großen Sprung machen. Die gefangenen Fliegen werden zu Fröschen. Das Spiel ist zu Ende, wenn nur noch eine Fliege übrig ist.

58. 2. Mose 9,1-7 **Gefährliche Pest**

 Material: Bälle

 Spieldauer: ab 4 Minuten

 Spielort: im Kreis

 Gruppengröße: ab 3 Spielern

 Alter: ab 5 Jahre

 Art: Bewegungs- und Wettkampfspiel

Alle Kinder sitzen im Kreis und rollen sich kreuz und quer zwei oder mehr Bälle zu. Die rollenden Bälle sind die gefährliche Pest. Ein mutiges Kind traut sich nun in die Kreismitte und darf sich nicht von den rollenden Bällen treffen lassen. Wird es doch getroffen, darf das nächste Kind in den Kreis. Ist die Spielgruppe groß, können auch mehrere Kinder in den Kreis.

59. 2. Mose 10 **Heuschreckenplage**

 Material: nicht erforderlich

 Spieldauer: ab 5 Minuten

 Spielort: ausreichende Bewegungsfläche

 Gruppengröße: ab 8 Spielern

 Alter: ab 5 Jahre

 Art: Bewegungs- und Wettkampfspiel

Die Kinder hüpfen wie Heuschrecken durch den Raum. Einige Kinder wollen die Heuschreckenplage bezwingen und klatschen die Heuschrecken am Rücken ab. Die abgeklatschte Heuschrecke muss sich in die Hocke setzen und zählt leise bis zehn, dann darf sie wieder weiterhüpfen. Die Heuschreckenplage ist beendet, wenn für einen Moment alle Heuschrecken mit Zählen beschäftigt sind.

60. 2. Mose 12,29-38 **Ab in die Freiheit**

 Material: Kreide

Spieldauer: ab 10 Minuten

 Spielort: ausreichende Bewegungsfläche

 Gruppengröße: 10-30 Spieler

 Alter: ab 5 Jahre

 Art: Bewegungs- und Wettkampfspiel

Moses und das Volk Israel sind frei. In dem folgenden Spiel kämpfen die Spieler um die Freiheit.

Auf den Boden werden zwei ineinanderliegende Kreise gemalt. Der innere Kreis ist das Gefängnis, im äußeren Kreis stehen die Bewacher. Außerhalb beider Kreise bewegen sich die Fluchthelfer. Die Gruppe wird wie folgt aufgeteilt: Ein Viertel der Spieler sind Mose als Fluchthelfer, ein Viertel der Spieler sind Aufseher beim Pharao und bewachen die Israeliten im „Gefängnis". Die restlichen Spieler sind die Israeliten im „Gefängnis".
Auf ein Startzeichen hin versuchen die Fluchthelfer (sie können sich frei über alle Kreise hinwegbewegen) einen Gefangenen nach dem anderen an der Hand aus dem Gefängnis zu bringen. Die Bewacher (sie dürfen sich nur in ihrem äußeren Kreis bewegen) versuchen, die Befreiung durch Abschlagen zu verhindern. Schlagen sie einen Fluchthelfer oder einen Israeliten ab, so müssen diese beiden ins Gefängnis. Der Fluchthelfer wird dann zum Gefangenen. Ist ein Spieler aus dem Gefängnis erfolgreich befreit, wird er zum Fluchthelfer.

61. 1. Mose 14 Verfolgung am Fluss

 Material: Kreide, Teppichfliesen oder ähnliches Material

 Spieldauer: ab 10 Minuten

 Spielort: ausreichende Bewegungsfläche

 Gruppengröße: 10-30 Spieler

 Alter: ab 5 Jahre

 Art: Bewegungs- und Wettkampfspiel

Die Spieler kennen es sicherlich, durch einen Fluss zu waten und dabei ganz vorsichtig von Stein zu Stein zu balancieren.

Das folgende Spiel stellt eine Flussüberquerung dar. Die Spieler wählen zwei Mannschaften. Jede Mannschaft bekommt fünf bis sechs Teppichfliesen oder ein ähnliches Material. Die Aufgabe der Gruppen ist es, von der auf den Boden gemalten Startlinie zur gegenüberliegenden Ziellinie zu kommen. Wie sie dies erreichen, ist egal. Sie können immer mit möglichst vielen Spielern gleichzeitig auf eine Fliese treten. Oder ein Spieler bereitet einen Weg mit den Fliesen vor, alle anderen kommen nach und der letzte sammelt die Fliesen wieder ein. Der Fantasie sind keine Grenzen gesetzt. Aber: Jeder Spieler darf nur eine Fliese gleichzeitig in der Hand halten. Die Gruppe, die zuerst mit allen Spielern und allen Teppichfliesen im Ziel angekommen ist, hat gewonnen.

62. 2. Mose 14,6-9 *Pferdewagenrennen*

 Material: Bälle

Spieldauer: ab 4 Minuten

Spielort: im Kreis

Gruppengröße: ab 3 Spielern

Alter: ab 5 Jahre

Art: Bewegungsspiel

Alle Kinder knien im Kreis. Der Spielleiter kommentiert das Pferdewagenrennen und macht gleichzeitig die passenden Bewegungen. Die Kinder machen alle mit.
Spielleiter: „Die Pferde stehen ungeduldig an der Startlinie. Achtung, jetzt kommt das Startsignal: Auf die Plätze — Fertig — Los! (Die Hände klatschen über dem Kopf zusammen.) Die Pferde laufen (mit den Händen auf die Oberschenkel klatschen) immer schneller. Da kommt eine Rechtskurve (der Oberkörper neigt sich nach rechts), ein Graben (die Spieler hüpfen hoch), eine Linkskurve (der Oberkörper neigt sich nach links), die Zielgerade (alle Spieler klatschen schneller), eine Karambolage (aller Spieler fallen übereinander), das Publikum jubelt (alle schreien und johlen), usw."

63. 2. Mose 14,21-23 *Rettung aus dem Meer*

 Material: verschiedene Seile, Decken, Karton, Fischernetz, Wäscheleine, Klebeband, Wäscheklammern, Scheren, Tonkarton, Bälle usw.

 Spieldauer: ab 10 Minuten

 Spielort: ausreichende Bewegungsfläche

Gruppengröße: ab 6 Spielern

 Alter: ab 6 Jahre

 Art: Interaktionsspiel

Bei der Flucht aus Ägypten ziehen die Israeliten durch das Meer, das ihnen vor den Ägyptern Rettung schenkt.

In der Spielfläche wird ein „Wasserbereich" mit Klebeband abgetrennt. Er ist so groß, dass der Spieler, der in der Mitte des „Wasserbereiches" steht, von keinem anderen Spieler mit der Hand erreicht werden kann. Nun überlegen sich die anderen Spieler, wie sie den Spieler aus dem Wasserbereich retten können. Aus dem vorhandenen Material können sie dazu Hilfsmittel erstellen. So können sie ein Seil am Ball befestigen, dem Spieler zuwerfen und ihn damit auf das Land ziehen. Am Karton kann eine Wäscheleine befestigt werden, und der Spieler kann im Karton hinüber auf das Land gezogen werden. Wenn einige Rettungsideen mit unterschiedlichen Spielern ausprobiert worden sind, endet das Spiel.

Andere Bibeltextstelle: z. B. Psalm 18,17.

64. 2. Mose 17,1-7 Wenn ich Wasser wäre ...

 Material: Papier, Stifte, evtl. weißer Baumwollstoff, Stoffmalfarbe

 Spieldauer: ca. 30 Minuten

 Spielort: am Tisch

 Gruppengröße: ab 6 Spielern

 Alter: ab 6 Jahre

 Art: Interaktionsspiel

Auf dem Weg in das gelobte Land spüren die Israeliten, dass es ihnen an den Grundbedürfnissen ihres Lebens, z. B. Wasser, mangelt. Auch wenn Gott in solchen Situationen von den Israeliten in Frage gestellt wird, zieht er sich nicht zurück, sondern sorgt für sein Volk: Aus einem Felsen, an dem Gott selbst gegenwärtig ist, lässt er Wasser fließen.

Jeder Spieler überlegt sich, welche Art Wasser er am liebsten wäre, z. B. ein kleines Bächlein, ein reißender Fluss mit vielen Stromschnellen, ein Wasserfall, eine Quelle. Jeder Spieler malt seine Gedanken auf Papier mit dem Titel „So wäre ich als Wasser". Nach dem Malen tauschen sich die Spieler über ihre Bilder aus.

Tipp:
Anstatt auf Papier werden die Ideen mit Stoffmalfarbe auf ein Stück Baumwollstoff (z. B. 10x10 cm) gemalt. Anschließend werden alle Wasserbilder zu einem großen Wandbehang zusammengenäht.

65. 2. Mose 19,1   Wüstenwanderung

Material: Decken, Wasser, Gläser

Spieldauer: ab 5 Minuten

Spielort: ausreichende Bewegungsfläche

Gruppengröße: ab 5 Spielern

Alter: ab 5 Jahre

Art: Illusionsspiel

Nach dem Auszug aus Ägypten durchwandern die Israeliten die Wüste.

Die Spieler bewegen sich frei auf der Spielfläche. Dazu kann nachfolgender Text gesprochen werden. Die in Klammern eingeschobenen Vorschläge kennzeichnen Bewegungsmomente, die auf den Text erfolgen:
„Stellt Stühle in Reihen hintereinander auf und hängt euch Decken um – wegen der Sonne! Zuerst müsst ihr natürlich in die Wüste fahren. Ihr setzt euch auf die Stühle. Das ist euer Wüstenbus – und los geht es. Es hoppelt und wackelt (alle hopsen auf den Stühlen rum), und der Wind bläst Staubwolken in den Bus (Decken vor das Gesicht halten). Eine Linkskurve (alle beugen sich nach links) und eine Rechtskurve (alle beugen sich nach rechts) und der Bus hält (alle beugen sich nach vorne). Ihr steigt aus eurem Gefährt aus (alle kommen von den Stühlen und bilden einen lockeren Kreis). Die Wüstenwanderung beginnt (alle laufen im Kreis). Hier liegen viele Steine herum. Geht den Steinen aus dem Weg und weicht den Brocken aus. Sträucher und Büsche versperren den Weg. Kriecht durch ein Gebüsch und springt über einen Strauch. Nun lichtet sich das Gelände. Der Boden wird sandiger. Es fällt euch etwas schwerer, über den sandigen Boden zu laufen (alle stapfen etwas fester und heben die Knie höher). Vor euch türmt sich eine Sanddüne auf. Ihr könnt nicht links und auch nicht rechts daran vorbei. Ihr müsst darüber klettern (alle tun so, als ob sie mühsam einen Sandberg hochsteigen). Die Sonne scheint heiß (alle ziehen sich die Decke über den Kopf und wischen sich mit der Hand den Schweiß von der Stirn). Ihr seid noch nicht oben angekommen. Noch ein paar Schritte. Geschafft! Was für eine Aussicht (die Hände in die Seiten stemmen und eine Hand über die Augen halten): Sandberge, so weit das Auge reicht! Der Durst wird stärker. Ihr lauft auf der anderen Seite der Sanddüne herunter (alle laufen und halten dabei die Decke fest). Der Sand ist richtig tief (alle stapfen feste auf und ziehen die Knie hoch

an). Das Laufen fällt euch schwer und der Durst wird stärker. Ihr könnt nicht mehr gehen (alle kriechen auf allen Vieren weiter). Ihr könnt es ohne ein Getränk nicht mehr aushalten. Schließlich könnt ihr nicht mehr weiter (alle legen sich auf den Boden und ziehen die Decke über sich). Da – ihr hört ein Geräusch (jemand gießt aus einer Kanne Flüssigkeit in ein Gefäß). Wasser! Ihr robbt zu der Quelle. Endlich trinken! (Die Kinder erhalten einen Trinkbecher mit einem Getränk.)

66. 2. Mose 20,2-17 *Zehn Gebote*

 Material: Auf Tonkarton aufgezeichnete Spielfelder, Spielfiguren, Würfel, Fragen- und Ereigniskarten

 Spieldauer: ab 30 Minuten

 Spielort: im Kreis

 Gruppengröße: ab 6 Spielern

 Alter: hängt von den Fragen und Ereigniskarten ab

 Art: Rate- und Interaktionsspiel

Auf Tonkarton sind Spielfelder aufgezeichnet, die durch eine Linie von einem Startfeld bis zu einem Zielfeld miteinander verbunden sind. Auf diesem Spielfeld sind in regelmäßigen Abständen zwei unterschiedlich farbige Felder eingezeichnet. Einerseits sind es Felder, die vom Spieler die Beantwortung einer Sachfrage zu den Zehn Geboten fordert, andererseits sind es Felder mit einem dargestellten Ereignis, zu dem der Spieler Stellung beziehen soll. Die Spieler werden in Kleingruppen mit maximal drei Spielern eingeteilt. Jede Gruppe stellt eine Spielfigur auf das Startfeld. Die Gruppe mit dem jüngsten Mitspieler beginnt zu würfeln. Entsprechend der Augenzahl setzt die Kleingruppe ihre Spielfigur auf dem Spielplan. Kommt die Spielgruppe auf ein Feld ohne farbige Markierung, ist die im Uhrzeigersinn nächste Gruppe an der Reihe. Wenn eine Gruppe auf ein farbiges Feld kommt, stellt der Spielleiter entweder die entsprechende Frage oder benennt ein Ereignis, zu dem die Gruppe/ein Spieler der Gruppe Stellung bezieht. Wenn die Frage nicht richtig beantwortet wird, muss die Gruppe eine Runde aussetzen. Je nach Spielzeit und Länge des Spielparcours kann der Spielleiter vor Beginn des Spiels als Regel bekannt geben, dass sich die Spieler gegenseitig „rauswerfen" oder bei einer gewürfelten Sechs noch einmal würfeln dürfen.

Mögliche Fragen:
Welche der Zehn Gebote könnt ihr benennen?
Welche Rolle spielen die Zehn Gebote in eurem Leben?
Wo begegnen euch die Zehn Gebote in der heutigen Gesellschaft?
Welche Lebensregeln vermisst ihr in den Zehn Geboten?
Wie geht ihr mit Verboten um?

Mögliche Ereignisfelder:

Du hörst im Hausflur eine Unterhaltung von zwei Nachbarinnen. „Also, der Herr Horwitz ist auch dauernd betrunken, der schwankt schon am Morgen durch die Gegend". Du kennst Herrn Horwitz. Er ist der Onkel deines besten Freundes und leidet an einer Gleichgewichtsstörung. Wie verhältst du dich?

Du schaust aus dem Fenster auf das Haus gegenüber. Aus einem der Fenster zielen zwei Jungen mit einer Waffe auf Passanten. Du glaubst, solche Waffen schon einmal gesehen zu haben: Sie verschießen kleine, gelbe Plastikgeschosse. Was tust du?

Du machst eine Ausbildung in einem großen Warenhaus. Die Geschäftsleitung will den Umsatz steigern. Dafür soll das Geschäft an acht Sonntagen im Jahr öffnen. Was hältst du davon?

Du jobbst in den Ferien in einem Spielzeugladen und musst auch kassieren. Der Chef nimmt es mit der Abrechnung am Abend nicht so genau. Und dann siehst du in der Auslage ein nagelneues Computerspiel, das du unbedingt haben möchtest. Wie verhältst du dich?

67. 2. Mose 20,8-11 *Zur Ruhe kommen*

 Material: Klangschale, CD, Musikanlage

 Spieldauer: ab 15 Minuten

 Spielort: ausreichende Bewegungsfläche

 Gruppengröße: ab 6 Spielern

 Alter: ab 6 Jahre

 Art: Illusionsspiel

Das dritte Gebot „Du sollst den Feiertag heiligen" lädt ein, jede Woche einmal zur Ruhe zu kommen, aus- und aufzuatmen, den Alltag zu unterbrechen. In diese Stille hinein können eigene Erfahrungen mit Gottes Nähe gemacht machen.

Um zur inneren Ruhe zu kommen, verteilen sich alle Spieler im Raum. Jeder nimmt für sich eine bequeme Körperhaltung ein, entweder im Sitzen oder im Liegen. Wer mag, schließt seine Augen. Der Spielleiter lädt die Spieler ein, sich auf den eigenen Körper zu konzentrieren: Das eigene Ein- und Ausatmen wird bewusst wahrgenommen und eine „Reise durch den Körper", von den Füßen über die Beine bis hin zum Gesicht, führt zu einer inneren Ruhe. Nach einer Zeit der Stille lässt der Spielleiter eine Klangschale ertönen. Die Spieler horchen dem Klang nach. Anschließend kann das Hören einer anregungsreichen Musik ganzheitliche Erfahrungen ermöglichen, Zeit für die eigene Seele und Zeit für Gott zu sammeln.

Ein entsprechender meditativer Text unterstützt eine Reise in die eigene Fantasie-welt.

Andere Bibeltextstelle: z. B. 1. Mose 2,2-3.

68. 2. Mose 23,20 Behütet auf dem Weg

 Material: für die 1. Variante: Zeitschriften, Tapetenrolle, Klebestifte, Scheren
Für die 2. Variante: Diverse Legematerialien, evtl. Fotoapparat

 Spieldauer: abhängig von der Variante, ab 45 Minuten

 Spielort: ausreichende Bewegungsfläche

 Gruppengröße: ab 4 Spielern

 Alter: ab 12 Jahre

 Art: Kennlernspiel

Darauf darf ich vertrauen: Gott behütet mich auf meinem Lebensweg.

In dieser intensiven Kennenlernsituation geht es darum, sich selbst Zeit zu nehmen für den eigenen Lebensweg und ihn anschaulich zu gestalten. Gleichzeitig machen sich – im wahrsten Sinne des Wortes – die anderen ein Bild vom Lebensweg des Gegenübers. Verschiedene Bausteine für die Gestaltung von Lebenswegen sind möglich:

1. Variante:
Mit Hilfe von diversen Zeitschriften gestaltet jede Person auf einer Tapetenrolle ihren Lebensweg. Hierzu werden entsprechend des Lebensweges verschiedene Bil-der und Worte ausgeschnitten und in chronologischer Reihenfolge auf die Tapeten-rolle geklebt. Nach der kreativen Phase des Gestaltens stellt jeder Teilnehmer seinen Lebenslauf den anderen vor. Diese Lebenswege können anschließend im Gruppen-raum aufgehängt werden.

2. Variante:
Mit Hilfe von Legematerialien (siehe oben), gestaltet jede Person ihren Lebensweg. Zum Legematerial können gehören: bunte Tücher aus verschiedenen Stoffarten, gefertigte Holzmaterialien wie Ringe oder Perlen, Naturmaterialien wie Muscheln, Steine oder Tannenzapfen. Als Legematerialien eignen sich alle Gegenstände, zu denen jeder gern eine wertgeschätzte Beziehung eingehen möchte.
Auch bei dieser Variante werden anschließend die Lebenswege einander vorge-stellt. Da diese Bilder eine Momentaufnahme darstellen, kann jedes einzelne Bild fotografiert werden, bevor es vom Boden aufgehoben wird.

Tipp:
Als Vorbereitung zu dieser Kennenlernsituation kann eine Fantasiereise sinnvoll sein. Sie kann helfen, seinen Lebensweg vor dem inneren Auge abzuspulen: Welche Bilder, Personen oder Erfahrungen steigen aus der Erinnerung auf? Der Lebensweg kann Gestalt annehmen. Bei sehr großen Gruppen kann die Vorstellung der Lebenswege in Kleingruppen sinnvoll sein. Der Spielleiter entscheidet sorgfältig, welche Präsentation für Gruppe und Thema geeignet ist.

69. 2. Mose 30,22-25 **Schöne Düfte**

 Material: Olivenöl, Myrre, Zimt, Kalmus, Cassia

Spieldauer: ab 15 Minuten

Spielort: ausreichende Bewegungsfläche

Gruppengröße: ab 4 Spielern

Alter: ab 6 Jahre

Art: Rate- und Wettkampfspiel

In der Bibel werden Kräuter und andere wohlriechende Salben und Öle als kostbare Geschenke genannt. Bevor ein Duftöl nach einem Rezept aus der Bibel angesetzt wird, kann ein Riechspiel inszeniert werden. Hierzu wird eine Zutat für das folgende Rezept im Raum versteckt. Dann dürfen die Kinder schnuppernd durch den Raum gehen und die Duftquelle entdecken. Wer sie gefunden hat, setzt sich unauffällig hin und wartet, bis alle anderen sie auch gefunden haben und auf ihren Stühlen sitzen. Wer als erster die erste Duftquelle entdeckt hat, darf den nächsten Duft verstecken. Dann suchen die anderen Kinder den zweiten Duft usw.

Zum Schluss können die verschiedenen Düfte nach der Bibelangabe zu einem Salböl zusammengesetzt werden: 50 ml Olivenöl, 15 Tropfen Myrre, 7 Tropfen Zimt, 4 Tropfen Kalmus, 4 Tropfen Cassia (chinesischer Zimt).

Dieser Baustein schließt damit ab, dass sich die Kinder gegenseitig mit diesem Öl salben, z. B. mit einem Kreuzzeichen auf dem Handrücken oder auf der Stirn. Diese Duftmischung erinnert an die Liebe Gottes.

Tipp:
Vielleicht gibt es in der Nähe einen Aroma- und Dufttherapeuten, der die kostbaren Zutaten in diesen kleinen Mengen zur Verfügung stellen kann. Ansonsten sind diese Öle in Apotheken erhältlich.

Andere Bibeltextstelle: z. B. Matthäus 26,6-13.

70. 3. Mose 19,33-34   Sich verständigen mit Hand und Fuß

Material: eine Einkaufsliste von A wie Apfel bis Z wie Zahnpasta

Spieldauer: ab 10 Minuten

Spielort: im Kreis

Gruppengröße: ab 4 Spielern

Alter: ab 6 Jahre

Art: Pantomimik, Ratespiel

Es ist nicht leicht, sich in einem fremden Land und in einer fremden Sprach zu verständigen. Die Spieler haben die Aufgabe, sich in diese Situation hineinzuversetzen. Es werden zwei Spielgruppen gebildet. Der Spielleiter hat eine Einkaufsliste von A wie Apfel bis Z wie Zahnpasta zusammengestellt. Einem Spieler aus der ersten Gruppe wird der erste Einkaufsgegenstand ins Ohr geflüstert. Der Spieler muss den Mitspielern seinen Einkaufswunsch mit Hand und Fuß darstellen. Die Gruppe, die den Begriff als erstes errät, erhält einen Punkt. Dann kommt ein anderer Spieler aus der zweiten Gruppe an die Reihe usw. Gewonnen hat die Gruppe, die die meisten Einkäufe errät.

Andere Bibeltextstelle: z. B. Lukas 1,5-25.64.

71. 4. Mose 22-24   Den Segen spielen

Material: Papier und Stifte

Spieldauer: ca. 30 Minuten

Spielort: ausreichende Bewegungsfläche

Gruppengröße: ab 6 Spielern

Alter: ab 8 Jahre

Art: Rollenspiel

Der Moabiterkönig Balak bittet Bileam, einen Mann von hohem Ansehen, um Beistand gegen die Israeliten. Bileam soll im Auftrag des Königs die Israeliten verfluchen. Doch eine Eselin bringt eine Wende in die Geschichte: Bileam segnet das Volk, statt einen Fluch auszusprechen.

Diese Geschichte gibt Anlass, mit den Kindern über die Bedeutung des Segens zu sprechen. Hierzu werden Segen und Fluch einander gegenübergestellt. Was ist Segen? Glück, Liebe, Zufriedenheit, gute Ernte, Leben usw. Was ist Fluch? Unglück, Hass, Unzufriedenheit usw. Wenn ausreichend Begriffe gefunden worden sind, überlegen sich die Kinder in zwei Kleingruppen jeweils kurze Anspiele zu den gefundenen Erklärungen. Nacheinander werden die Szenen im Plenum vorgestellt.

Andere Bibeltextstellen: z. B. 4. Mose 6,24-26, Markus 10,13-16.

72. 4. Mose 24,17 *Sternsuche*

![icon] Material: Taschenlampe

![icon] Spieldauer: hängt von der Größe des Spielfeldes und der Gruppe ab

![icon] Spielort: ausreichende Bewegungsfläche

![icon] Gruppengröße: ab 6 Spielern

![icon] Alter: ab 4 Jahre

![icon] Art: Bewegungsspiel

Für den Seher Bileam verknüpft sich mit dem Stern eine Deutung: „Ich sehe einen, noch ist er nicht da; ganz erblicke ich ihn, er kommt bestimmt! Ein Stern geht auf im Volk der Jakobssöhne, ein König steigt empor in Israel."

Die Spieler sollen einen einzelnen Stern suchen und finden.
Der Spielleiter versteckt sich als Stern im leicht verdunkelten Haus. Die Spieler suchen nach ihm. In Abständen leuchtet der Spielleiter mit der Taschenlampe aus seinem Versteck. Hat ein Spieler ihn gefunden, setzt er sich still dazu. Schließlich haben alle Spieler den einen, leuchtenden Stern gefunden und sitzen als große Gruppe zusammen.

73. Josua 4,1-5,1 *Starr wie ein Denkmal*

![icon] Material: nicht erforderlich

![icon] Spieldauer: 10-15 Minuten

![icon] Spielort: ausreichende Bewegungsfläche

![icon] Gruppengröße: 10-20 Spieler

Alter: ab 5 Jahre

 Art: Bewegungs- und Wettkampfspiel

Starre Gedenksteine halten die Erinnerung an Gottes Größe wach.

Für das Spiel stellt sich die Gruppe an eine Grundlinie. Ein Spieler wird als Denkmal ausgewählt. Er stellt sich an die gegenüberliegende Spielseite mit dem Rücken zu den anderen Spielern auf. Alle anderen Spieler versuchen, sich an das Denkmal heranzuschleichen und es zu berühren. Immer wenn das Denkmal sich umdreht, müssen alle Spieler ebenfalls zu Denkmälern werden. Wird ein Kind in einer Bewegung erwischt, scheidet es aus.

74. Josua 6,1-20   Umfallen

 Material: viele Dominosteine, alternativ Holzbausteine

 Spieldauer: ca. 15 Minuten

 Spielort: ausreichende Bewegungsfläche

 Gruppengröße: ab 2 Spielern

 Alter: ab 6 Jahre

 Art: Wettkampfspiel

Die Stadtmauer von Jericho stürzt ein.

Die Kinder werden in zwei Gruppen eingeteilt. Jede Gruppe erhält in gleicher Anzahl viele Dominosteine. Aufgabe ist es, die Dominosteine hochkant und hintereinander zu einer Stadtmauer aufzubauen. Stößt ein Spieler den ersten an, rasseln alle, einer nach dem anderen, um.
Die Steine sollen im ersten Durchgang von einer Startlinie in einer Reihe hintereinander aufgebaut werden. Dabei ist es verboten, mitten im Spielfeld den zweiten Teil anzufangen bzw. Steine so weit voneinander weg aufzustellen, dass beim Umfallen der zweite Stein nicht mehr umfallen kann. Die Gruppe, die zuerst alle Steine verbaut hat, bekommt 20 Punkte. Kippt das Werk schon vorher um, geht der Spielleiter zum Werk der Gegenmannschaft und stößt den ersten Stein an. Alle Steine, die hier umfallen, ergeben einen Punkt.

Tipp:
Evtl. ist es möglich, im Kindergarten Holzbausteine auszuleihen, die eine ähnliche Form wie Dominosteine haben.

75. Richter 4,1-5 **Regierungsbank**

 Material: Zettel mit den Namen der Teilnehmer

Spieldauer: ab 10 Minuten

Spielort: im Stuhlkreis

Gruppengröße: 15-30 Spieler

Alter: ab 8 Jahre

Art: Interaktionsspiel

Debora musste zwischen den rivalisierenden Regierungen des Landes Frieden stiften und das Wort Gottes wieder zu den Menschen bringen. Auch heute kämpfen Parteien um die Regierung. Alle wollen an die Macht.

Alle Spieler sitzen im Stuhlkreis, es gibt zusätzlich einen freien Stuhl. Der Spielleiter teilt die Gruppe zunächst in zwei Untergruppen ein, indem fortlaufend abgezählt wird. Dabei bilden die Spieler mit gerader und die Spieler mit ungerader Ziffer jeweils eine Partei. Zur besseren Übersicht krempelt sich eine der beiden Parteien ihre Pulloverärmel hoch. Innerhalb des Stuhlkreises werden vier Stühle deutlich hervorgehoben, auf denen die Regierung von jeweils zwei Personen einer Partei sitzt. Im zweiten Schritt werden die vorher beschriebenen Zettel gemischt an alle Spieler verteilt, sodass z. B. Marco den Zettel von Cora und Cora den Zettel von Tobias zieht usw. Keiner darf dabei erfahren, wer welchen Namen trägt.
Ziel des Spiels ist es, die Regierung mit seiner eigenen Partei komplett zu besetzen. Gespielt wird nach der Spielregel „Mein rechter, rechter Platz ist frei, ich wünsche mir Cora herbei". Nun kommt natürlich nicht die „echte" Cora, sondern Marco. Alle Spieler müssen darauf achten, zu welcher Mannschaft „Cora" gehört. Wenn sich die Spieler nach und nach die neuen Namen merken, können sie gezielt die Spieler der eigenen Gruppe auf die Regierungsbank rufen.

1. Variante:
Die Regierung besteht aus fünf Stühlen, wovon ein Platz unbesetzt ist. Dann wird nach den oben beschriebenen Spielregeln gespielt.

2. Variante:
Gespielt wird wie oben beschrieben, jedoch werden nun die Zettel jedes Mal getauscht, wenn ein Platzwechsel stattgefunden hat, z. B.: Es wird Tobias gerufen, stattdessen kommt Cora. Cora tauscht ihren Zettel mit ihrem linken Nachbarn, der jetzt Cora heißt.

76. Richter 14,5-20 **Bienen um die Blüte**

 Material: nicht erforderlich

 Spieldauer: ab 10 Minuten

 Spielort: ausreichende Bewegungsfläche

 Gruppengröße: ab 6 Spielern

 Alter: ab 5 Jahre

 Art: Bewegungsspiel

Ein nicht unwesentlicher Teil des Rätsels, das Simson den Gesellen gab, sind die Bienen. Die kommen in der Geschichte noch am besten weg.

Aus den Kindern werden im Verlauf dieses Spieles sowohl Bienen als auch Blüten. Zunächst fliegen alle Bienen durcheinander und suchen sich eine andere Biene aus, die sie gleich zur Blüte machen wollen. Auf ein Signal hin fliegen die Bienen zu der von ihnen gewählten Blüte und versuchen, sie dreimal zu umkreisen. Gelingt dies, dürfen sie ihre Blüte in den Arm nehmen und festhalten. Dies ist nicht einfach, weil sich jede Biene eine Blüte gewählt hat. Ein bewegtes Spiel entsteht.

77. Rut 1-4 **Beth-lehem – Haus des Brotes**

 Material: Behälter, wie z. B. Körbe, Gläser und Schachteln, Tuch, Brot, Bibeltext
Zur Vertiefung: Tonkarton, Pappe, Naturmaterialien, Stoffreste, Steine, Scheren, Klebstoff etc.
Für die Variante: Seile

 Spieldauer: ab 10 Minuten

Spielort: anregungsreiche Spielfläche, im Kreis

Gruppengröße: ab 4 Spielern

Alter: ab 8 Jahre

Art: Interaktionsspiel

Auf Hebräisch heißt „Beth-lehem" „Haus des Brotes". In der Bibel erfahren sowohl Rut als auch Maria und Josef in Bethlehem eine „Lebens-fülle". Rut kehrt nach ihrem schweren Weg nach Bethlehem zurück und sucht dort einen Ort der

Zuflucht. Dort findet sie wieder Heimat. Maria und Josef müssen nach dem Gebot des Kaisers Augustus in die Stadt gehen, in der Josef geboren wurde. Als schwangere Frau geht Maria einen steilen Weg. Nur mit dem Nötigsten ausgestattet ist sie auf der Suche nach Schutz, Wärme und Ruhe. Die einfache Herberge in Bethlehem wird durch die Geburt des Kindes mit Leben gefüllt.

Alle Spieler erhalten Behälter in verschiedenen Größen, z. B. Körbe, Gläser und Schachteln. Jeder ist aufgefordert, seinen Behälter mit einem Naturmaterial zu füllen. Nach einer zuvor vereinbarten Zeit kommen alle Spieler zusammen. Nacheinander präsentieren sie ihre gefüllten Behälter und stellen sie dabei in einem Kreis ab. In der entstandenen Mitte legt der Spielleiter aus einem Tuch ein Haus als Zeichen für Bethlehem. Er erzählt die Geschichte von Rut oder von Maria und Josef. Anschließend wird ein Brot in dem Haus abgelegt. Alle Spieler dürfen teilhaben an der Fülle des Lebens, indem sich jeder ein Stück von dem Brot abbricht.

Zur Vertiefung macht sich jeder Spieler Gedanken zu den Fragen:
Wo ist mein Haus des Brotes zum Leben?
Wo habe ich Heimat gefunden?
Wo fühle ich mich zu Hause?
Wie sieht mein Lieblingszimmer aus?
Anschließend stehen verschiedene Baumaterialien zur Verfügung, mit denen jeder Spieler sein Lieblingszimmer, sein „Haus des Brotes", gestalten kann. Am Ende der Bauphase stellt jeder den anderen sein mit Leben gefülltes Zimmer vor.

Variante:
Zum Symbol-Haus können die Spieler in der Vertiefungsphase über folgende Fragen nachdenken:
Welche unebenen Wege bin ich gegangen?
Wo bin ich geflohen?
Wo habe ich Heimat gefunden?
Anschließend gestalten die Spieler einen Weg, der in der Hoffnung auf einen Neubeginn endet.

Andere Bibeltextstelle: z. B. Lukas 2,1-20.

78. Rut 1-4   Ruts Lebenslauf

 Material: Papier, Stifte, Zeitungen

Spieldauer: 10-15 Minuten

Spielort: im Kreis

Gruppengröße: 5-20 Spieler

Alter: ab 10 Jahre

Art: Konzentrationsspiel

Alle Spieler bekommen eine Zeitung. Wahllos unterstreicht jeder sechs Wörter. In einem zweiten Schritt wird ihnen die Person Rut vorgestellt. Dann schreiben alle Spieler einen Lebenslauf von Rut. Dazu soll jeder die vorher in der Zeitung unterstrichenen Wörter einbauen.
Im Anschluss ließt jeder erst die sechs Wörter vor, die er in der Zeitung unterstrichen hat, und dann den Lebenslauf.

Tipp:
Dieses Spielprinzip lässt sich auch auf andere biblische Geschichten übertragen.

79. 1. Samuel 8,1-22 **Bestimmer**

 Material: nicht erforderlich

 Spieldauer: ab 10 Minuten

 Spielort: anregungsreiche Spielfläche

 Gruppengröße: ab 4 Spielern

 Alter: ab 6 Jahre

 Art: Interaktionsspiel

Das Volk Israel verlangt einen König, wie ihn auch die Nachbarvölker haben. Samuel warnt vor dem Preis, denn das Königtum kann auch Wehrpflicht, Zwangsarbeit und Verlust der persönlichen Freiheit bedeuten. Wie fühlt man sich als jemand, der etwas zu sagen hat? Beim Spiel „Bestimmer" erleben es die Spieler.
Jeweils ein Kind darf für eine vorher festgelegte Zeit der „Bestimmer" sein. Wie ein König kann es alle anderen regieren und vorgeben, was getan werden muss. Nach einiger Zeit wechseln die Rollen.

Tipp:
Dieses Spiel lässt sich auf andere Bibeltextstellen übertragen, die einen König zum Thema haben, z. B. 1. Samuel 9,1-10,25; 2. Samuel 5,1-5; Markus 15,1-15; Lukas 23,1-5.

80. 1. Samuel 16ff **Rund um David**

 Material: entsprechende Memory-Karten

 Spieldauer: hängt von der Kartenmenge ab, ab 5 Minuten

Spielort: im Kreis

 Gruppengröße: ab 2 Spielern

 Alter: ab 8 Jahre

Art: Konzentrationsspiel

Es werden Memory-Karten mit den Personen oder Handlungen aus den David-Geschichten erstellt. Dabei wird auf die erste Karte der Begriff, auf die zweite eine Erklärung zum Begriff geschrieben oder gemalt. Dann wird nach üblichen Memory-Regeln gespielt. Gesucht werden die passenden Paare aus Begriff und Erläuterung bzw. Bild. Die Erläuterungen werden je nach Notwendigkeit wiederholt vorgelesen. Hier einige Beispiele:

Samuel
Samuel ist der Prophet in Israel. Gott spricht zu ihm über das, was er mit dem Volk Israel vorhat.

Salböl/Salbung
Mit einem kostbaren, wohlriechenden Öl streicht Samuel David über den Kopf. Dies ist ein Zeichen dafür, dass David der neue König werden wird.

Saul
Saul ist der erste König des Volkes Israel. Doch er handelt nicht so, wie es Gott gefällt. Deshalb wird David zu seinem Nachfolger ernannt.

Philister
Die Philister sind ein Nachbarvolk der Israeliten. Immer wieder führen sie Krieg mit den Israeliten.

Goliath
Goliath ist der riesige Kämpfer der Philister, der den Kämpfern der Israeliten Angst und Schrecken beschert.

Tipp:
Dieses Spielprinzip lässt sich auf andere biblische Geschichten übertragen, vgl. Johannes 20,1-18.

81. 1. Samuel 16,1-13 *Rund um Länge und Leistung*

 Material: den einzelnen Spielaufgaben entsprechend

 Spieldauer: je Spielvorschlag ca. 5-10 Minuten

Spielort: ausreichende Bewegungsfläche

 Gruppengröße: ab 6 Spielern

 Alter: ab 6 Jahre

 Art: Wettkampfspiel

Bei diesen einzelnen Wettkampfspielen stehen Länge und Leistung im Mittelpunkt. Gott urteilt aber nach anderen Maßstäben als wir Menschen. Bei ihm kommt es nicht auf Länge, Größe und Leistung an.

Mögliche Aufgaben:
Zeitungsriss:
Jeder Spieler erhält einen Doppelbogen Zeitung. Wer reißt innerhalb einer Minute die längste zusammenhängende Papierschlange? Am Ende des Spiels werden die Papierschlangen miteinander verglichen.

Krumm vermessen:
Jeder Spieler erhält einen Meterstab. Wenn der Spielleiter nicht genügend Meterstäbe hat, wird das Spiel nacheinander und nicht gleichzeitig durchgeführt. Die Spieler bekommen eine Minute lang Zeit, die Raumlänge auszumessen. Regel: Es darf nicht direkt an der Wand gemessen werden, sondern nur mitten im Raum, so ist es schwierig, die exakte Länge zu ermitteln. Wer liegt mit seinem Ergebnis der wahren Raumlänge am nächsten? Im Freien kann z. B. der Hofplatz ausgemessen werden.

Weit, weiter, am weitesten:
Es folgen mehrere Disziplinen Weitwurf mit unterschiedlichen Wurfgeschossen. Jedes Mal wird die Wurflänge nachgemessen und notiert. Die Gegenstände können nach Witzigkeit und entsprechend der Spielfläche ausgewählt werden, z. B.: Strohhalme, nasse Teebeutel, Wollknäuel.

Federleicht und watteweich:
Jeder Spieler erhält eine Feder und einen Wattebausch. Sie stellen sich an der Tischkante auf und pusten die Feder von der flachen Hand nach vorne. Gemessen wird, wo die Feder landet. Anschließend legen die Spieler den Wattebausch an die Tischkante und pusten einmal aus Leibeskräften. Auch hier wird die Entfernung ab der Tischkante gemessen und notiert. Wer hat die stärkste Puste?

82. 1. Samuel 16,1-13 Sortierspiele

 Material: bei kleinen Gruppen evtl. Stühle

 Spieldauer: ab 5 Minuten

Spielort: ausreichende Bewegungsfläche

Gruppengröße: ab 6 Spielern

Alter: ab 5 Jahre

Art: Interaktionsspiel

Samuel hat alle Brüder von David genau betrachtet, sie quasi nach Größe und Stärke sortiert und sie vor sich aufgestellt – und keiner von Davids Brüdern wird ausgewählt.

In diesem Spiel sortieren sich die Spieler nach verschiedenen Kriterien. Das Sortieren an sich ist schon eine witzige und kommunikationsfördernde Aktion. Besonders lustig ist es, wenn sich die Spieler ganz zu Beginn auf eine lange Reihe von Stühlen stellen und sich dann sortieren, ohne dabei den Fußboden zu berühren. Dies ist allerdings nur für eine begrenzte Anzahl von Spielern geeignet, da es bei einer großen Spielgruppe zu lange dauern würde.

Mögliche Sortieraufgaben:
z. B. nach Größe, Alter, Geburtstagsmonaten, Schuhgröße, Haarlänge

Tipp:
Interessant für den Spielleiter ist, zu beobachten, wer von den Spielern die Führung in die Hand nimmt und das Sortieren strukturiert und organisiert.

83. 1. Samuel 16,7 Drei Fragen

Material: Papier und Stifte

Spieldauer: ab 20 Minuten

Spielort: im Kreis

Gruppengröße: ab 4 Spielern

Alter: ab 10 Jahre

Art: Wettkampfspiel

Gott sieht das Herz, nicht das Äußere eines Menschen. Während ich auf die Aussage von anderen Menschen angewiesen bin, hat Gott schon die Einstellung des Einzelnen erkannt. Bei diesem Spiel versuchen die Spieler, den je unterschiedlichen Einstellungen der Mitspielenden nachzuspüren.

Jeder Teilnehmer erhält drei Fragen, von denen zwei richtig und eine falsch beantwortet wird. Nach einer kurzen Schreibphase beginnt ein Spieler, seine Antworten vorzulesen. Die anderen aus der Gruppe versuchen einzuschätzen, welche Frage falsch beantwortet wurde.

Mögliche Fragen:
Wo und wie würde ich am liebsten wohnen?
Wo und wie gehe ich am liebsten essen?
Was habe ich als Kind am liebsten gespielt?

84. 1. Samuel 16,11   Schäfer und Herde

Material: nicht erforderlich

Spieldauer: ab 4 Minuten

Spielort: ausreichende Bewegungsfläche

Gruppengröße: ab 7 Spielern

Alter: ab 5 Jahre

Art: Wettkampfspiel

Der junge David ist ein Hirte, der seine Schafe hütet.

Aus der Gruppe der Mitspieler wird ein Schäfer gewählt, der bei mehr als fünf Schafen einen Hund zur Seite gestellt bekommt. Spielen mehr als 15 Kinder mit, braucht der Schäfer zwei Hütehunde. Die Herde sammelt sich in einer Spielfeldecke und rennt dann auf ein Signal kreuz und quer über das Spielfeld. Der Schäfer versucht, die Herde wieder in die Ecke zu treiben. Kann er ein Schaf abschlagen, muss es in die Ecke. Das letzte freie Schaf wird zum nächsten Schäfer.

85. 1. Samuel 16,14-23   Lieder raten

Material: Papier, Stifte

Spieldauer: ab 15 Minuten

Spielort: im Kreis

Gruppengröße: ab 6 Spielern

Alter: ab 8 Jahre

Art: Pantomimik, Ratespiel

David nimmt in der Bibel verschiedene Rollen ein. Zu seinen Lebzeiten traute man ihm zu, Autor der Psalmen zu sein. Er sang, spielte Zither und andere Instrumente. Er stellte Chöre und Orchester zusammen.

Für dieses Spiel werden die Kinder in zwei Gruppen eingeteilt. Jede Gruppe schreibt bekannte Lieder auf. Dann nimmt der Spielleiter die beiden Zettel entgegen. Er flüstert einem Spieler der ersten Gruppe ein ausgewähltes Lied der zweiten Gruppe ins Ohr. Der Spieler stellt seiner Gruppe das Lied pantomimisch so dar, dass sie es erraten kann. Dann ist die zweite Gruppe an der Reihe usw. Der Spielleiter achtet darauf, dass bei Doppelungen von Liedernennungen diese Lieder nicht direkt aufeinander folgen.

86. 1. Samuel 17,1-50 **Wer ist stärker?**

 Material: den einzelnen Spielaufgaben entsprechend

 Spieldauer: je Spielvorschlag ca. 5-10 Minuten

 Spielort: ausreichende Bewegungsfläche

 Gruppengröße: ab 4 Spielern

 Alter: ab 6 Jahre

 Art: Wettkampfspiel

Es ist offensichtlich, dass David dem großen Goliath völlig unterlegen ist. Trotzdem stellt sich David und fordert den Riesen heraus, denn er weiß, dass Gottes Segen auf ihm liegt und Gott ihm zum Sieg verhelfen wird. Die Mitspielenden messen in den folgenden Spielen ihre Kräfte und ihr Geschick. Wer mag, kann die Ergebnisse notieren und einen Sieger krönen.

Starke Wäscheklammer
Jedes Kind erhält eine Wäscheklammer. Aufgabe ist es, den Arm auszustrecken und eine Wäscheklammer mit zwei Fingern so lange wie möglich zusammenzudrücken. Wer zeigt hier die meiste Kraft und Stärke?

Krokodilkampf
Immer zwei Kinder legen sich gegenüber, sodass sich die Köpfe fast berühren. Auf das Startsignal des Spielleiters begeben sie sich in Liegestützstellung und versuchen immer wieder, mit einer Hand den Stützarm des anderen Kindes wegzuhauen. Wer ist der Stärkere?

Hahnenkampf

Zwei ungefähr gleich große und starke Kinder treten gegeneinander an. Jedes Kind verschränkt seine Arme ineinander und stellt sich auf einen Fuß. Auf einem Bein hüpfend gehen die beiden Kämpfenden nun aufeinander zu und rempeln sich mit den verschränkten Armen oder den Schultern an. Verlierer ist, wer umkippt oder zuerst auf beiden Beinen landet.

Tipp:

Besonders eindrücklich wird es, wenn die Spiele vor der Erzählung gespielt werden. Nachdem beim Hahnenkampf alle Kinder gegeneinander angetreten sind, fordert der Spielleiter das kleinste und zierlichste Kind heraus. Schnell wird klar, dass dies ungerecht ist, und die Spieler werden sicher protestieren. Dann wird erklärt, dass es eine Geschichte gibt, in der die Stärke der beiden Gegner genauso ungleichmäßig verteilt war und es allen sehr ungerecht erschien.

87. 1. Samuel 17,31-50 Angstriesen besiegen

Material: Pappkarton, Wolle, Scheren

Spieldauer: ab 10 Minuten

Spielort: am Tisch

Gruppengröße: ab 6 Spielern

Alter: ab 6 Jahre

Art: Interaktionsspiel

Kinder in Übergangssituationen begleiten meint, ihnen die Furcht vor dem Ungewissen zu nehmen und sie neugierig auf das Neue zu machen.

Gemeinsam mit den Kindern wird der Riese erstellt, gefüllt und besiegt. Dazu werden die Kinder wie folgt aufgefordert:
„Hast du Angst? Manchmal? Vielleicht vor den Dingen, die dir in diesem Jahr passieren können? Dann besiege den Angstriesen! Für den Angstriesen brauchst du Pappkartons. Einige Bögen sollen es schon sein, denn der Angstriese ist riesig groß! Aus den Bögen schneidest du den Körper, einen Kopf, zwei Arme, Hände, zwei Beine und die Füße aus. Einen Helm und ein Schwert kann der Angstriese natürlich auch haben. Dem Gesicht kannst du mit Wollfäden einen Bart und Haare zufügen. Dann schreibst du die Dinge, die dir Angst machen, auf die Körperteile des Riesen. Überlege ein bisschen und sei ehrlich! Nun bindest du die Körperteile zusammen und stellst den Riesen mit Hilfe eines Strickes auf. Schau ihn dir an, den Angstriesen. Zum Fürchten sieht er aus. Und jetzt kannst du eine Schere nehmen und den Strick, der den Riesen aufrecht hält, durchschneiden. Da liegt er nun, dein Angstriese!"

88. 1. Samuel 17,31-50 **Steinwurf**

Material: Steine, Kreide

Spieldauer: ca. 10 Minuten

Spielort: ausreichende Bewegungsfläche

Gruppengröße: ab 6 Spielern

Alter: ab 8 Jahre

Art: Wettkampfspiel

Der gut ausgerüstete Riese Goliath wird von David mithilfe einer einfachen Stein-schleuder und seinem Glauben an Gott zu Fall gebracht.

Im Spielfeld wird mit Kreide ein Kreis im Durchmesser von ca. 50 cm gezogen. Um diesen Kreis können noch weitere Außenkreise aufgemalt werden. Jeder Kreis wird mit Punkten versehen, z. B. Innenkreis mit 20 Punkten, erster Außenkreis mit zehn Punkten, zweiter Außenkreis mit fünf Punkten. Die Spieler stellen sich an eine Start-linie. Von dort versuchen sie, nacheinander einen Stein genau in die Mitte des Innenkreises zu werfen. Nachdem alle Spieler ihren Stein geworfen haben, über-prüft der Spielleiter, welcher Spieler beim Wurf die meisten Punkte erreicht hat.

In Anlehnung an die Geschichte kann ein Gespräch erfolgen, was Kinder gegen ihre Ängste machen können, z. B. Singen, Pfeifen oder mit Gott reden.

89. 1. Samuel 18,5-30 **Schützspiel**

Material: nicht erforderlich

Spieldauer: ab 5 Minuten

Spielort: ausreichende Bewegungsfläche

Gruppengröße: ab 8 Spielern

Alter: ab 6 Jahre

Art: Bewegungsspiel

David wird am Hof von Saul aufgenommen. Schon bald wird Saul eifersüchtig und misstrauisch auf David, weil das Volk David mehr zujubelt als ihm. Die ergreifende Freundschaft zwischen David und Jonathan beschützt David.

Eines der Kinder wird zum Fänger gemacht, eines zum Läufer. Die anderen sind die Schützer. Sie finden sich immer zu Paaren zusammen und bilden eine Schutzhütte, indem sie sich gegenüberstellen und sich mit über dem Kopf ausgestreckten Händen zu einem Dach verbinden. Dann geht das Spiel los. Der Fänger verfolgt den Läufer und versucht, ihn abzuschlagen. Dieser rennt über das Spielfeld und kann sich in eine der Schutzhütten retten. Tut er das, wird einer der beiden Schützer zum neuen Jäger, der vorige Jäger auf einmal zum Läufer. Schlägt der Jäger den Läufer ab, müssen die Schutzhütten mit anderen Partnern neu gebildet werden. Die Kinder erleben spielerisch, dass sie anderen zum Schutz werden können.

Andere Bibeltextstelle: z. B. Psalm 121,3-6.

90. 1. Samuel 20 i. A. Wünsche für die Freundschaft

 Material: Papier, Stifte, Klebeband, evtl. Musik

Spieldauer: ab 15 Minuten

Spielort: ausreichende Bewegungsfläche

Gruppengröße: ab 6 Spielern

Alter: ab 10 Jahre

Art: Interaktionsspiel

Jonathan und David werden Freunde. Dass eine Freundschaft durch dick und dünn geht, scheint normal zu sein. Bei der Freundschaft zwischen Jonathan und David geht es aber um viel mehr: Jonathan stellt sich auf Davids Seite, als sein Vater Saul sich gegen David wendet. Er setzt sich für ihn ein und warnt ihn vor Anschlägen auf sein Leben – all das in offenem Widerstand zu seinem Vater.

Für die Freundschaft ist das gegenseitige Schenken oder Beschenkt werden wichtig. Dabei ist es von Bedeutung, sich gegenseitig seine Bedürfnisse mitzuteilen. Dieser Gesichtspunkt kommt hier ins Spiel:
Als Spielvorbereitung schreibt jeder seinen Namen auf Papier. Dieses Papier wird auf dem Rücken mit Klebeband befestigt. Während evtl. Musik zu hören ist, gehen die Spieler durch den Raum. Jede Person darf den anderen sein Bedürfnis oder seinen Wunsch auf den Zettel schreiben, z. B.:
Ich schätze an dir deinen Humor und möchte zusammen mit dir zur nächsten Party gehen.
Ich schätze an dir deine schulischen Fähigkeiten und möchte zusammen mit dir meine Hausaufgaben machen.
Nach geraumer Zeit – wenn evtl. die Musik verklingt – kommen alle Spieler ins Plenum zurück. In Ruhe können die Zettel gelesen und mögliche Rückfragen gestellt

werden. Wer mag, trifft entsprechende Verabredungen mit den einzelnen „Schreibern". Im Blick muss dabei sein, dass geäußerte Wünsche und Bedürfnisse auch ausgeschlagen werden dürfen.

91. 1. Samuel 23,14-18 **Ungeteilt sind wir stark**

 Material: Begrenzungsfähnchen

Spieldauer: ab 5 Minuten

Spielort: ausreichende Bewegungsfläche

Gruppengröße: ab 10 Spielern

Alter: ab 5 Jahre

Art: Bewegungs- und Kooperationsspiel

David ist vor Saul geflohen. Jonathan spricht ihm als Freund zu: „Die Hand meines Vaters wird dich nicht erreichen." Sie schließen einen Bund und sind somit ungeteilt stark.
An zwei sich diagonal gegenüberliegenden Ecken des begrenzten Spielfeldes stehen zwei Fänger. Auf sich alleine gestellt können sie jedoch keinen der anderen Spieler abschlagen. Sie müssen sich erst treffen und an den Händen fassen. Gelingt ihnen das, können sie zu zweit, also ungeteilt, jeden anderen Spieler abschlagen. Die Mitspieler versuchen in der ersten Phase des Spiels zu verhindern, dass die Fänger sich treffen. Dabei dürfen sie jedoch nicht ihre Hände benutzen. Haben sich die beiden Fänger gefunden, können sie die Mitspieler abschlagen. Diese müssen versteinert stehen bleiben. Die beiden zuerst abgeschlagenen Spieler werden zu neuen Fängern.

92. 1. Samuel 24 **David sucht Zuflucht**

 Material: nicht erforderlich

Spieldauer: hängt von der Spielerzahl ab, ca. 30 Minuten

Spielort: anregungsreiche Spielfläche

Gruppengröße: ab 20 Spielern

Alter: ab 8 Jahre

Art: Geländespiel

Der regierende König Saul sieht in dem bereits zum König gesalbten David einen Konkurrenten und trachtet ihm nach dem Leben. Für David ist höchste Vorsicht geboten. Er versteckt sich in einer Höhle. Dort findet ihn Saul. Es kommt zu einer überraschenden Begegnung …

Die Spieler werden in zwei Gruppen eingeteilt. Eine Gruppe gehört zu Davids, die andere zu Sauls Gefolgsleuten. Jede Gruppe legt fest, wer von ihnen die Rolle von David bzw. von Saul übernimmt, ohne dass die jeweils andere Gruppe weiß, wer es ist.

Jede Gruppe hat einen Stützpunkt. In der Mitte des Spielgeländes gilt eine Höhle als sicherer Zufluchtsort, in der niemand gefangen werden darf.

Nun geht das Spiel los: Jeder aus der Gruppe versucht, Gefolgsleute aus der anderen Gruppe gefangenzunehmen und an den eigenen Stützpunkt zu bringen. Wenn David bzw. Saul in Gefangenschaft geraten, ist das Spiel beendet. Wer mag, kann anschließend ein Versöhnungsfest feiern.

93. 1. Samuel 25,2-35 Wünsche verweigern

Material: nicht erforderlich

Spieldauer: ca. 20 Minuten

Spielort: ausreichende Bewegungsfläche

Gruppengröße: ab 6 Spielern

Alter: ab 8 Jahre

Art: Interaktions- und Rollenspiel

Abigail ist die schöne und kluge Frau des ungehobelten Nabal. Sie trägt zu einer friedlichen Lösung eines gewalttätigen Streites zwischen David und ihrem Mann bei.

Die Kinder teilen sich in zwei Gruppen auf. Die eine Gruppe überlegt sich, was sie möchte, z. B. einen Film im Fernsehen anschauen oder beim Einkaufen einen bestimmten Gegenstand haben. Die andere Gruppe soll im Spiel den Wunsch der ersten Gruppe verweigern.

Die Spielszene der ersten Gruppe beginnt. Die zweite Gruppe muss Argumente finden, um die Wünsche der ersten Gruppe überzeugend abzulehnen. Ziel ist es, gemeinsam eine Lösung des Konfliktes zu finden.

Wenn ausreichend Zeit ist, kann ein Rollentausch zwischen den beiden Gruppen stattfinden.

Wichtig ist der gemeinsame Austausch nach den Spielszenen: Was ist in den unterschiedlichen Rollen schwerer gefallen, etwas zu wollen oder etwas zu verweigern?

94. 2. Samuel 1,17-27 Schrei

 Material: Feder, Chiffontuch

Spieldauer: 5-10 Minuten

Spielort: ausreichende Bewegungsfläche

Gruppengröße: 5-25 Spieler

Alter: ab 6 Jahre

Art: Interaktionsspiel

Das Klagelied über Saul und Jonathan ist ein bewegendes Lied von David. Seine Trauer über den König erscheint aufrichtig, sein Leid über den Verlust von Jonathan echt.
Wenn ich traurig bin, möchte ich manchmal am liebsten schreien. Viele Menschen finden das befremdlich und bremsen andere in solchen Momenten mit den Worten: „Du musst jetzt leise sein! Reiß dich zusammen!"

Die folgende Aktion eignet sich nach der Einführung in das Thema Trauer. Die Kinder haben von ihren eigenen Trauererfahrungen berichtet. Vielleicht sind dabei auch Erinnerungen wach geworden, welche die Kinder schon lange unterdrückt haben.

Jetzt dürfen die Kinder schreien, wie sie es können und wollen. Sie sollen sich einen Moment lang an eine Situation erinnern, in der es ihnen schlecht ging, in der sie sehr traurig waren. Dazu steigt der Spielleiter auf einen Stuhl und lässt aus der Höhe ein dünnes Tuch oder eine Feder fallen. In der Zeit, in der das Tuch bzw. die Feder in der Luft ist, dürfen die Kinder schreien so laut sie können. Sobald das Tuch bzw. die Feder den Boden berührt, verstummen die Kinder.

Im Anschluss bietet sich ein Gespräch an. Folgende Fragen können dabei eine Hilfe sein:
„Geht es euch jetzt besser?"
„Was hat sich verändert?"

95. 1. Könige 19,1-8 Steh auf und iss

 Material: Korb mit einem Fladenbrot

 Spieldauer: ca. 10 Minuten

Spielort: im Kreis

Gruppengröße: ab 6 Spielern

 Alter: ab 6 Jahre

 Art: Interaktionsspiel

In der Wüste wird Elia durch Brot gestärkt. Ein Engel spricht ihm zu: „Steh auf und iss!"

Alle Spieler sitzen mit geschlossenen Augen im Kreis. Der Spielleiter geht zu einem Kind und spricht ihm sanft den Satz zu: „Steh auf und iss!" Es darf die Augen öffnen. Der Spielleiter hält diesem Kind einen Brotkorb entgegen. Dann wird es gebeten, den Korb zu übernehmen, um selbst auf ein anderes Kind zuzugehen. Ebenfalls wird dem zweiten Kind dieser Satz zugesprochen. Dies wird solange wiederholt, bis alle Kinder den Brotkorb in der Hand gehalten haben. Das letzte Kind setzt den Korb in die Mitte ab. Nacheinander bricht jeder ein Stück Brot ab und reicht es seinem Nachbarn. Dann wird miteinander gegessen. Gestärkt machen sich alle auf den Weg.

Andere Bibeltextstelle: z. B. Psalm 34,9.

96.   1. Könige 19,9-15   **Das Flüsterspiel**

 Material: Tuch zum Augen verbinden

 Spieldauer: 5-10 Minuten

 Spielort: ausreichende Bewegungsfläche

 Gruppengröße: 5-15 Spieler

 Alter: ab 5 Jahre

 Art: Interaktionsspiel

Gott spricht zu Elia – aus der Stille.

Alle Kinder sitzen im Kreis. Einem freiwilligen Kind werden die Augen verbunden. Es wird mehrfach um die eigene Achse gedreht. Dann zeigt es blind auf ein Kind im Kreis. Dieses flüstert ihm einen Satz mit mindestens fünf Wörtern zu. Das freiwillige Kind in der Mitte muss nun den Flüsterer an der Stimme erkennen.

97.   1. Könige 21,1-28   **Naboths Weinberg**

 Material: Kreide, Zeitungen, Luftballons

Spieldauer: 5-15 Minuten

 Spielort: ausreichende Bewegungsfläche

 Gruppengröße: 12-25 Spieler

 Alter: ab 5 Jahre

 Art: Bewegungs- und Wettkampfspiel

König Ahab wollte Naboth seinen Weinberg abkaufen oder ihn eintauschen. Als Naboth dies beides ablehnt, nehmen Ahab und seine Frau Isebel ihm den Weinberg mit Gewalt.

Die Kinder werden in drei Gruppen aufgeteilt. Je eine Gruppe steht für Ahab, Isebel und Naboth. In der Mitte des Spielfeldes wird ein ca. drei mal drei Meter großes Quadrat (bei einer Gruppengröße über 20 Kinder sollte das Quadrat größer sein) markiert. Dies ist Naboths Weinberg.
Alle Kinder bekommen eine zusammengerollte Zeitung. Dann werden 20 Luftballons ins Spiel gebracht. Die „Ahabs" und „Isebels" versuchen, die Luftballons in den Weinberg zu bringen. Hingegen die „Naboths" versuchen, ihren Weinberg ballonfrei zu halten. Die Luftballons dürfen nur mit der Zeitung bewegt werden.
Nach einer beliebigen Zeit wird das Spiel beendet. Dann werden die Luftballons im Weinberg gezählt. Ist die Mehrheit der Ballons außerhalb des Weinberges, haben die „Naboths" gewonnen.

98. Ester 1,1-22 **Hauptpersonen**

 Material: Begriffe aus der Geschichte, Hut

 Spieldauer: 15-20 Minuten

 Spielort: im Kreis

 Gruppengröße: 10-25 Spieler

 Alter: ab 5 Jahre

 Art: Konzentrationsspiel

Diese Geschichte ist sicher vielen Kindern unbekannt. Darum wird sie in diesem Spiel gleich zweimal vorgelesen.
Der Spielleiter bereitet kleine Zettel vor, auf denen Schlüsselwörter stehen, wie z. B. Persien, Medien, Waschti, Mehuman, Biseta, Harbona, Bigta, Abagata, Setar, Karkas, Karschema, Schetar, Admata, Tarsis, Meres, Marsena, Memuchan. Diese Zettel

werden in einen Hut gelegt. Die Geschichte wird einmal komplett vorgelesen. Die Kinder ziehen einen Zettel aus dem Hut. Dann wird die Geschichte noch einmal vorgelesen. Immer, wenn der entsprechende Name bzw. Begriff vorgelesen wird, steht das betreffende Kind kurz auf. Kinder, die falsch oder gar nicht reagieren, zahlen ein Pfand. Wenn kein Kind aufsteht, weiß der Spielleiter, dass ein Spieler nicht reagiert hat. Natürlich muss sich dazu der Spielleiter merken, welche Worte er in den Hut gelegt hat.

Tipp:
Dieses Spielprinzip ist auf andere biblische Geschichten übertragbar.

99. Ester 2,1-18 Faxgeräte

 Material: Papier und Stifte

 Spieldauer: 5-10 Minuten

 Spielort: im Kreis

 Gruppengröße: 10-20 Spieler

 Alter: ab 6 Jahre

 Art: Interaktionsspiel

Heutzutage geht alles, was mit Königen zu tun hat, durch die Presse. Wichtige Staatsentscheidungen, aber auch, was ein König zum Frühstück gegessen hat. Als Ester Königin wurde, gab es noch keine Klatschpresse. Wäre das anders gewesen, dann hätten die Journalisten sicher sogar berichtet, was das Lieblingsspielzeug von Ester gewesen ist.
Die Kinder bilden Gruppen von maximal fünf Kindern. Diese setzen sich hintereinander auf den Boden. Das hinterste Kind schreibt auf einen Zettel, was seiner Meinung nach das Lieblingsspielzeug von Königin Ester gewesen ist. Dieser Zettel wird ungelesen zur Seite gelegt. Dann schreibt das Kind das Spielzeug mit einem Finger auf den Rücken seines Vordermannes. Dieser schreibt es weiter auf dem Rücken des nächsten Spielers. Das vorderste Kind der Reihe schreibt das, was auf seinem Rücken angekommen ist, auf ein Stück Papier, erstellt also einen Ausdruck. Dann wird mit dem Ausgangsbegriff verglichen.

100. Ester 2,2-18 Beautyzeit

 Material: den Stationen entsprechendes Material, wie z. B. Cremes, Massageöle, Tennisbälle, Massagebälle, Wanne mit warmem Wasser, Handtücher, evtl. Schminkutensilien, Stifte

Spieldauer: ab 20 Minuten

Spielort: ausreichende Bewegungsfläche

Gruppengröße: ab 2 Spielern

Alter: ab 5 Jahre

Art: Interaktionsspiel

Der König darf sich eine neue Königin wählen. Die schönsten Mädchen werden in die Stadt gebracht, einer einjährigen Schönheitsbehandlung unterzogen, und dann vom König begutachtet und wieder vergessen. Nur von einer Frau – Ester – ist der König begeistert.
Verschiedene Beautystationen werden aufgebaut, jede wird von einem Mitarbeiter betreut. Je nach zur Verfügung stehender Zeit darf sich jeder Teilnehmer eine oder mehr Station/en aussuchen.

Mögliche Stationen:
Gesichtsmassage mit einer wohlriechenden Creme
Hand- oder Fußmassage mit Massageöl
Rücken- oder Ganzkörpermassage mit Tennis- oder Massageball
Fußwaschung
Schminken

Tipp:
Als Andenken kann sich jeder Spieler ein lachendes Gesicht auf einen Tennisball malen und ihn als persönlichen Massageball mit nach Hause nehmen.

101. Ester 4   Eine schwere Aufgabe

Material: Streichhölzer

Spieldauer: ab 5 Minuten

Spielort: im Kreis

Gruppengröße: 10-20 Spieler

Alter: ab 5 Jahre

Art: Wettkampfspiel

Ester ist die einzige im Volk, die Zutritt zum König hat. Aber auch sie ist einen Monat lang nicht von ihm gerufen worden. So bleibt ihr nur die Möglichkeit, unaufgefordert zu ihm zu gehen – und das ist lebensgefährlich. Ester nimmt dieses Risiko auf sich. Eine scheinbar leichte Aufgabe ist manchmal ganz schön schwer.

Welche Spieler können zehn Minuten lang ein Streichholz hochhalten? Sicher meinen viele Spieler, dass sie es können. Das Streichholz ist wirklich nicht so schwer, aber der Arm.
Alle Spieler bekommen ein Streichholz und halten es am ausgestreckten Arm vor sich in die Luft. Wer kann das am längsten? Damit die „Wartezeit" nicht so lange ist, kann zeitgleich ein Lied gesungen werden.

Tipp:
Es melden sich sechs Spieler freiwillig für dieses Experiment!
Einigen Spielern flüstert der Spielleiter ins Ohr: „Konzentriere dich nur auf das Streichholz und deinen Arm!" Den anderen flüstert er ins Ohr: „Denke dir möglichst imposante Dankgebete aus, um Gott dafür zu danken, dass er Kraft und Stärke schenkt!"
Die Spieler, die sich die Gebete ausdenken, werden das Streichholz länger halten können. Die anderen sind zu sehr mit ihrem Arm und ihrer Erschöpfung beschäftigt.

102. Ester 5 Ein guter Plan muss gut vorbereitet sein

Material: Aufgabenkarten, siehe unten

Spieldauer: 15-20 Minuten

Spielort: ausreichende Bewegungsfläche

Gruppengröße: 10-20 Spieler

Alter: ab 8 Jahre

Art: Geländespiel

Der König gewährt Ester eine Audienz. Ester geht dabei geschickt vor: Sie lädt den König zu einem Mahl ein.

Der Spielleiter stellt Fragen zusammen. Diese schreibt er auf kleine Zettel, die er im Spielfeld versteckt. Auf den Zetteln stehen jeweils zwei Antwortmöglichkeiten. Unter der richtigen Antwort steht der Hinweis für das nächste Versteck, die falsche Antwort führt in die Irre. Neben den Fragezetteln finden die Spieler Lebensmittel für ein Mahl. Diese Lebensmittel nehmen sie mit. Die letzte Frage führt die Spieler in einen vorbereiteten Raum, in dem dann gemeinsam ein Festmahl gefeiert wird.

Ein Beispiel:

Welche Königin wurde von ihrem Mann verjagt?	
Washti	Esther
Da gehts weiter Klavier	Da gehts weiter Küchentisch

Tipp:
Dieses Spielprinzip lässt sich auf andere Bibeltextstellen übertragen, z. B. Lukas 19,1-10.

103. Hiob 1,6-12 Wetten, dass ...

 Material: den Wetten entsprechendes Material, evtl. Preis für den Wettkönig

 Spieldauer: ab 60 Minuten

 Spielort: ausreichende Bewegungsfläche

 Gruppengröße: ab 20 Spielern

 Alter: ab 9 Jahre

 Art: Konzentrationsspiel

Hiob hat das Pech, Gegenstand einer Wette zwischen Gott und dem Satan zu werden. Der gottesfürchtige Hiob wird von vielen Schicksalsschlägen heimgesucht. Dabei soll er nie erfahren, dass er Objekt einer Wette ist. Am Ende der Geschichte ist er wohlhabender als am Anfang. Im Spiel geht es auch um Wetten.

Diese Spielidee stammt aus der gleichnamigen Fernsehsendung des ZDF. Um eine gelungene Show mit den Gruppenteilnehmern zu veranstalten, bedarf es ausreichend Zeit an Vorbereitungen. Vor Spielbeginn wird die Gruppe in einzelne Kleingruppen eingeteilt, die sich jeweils eine praktische Wette überlegen, wie z. B.

Wetten, dass …
… keine Kleingruppe schneller fünf Betten beziehen kann als wir.
… unsere Kleingruppe ein Kartenhaus aus 200 Bierdeckeln bauen kann.
… unsere Kleingruppe es schafft, aus allen Namen der Gruppenteilnehmer ein Kreuzworträtsel zu gestalten.

Auch das Leitungsteam überlegt sich eine praktische Wette, wie z. B.
Wetten, dass …
… wir es schaffen, mit verbundenen Augen alle Gruppenteilnehmer an ihrer Stimme zu identifizieren, wenn sie jeweils den gleichen Satz sagen.

Sobald der Showabend eröffnet wird, stellt eine Kleingruppe ihre Wette vor. Die anderen geben ihren Tipp ab. In tabellarischer Form werden die abgegebenen Tipps und der Punktestand auf einer Tafel festgehalten. Vor der Durchführung der Wette gibt die Kleingruppe auch ihren Einsatz bekannt für den Fall, dass sie die Wette verliert, wie z. B. Abwaschen des Geschirrs beim nächsten Frühstück. Dann kann die erste Wette ausgeführt und schließlich gepunktet werden. Es folgen die weiteren Wetten. Am Ende des Spiels wird wie in der Sendung der Wettkönig geehrt.

Tipp:
Die Spielshow kann an Reiz gewinnen, wenn die Gruppe Showeinlagen einbringt.

104. Hiob 14,2   Erwachen

Material: nicht erforderlich

Spieldauer: ab 5 Minuten

Spielort: ausreichende Bewegungsfläche

Gruppengröße: ab 4 Spielern

Alter: ab 5 Jahre

Art: Bewegungsspiel

Das Leben ist kurz, und es gibt kein Erwachen vom Schlaf des Todes. Durch Jesu Auferstehung darf ich jedoch auf das ewige Leben vertrauen.

Die Spieler bewegen sich in der Spielfläche. Entsprechend der Impulse des Spielleiters schlafen nacheinander die Körperteile der Spieler ein, z. B. die Finger, die Arme, der Oberkörper, die Hüften, das Gesäß, die Beine, die Füße, die Zehen, die Stirn, die Augen, der Kopf. Wenn alle Spieler „eingeschlafen" am Boden liegen, darf der Körper in angesagter umgekehrter Reihenfolge wieder zum Leben erwachen.

Wichtig ist es dabei, dass die Phasen des Einschlafens und des Erwachens nicht zu kurz gehalten sind, damit die Spieler die Möglichkeit besitzen, entsprechende Erfahrungen zu machen.

Andere Bibeltextstelle: z. B. Johannes 20,1-12.

105. Hiob 38,1-11   Du verstehst mich nicht

 Material: Korb, diverse Gegenstände

Spieldauer: 5-15 Minuten

Spielort: im Kreis

Gruppengröße: 5-20 Spieler

Alter: ab 10 Jahre

Art: Konzentrationsspiel

Als Hiob das Handeln Gottes nicht verstand, war ihm gar nicht lustig zumute. Aber auch Hiobs Freunde scheinen ihn nicht zu verstehen, und er sie nicht. Trotzdem ist Hiobs Geschichte noch einmal gut ausgegangen.

Oft sind es nur kleine Versprecher und schon versteht man einen Satz falsch.

Zum Einstieg kann der Spielleiter einen Korb mit zweisilbigen Gegenständen vorbereiten. Jedes Kind zieht einen Gegenstand und benennt ihn. Im folgenden Spiel sollen die „Wechselstaben verbuchtelt" werden. Das heißt, dass die Reihenfolge der Buchstaben verändert wird. Der Anfangsbuchstabe (die Anfangssilbe) des einen Wortes wird mit dem (der) des zweiten Wortes ausgetauscht. Aus Lippenstift wird so Stippenlift.
Alle Kinder sitzen im Kreis. Das erste Kind stellt dem zweiten Kind eine Frage. Zum Beispiel: „Welche Ferien magst du am liebsten?" Das angesprochene Kind antwortet: „Die Ferbstherien!" Es ist auch möglich, die Buchstaben anders zu würfeln. Zum Beispiel kann der Buchstabe oder die Silbe des nächsten Wortes vor das erste Wort gestellt, dafür aber beim eigentlichen Wort weggelassen werden: „Lich iebe Steis am lel!" Diese Regel ist für Fortgeschrittene. Wer kann am besten Wörter verdrehen?

106. Hiob 40,25   Leviatanduell

Material: Tücher

Spieldauer: ab 5 Minuten

Spielort: ausreichende Bewegungsfläche

 Gruppengröße: ab 8 Spielern

 Alter: ab 6 Jahre

 Art: Bewegungsspiel

Ein Drache ähnelt einem Leviatan, der Gestalt, die in der Bibel außer in Psalm 104 noch in Psalm 74,14 und u.A. bei Hiob 40,25 erwähnt wird.

Es werden Leviatans aus jeweils vier bis sieben Spielern gebildet. Dabei umfassen sich die Spieler hintereinanderstehend an der Hüfte. Der letzte in der Reihe befestigt ein Tuch im Hosenbund. Nun beginnt der Kopf des Leviatans seinen eigenen Schwanz zu jagen. Der Leviatankörper darf dabei nicht auseinanderreißen. Hat der Kopf den Schwanz erhascht, wird er zum Leviatanende und bindet sich das Tuch um. Der Zweite in der Reihe wird nun zum Kopf.

1. Variante:
Bei größeren Gruppen versuchen zwei Leviatans sich gegenseitig den Schwanz abzujagen.

2. Variante:
Sehr große Gruppen können in viele kleine Leviatans aufgeteilt werden, die sich dann gegenseitig über die Spielfläche jagen.

107. Psalm 1 Der ist wie ein Baum

 Material: viele Wortbeispiele auf Karteikarten in zwei Farben
Für die Spielvariante: Fotos von diversen Gesichtern in allen Hautfarben

 Spieldauer: hängt von den Wortbeispielen ab, ca. 10 Minuten

 Spielort: im Stuhlkreis

 Gruppengröße: hängt von den Wortbeispielen ab, max. 20 Spieler

 Alter: ab 8 Jahre

 Art: Rate- und Wettkampfspiel

In Psalm 1,1-3 wird der Mensch mit einem Baum verglichen. Um Kindern die Bedeutung von Vergleichen verständlich zu machen, sucht der Spielleiter vor Spielbeginn Wortbeispiele aus der Alltagswelt, z. B.: flink wie ein Wiesel, bekannt wie ein bunter Hund, süß wie Zucker, klein wie ein Zwerg, schnell wie ein Pfeil, langsam wie eine Schnecke usw.

Sowohl die Adjektive als auch die Substantive werden jeweils auf eine Karteikarte aufgeschrieben. Die Adjektive erhalten dabei eine andere Karteikartenfarbe als die Substantive. Dann wird nach den Spielregeln von Memory gespielt. Ein Spieler deckt sowohl eine „Adjektivkarte" als auch eine „Substantivkarte" auf. Er überlegt, ob beide Worte zusammen einen Sinn ergeben. Bei Bejahung darf er die beiden Karten behalten, ansonsten werden sie wieder verdeckt, und der nächste Spieler ist an der Reihe.

Variante:
Vor Spielbeginn sind viele Fotos von diversen Gesichtern in allen Hautfarben gesammelt worden. Jedes Gesicht ist zweimal vorhanden. Wie oben wird nach den Memoryregeln gespielt. Jeder Spieler, der ein passendes Gesichterpaar aufdeckt, darf es behalten. Hier wird deutlich: Gott hat wie die Bäume viele verschiedene Menschen einzigartig erschaffen.

108. Psalm 1 Gaben, Gaben, Gaben

Material: verschiedene Früchte, aus Tonkarton ausgeschnittene Früchte, Korb

Spieldauer: ca. 15 Minuten

Spielort: im Kreis

Gruppengröße: ab 4 Spielern

Alter: ab 8 Jahre

Art: Pantomimik, Ratespiel

Als Spielvorbereitung sind verschiedene Früchte geschält und in kleine Stücke geschnitten. Jeder Spieler probiert nacheinander (blind) ein Stück und rät, was es ist. Wenn alles probiert wurde, kann ein kurzes Gespräch über die verschiedenen Geschmacksrichtungen und Nährwerte erfolgen.
Auch jeder einzelne Mensch bringt unterschiedliche Früchte hervor. Genau wie ein Baum automatisch Frucht bringt, hat Gott mir meine Fähigkeiten und Fertigkeiten geschenkt, die Frucht bringen. Meine Fähigkeiten und Fertigkeiten machen mich bunt. Für andere sind die Auswirkungen meiner Gaben, die Früchte, nahrhaft.
Jeder Spieler schreibt seine Fähigkeiten und Fertigkeiten auf eine aus Tonkarton ausgeschnittene Frucht. Alle Zettel werden in einem Korb gesammelt. Dann zieht jeder einen „Fruchtzettel" aus dem Korb und sucht die passende Person dazu. Zum Schluss können alle „Fruchtzettel" an einen Baum gehängt werden.

Tipp:
Bevor der „Fruchtzettel" überreicht wird, kann diese Fähigkeit den anderen pantomimisch dargestellt werden. Nach dem Interaktionsspiel bereiten alle zusammen einen Obstsalat vor und essen ihn.

109. Psalm 8 Freuet und feiert

 Material: Musikanlage, CD, Korb, 3 Stühle, evtl. Apfelsinen, Streichholzschachteln

Spieldauer: 15-20 Minuten

Spielort: ausreichende Bewegungsfläche

Gruppengröße: 10-25 Spieler

Alter: ab 5 Jahre

Art: Bewegungsspiel

In Psalm 8 lobt der Psalmist Gott und freut sich am Leben. Wenn ich fröhlich bin, dann feiere ich gerne ein Fest. Zu einem Fest gehört für mich das Tanzen.

Es wird eine Tanzfläche eingerichtet und eine Musikanlage bereitgestellt.
Am Rande dieser Tanzfläche stehen drei Stühle. Außerdem wird ein Korb benötigt. Es hat zwar keinen Einfluss auf das Spiel, aber es ist schön, wenn der Korb bunt geschmückt ist. Alle Spieler kennen den Spruch „Einen Korb bekommen!" Wenn nicht, kann der Spruch kurz erklärt werden. Darum soll es jetzt gehen. Ein Junge setzt sich in die Mitte, rechts und links daneben nimmt ein Mädchen Platz. Der Junge überreicht einem der beiden Mädchen den Korb und fordert das andere zum Tanzen auf. Das Mädchen mit dem Korb rückt nun in die Mitte, wird von zwei Jungen flankiert, sucht sich auch einen aus und schenkt dem anderen den Korb. So geht es weiter, bis alle Spieler auf der Tanzfläche sind.

Tipp:
Es ist auch möglich, dieses Spiel geschlechtsneutral zu spielen. Dann setzten sich drei Spieler gleichen Geschlechts auf die Stühle. Wenn die Spieler untereinander Nähe wünschen und der Gruppenprozess es zulässt, können sie einen Apfelsinen- oder Streichholztanz tanzen. Beim Apfelsinentanz nehmen die Tanzpartner eine Apfelsine zwischen ihre Stirn. Beim Streichholztanz stecken die beiden Tanzpartner ihre Nasen in eine Streichholzschachtel.

110. Psalm 18,17 Aus dem Wasser gezogen I

 Material: Taufbecken, handwarmes Wasser, für jeden einen blauen Glasnugget

 Spieldauer: hängt von der Anzahl der Spieler ab, ca. 10 Minuten

 Spielort: am Taufbecken

 Gruppengröße: ab 4 Spielern

Alter: ab 5 Jahre

 Art: Interaktionsspiel

Vor Spielbeginn hat der Spielleiter das Taufbecken mit handwarmen Wasser gefüllt und entsprechend der Anzahl der Spieler kleine blaue Glasnuggets hineingelegt. Dann sammeln sich alle Spieler um das Taufbecken. Sie werden eingeladen, nacheinander mit ihren Händen in das Wasser einzutauchen, und sich dabei einen Nuggetstein aus dem Wasser zu ziehen. Diese Übung vollzieht sich in Anlehnung an den Bibelvers in Psalm 18,17: Aus dem Wasser gezogen. Mit der Hand unterzutauchen und wieder aufzutauchen erinnert daran, dass jeder Getaufte Anteil hat an Tod und Auferstehung Jesu. Im Anschluss an dieses Erleben kann der Psalmvers besprochen werden. Die Steine dürfen mit nach Hause genommen werden.

111. Psalm 18,17 **Aus dem Wasser gezogen II**

 Material: Decken

 Spieldauer: hängt von der Anzahl der Spieler ab, ab 5 Minuten

 Spielort: ausreichende Bewegungsfläche

 Gruppengröße: ab 6 Spielern

 Alter: ab 5 Jahre

 Art: Bewegungs- und Wettkampfspiel

Die Spieler werden in zwei Gruppen aufgeteilt. In der Spielfläche wird ein „Wasserbereich" und ein „Landbereich" eingeteilt. Die Spieler der beiden Gruppen stehen bis auf jeweils einen Spieler im Wasser. Auf ein Startsignal hin nimmt sich der einzelne Spieler eine Decke und rennt zum „Wasserbereich". Dort breitet er die Decke auf dem Boden aus, sodass sich einer der Spieler seiner Gruppe auf die Decke legen kann. Nun packt der einzelne Spieler die Decke und zieht den Mitspieler auf der Decke zum Landbereich. Welche Gruppe hat zuerst alle Mitspieler aus dem Wasser gezogen?

112. Psalm 18,30 **Mauern überspringen**

 Material: viele Schuhkartons, Stifte

 Spieldauer: ab 20 Minuten

 Spielort: ausreichende Bewegungsfläche

Gruppengröße: ab 8 Spielern

 Alter: ab 10 Jahre

 Art: Interaktionsspiel

Die Mauer als ein Hindernis, das Grenzen setzt, soll ins Spiel kommen. Dazu teilen sich die Spieler in zwei Gruppen ein. Jede Gruppe erhält so viele Schuhkartons wie sie benötigt. Auf einzelne Kartons zeichnen oder schreiben sie auf eine Seite Aspekte, die in ihrem Leben zu einer Hürde bzw. Grenzerfahrung werden können, z. B. Arbeitslosigkeit, Leistungsdruck, Einsamkeit. Wenn beide Gruppen mit der Gestaltung ihrer Kartons fertig sind, wird aus ihnen eine Mauer so gebaut, dass jede Kleingruppe das Gemalte oder Geschriebene der anderen Gruppe sehen kann. In einem zweiten Schritt sollen die Spieler überlegen, wie diese Grenzerfahrungen überwunden werden können. Was wird benötigt? Wer kann helfen? Dazu korrespondieren die Spieler mit den Aufzeichnungen der jeweils anderen Gruppe, wie z. B. eine Hand, die gereicht wird, eine Umarmung, ein tröstendes Wort, ein lachendes Gegenüber.

Um schließlich beide Seiten der Mauer kennenzulernen, kann sie von den Spielern mit dem Zuspruch aus Psalm 18,30 „Mit meinem Gott kann ich über Mauern springen" überwunden werden.

113. Psalm 18,33-37   Schrubberfußball

 Material: zwei Stühle, zwei Stöcke (z. B. Besenstiel), ein Putzlappen
Für die Spielvariante: zwei Handfeger, ein aufgeblasener Luftballon, zwei Stühle

 Spieldauer: ab 15 Minuten

 Spielort: ausreichende Bewegungsfläche

 Gruppengröße: ab 10 Spielern

 Alter: ab 8 Jahre

 Art: Bewegungs- und Wettkampfspiel

Gott stärkt die Menschen. Im Wettkampf zu bestehen oder zu verlieren, können die Spieler hier erleben.

Es werden zwei Mannschaften gebildet, die in zwei Stuhlreihen gegenübersitzen. Jeder Spieler einer Gruppe bekommt eine fortlaufende Nummer. Der Spielleiter ruft eine Nummer auf. Die beiden entsprechenden Spieler rennen zur Spielfeldmitte. Hier liegen zwei Stöcke und ein Putzlappen. Die Spieler greifen sich jeweils einen Stock und versuchen, den Putzlappen mithilfe des Stocks in das Tor (gebildet von

zwei Stühlen) des Gegners zu bringen. Mit dem Stock darf nicht geschlagen werden. Bei rohem Spiel verteilt der Spielleiter Minuspunkte.

Variante:
Die Spieler versuchen, mit den Handfegern den Luftballon in das gegnerische Tor
zu treiben. Regelwidrigkeiten sind das Berühren des Luftballons mit Händen und
Füßen.

114. Psalm 19,1-7   Winterkälte und Sonnenstrahl

 Material: ein weißes Tuch, zwei gelbe Tücher

Spieldauer: ab 5 Minuten

Spielort: ausreichende Bewegungsfläche

Gruppengröße: ab 8 Spielern

Alter: ab 5 Jahre

Art: Bewegungs- und Wettkampfspiel

Die Gedanken des Psalmisten wandern von der Sonne und ihren alles durchdrin-
genden Strahlen unmittelbar zu Gottes Gesetz.

Im kalten Winter erstarrt alles Leben. Einer von euch spielt den Winter und hängt
sich dazu das weiße Tuch um. Alle laufen im Raum umher. Wer vom Winter berührt
wird, erstarrt und muss auf der Stelle eingefroren stehen bleiben.
Ein warmer Sonnenstrahl im Frühling weckt das Leben. Zwei von euch sind Son-
nenstrahlen und hängen sich die gelben Tücher um. Sie fassen sich an den Händen
und bilden ein Tor über einem Erstarrten. Der Erstarrte darf jetzt anfangen, sich zu
bewegen. Zuerst der Zeh, dann den Fuß, dann das Bein. Schließlich darf er wild
durch den Raum jagen. Seid ihr alle zu Eis erstarrt, hat der Winter gewonnen. So
weit wollt ihr es aber nicht kommen lassen, oder? Spielt solange ihr Lust habt.

115. Psalm 23,2   Schafe

Material: Becher, Wasser

Spieldauer: 10-15 Minuten

Spielort: ausreichende Bewegungsfläche

Gruppengröße: 10-20 Spieler

Alter: ab 5 Jahre

 Art: Bewegungsspiel

Aus der Gruppe der Kinder werden zwei Hirten gewählt. Diese bekommen beide eine persönliche Weide zugewiesen, z. B. unter einem Baum, hinter einer Bank. Alle anderen Kinder sind Schafe, die sich auf dem ganzen Gelände verstecken. Auf ein Startzeichen hin suchen die Hirten ihre Schafe zusammen. Hat ein Hirte ein Schaf gefunden, nimmt er es an die Hand und führt es auf seine Weide. Hier schenkt er ihm einen Becher Wasser ein. Dann rennt er wieder los und sucht das nächste Schaf.
Wenn alle Schafe gefunden sind, wird gezählt, welcher Hirte die meisten Schafe gefunden hat.

Andere Bibeltextstelle, z. B. Lukas 15,1-7.

116. Psalm 23,4 Durch das dunkle Tal geführt

 Material: verschiedene Hindernisse, Stäbe, Tücher zum Augen verbinden

 Spieldauer: ca. 15 Minuten

 Spielort: ausreichende Bewegungsfläche

 Gruppengröße: ab 6 Spielern

 Alter: ab 5 Jahre

 Art: Illusions- und Kooperationsspiel

Der Psalm 23 verwendet für Gott das Bild vom Hirten. Der Psalmbeter vertraut darauf, dass Gott auch im dunklen Tal bei ihm ist. Gott als Hirte ist mit dem Hirtenstab gut ausgerüstet. Als Leitstab gibt er neuen Mut, um den rechten Weg zu finden.

Dieses Bild kann spielerisch mit den Kindern nachempfunden werden, indem zusammen ein Weg mit vielen Hindernissen aufgebaut wird. Einem Kind werden die Augen verbunden. Es darf sinnbildlich durch das dunkle Tal gehen. Die anderen Kinder nehmen die Rolle eines Hirten ein, indem sie Stäbe in der Hand halten. Mithilfe des akustischen Signals, das die Stäbe erzeugen, wenn sie auf den Boden gestampft werden, leiten sie das Kind sicher auf seinem Weg.

117. Psalm 27,1-6 Verstrauenssprung

 Material: Stuhl, evtl. Decke

Spieldauer: ab 5 Minuten

 Spielort: ausreichende Bewegungsfläche

 Gruppengröße: ab 11 Spielern

 Alter: ab 6 Jahre

 Art: Interaktionsspiel

Die ersten sechs Verse in diesem Psalm sind getragen von Vertrauen und Gewissheit.

Die Spieler und der Spielleiter bilden zusammen eine Auffangmatte. Dazu stehen sie sich in zwei engen Reihen jeweils gegenüber und verschränken die Hände miteinander, sodass eine Matte aus Armen entsteht. Ein Kind steigt auf einen Stuhl an einem Ende der Reihe und lässt sich steif in die Matte fallen. Dazu winkelt es die Arme neben dem Körper an und nimmt die Hände vor das Gesicht (Brille abnehmen). Die auffangende Matte gibt leicht nach unten nach, um den Aufprall angenehm zu gestalten (über die Arme kann eine Decke gelegt werden). Wer sich traut, kann die Absprunghöhe steigern.

118. Psalm 27,1-6 **Vertrauensvolles Tragen**

 Material: nicht erforderlich

 Spieldauer: 5-10 Minuten

 Spielort: ausreichende Bewegungsfläche

 Gruppengröße: 10-30 Spieler

 Alter: ab 5 Jahre

 Art: Interaktionsspiel

Alle Kinder legen sich auf den Boden. Wie bei einem Reißverschluss legen sich die Kinder so mit den Köpfen zusammen, dass immer ein Kind die Beine nach rechts ausstreckt, das andere nach links. Alle Kinder strecken die Arme nach oben. Ein freiwilliges Kind legt sich mit Unterstützung des Spielleiters an den Anfang des Reißverschlusses auf die ausgestreckten Arme. Es wird dann von den Händen bis zum anderen Ende der Händekette weitergetragen.

119. Psalm 29,3 **Flaschofon**

 Material: Flaschen, Wasser, Löffel o. Ä.

Spieldauer: ab 10 Minuten

Spielort: im Kreis

Gruppengröße: ab 3 Spielern

Alter: ab 5 Jahre

Art: Illusionsspiel

Die Stimme Gottes erschallt über den Wassern.

Die Kinder füllen Flaschen jeweils so hoch mit Wasser, dass unterschiedliche Töne entstehen, wenn die Flaschen mit einem Löffel oder einem Schlagstöckchen angeschlagen werden. Unterschiedliche Tonfolgen können so zusammengestellt werden. Mit ein wenig Übung gelingt es, einfache Melodien und Lieder zu spielen.

Variante:
Die Töne lassen sich auch erzeugen, wenn über die Flaschenöffnung geblasen wird.

120. Psalm 31 **Geborgenheit**

Material: Musik, Musikanlage, evtl. Decken

Spieldauer: ca. 10 Minuten

Spielort: ausreichende Bewegungsfläche

Gruppengröße: ab 3 Spielern

Alter: ab 5 Jahre

Art: Fantasiereise

Bei Gott bin ich geborgen. Diese Verheißung spürt auch der Beter des 31. Psalms.

Die Spieler schließen die Augen, hören eine ruhige und angenehme Instrumentalmusik und werden vom Spielleiter angeleitet: „Du liegst ganz ruhig und bequem. Suche eine Stellung, in der du dich wohl fühlst, wo nichts drückt und zwickt. Du spürst deinen Körper auf dem Boden, er ist ganz schwer und doch ganz leicht. Du bist ganz entspannt und stellst dir deine Lieblingsfarbe vor. In deiner Lieblingsfarbe sind die weichen Decken, auf denen du liegst. Es ist kuschelig und gemütlich, und du hörst in der Ferne schöne Musik. Um dich herum sind liebe Menschen, die du magst. Und diese Menschen haben auch dich gern. Sie lächeln dir zu. Stell dir vor, einer dieser Menschen kommt auf dich zu und nimmt dich in den Arm. Er streichelt dir über den Rücken. Das gibt dir Kraft und tut dir gut. Ein anderer von diesen Menschen schaut dich liebevoll an und breitet seine Arme aus. In diese Arme kannst du dich hineinkuscheln. Es gibt jemanden, der dich noch mehr liebt als alle diese lieben Menschen. Es ist Gott. Er steht da wie ein liebevoller Vater und breitet die Arme aus. Du kannst hinlaufen und dich in seine Arme werfen. Er drückt dich ganz liebevoll, und er streicht dir behutsam über den Rücken. Er ist immer für dich da, und er passt auf dich auf. Wenn du Angst hast, ist er schon da und hält seine schützenden Hände über dich und um dich herum. Er steht vor dir und hinter dir, er will, dass es dir gut geht. – Wenn du dich nun langsam wieder räkelst und streckst und die Augen öffnest, dann geht hier ein anderes Programm weiter – aber eines bleibt ganz sicher: Bei Gott bist du geborgen. Ob du die Augen geschlossen oder offen hast, ob du liegst oder stehst, ob du fröhlich oder traurig bist, ob du Mut hast oder Angst. Gott ist immer da und schenkt dir Geborgenheit."

Andere Bibeltextstelle, z. B. Lukas 15,11-32.

121. Psalm 31,6 **Hand drauf**

 Material: nicht erforderlich

 Spieldauer: ab 5 Minuten

 Spielort: ausreichende Bewegungsfläche

 Gruppengröße: ab 9 Spielern

 Alter: ab 6 Jahre

 Art: Bewegungsspiel

In der Taufe liegt ein großes Versprechen. Gottes Zuwendung, seine Begleitung und sein Schutz werden dem Täufling zugesprochen. Die Eltern, die Paten und die Kirchengemeinde sind in erster Linie Mittler dieses Versprechens. Aus ihren Händen fließen die spürbaren und sichtbaren Zuwendungen, in denen das Kind Gottes Zugewandtheit erkennen kann. „Hand drauf" – unter diesem Motto wird gespielt.

Jedem Spieler wird eine Zahl zwischen eins und drei ins Ohr geflüstert. Im Anschluss laufen die Spieler durch den Raum und schütteln einander die Hände. Dabei schüttelt jeder Spieler entsprechend der zugeflüsterten Zahl die je andere Hand. Finden sich zwei Spieler, die zueinander passen, bleiben sie beisammen und schütteln gemeinsam die anderen Hände. Schließlich finden sich drei Gruppen mit Spielern.

122. Psalm 31,9 **Füße spüren**

 Material: evtl. CD, Musikanlage

 Spieldauer: ab 5 Minuten

 Spielort: ausreichende Bewegungsfläche

 Gruppengröße: ab 4 Spielern

 Alter: ab 5 Jahre

 Art: Illusionsspiel

Aus der Enge der Angst findet der Psalmbeter wieder Hoffnung. Er vertraut darauf, dass Gott sich seiner Bitten annimmt. So fühlt er wieder Boden unter seinen Füßen.

Die Teilnehmer werden gebeten, ihre Schuhe auszuziehen, um so besser ihre Füße zu spüren. Im Hintergrund kann eine Musik dieses Erleben unterstützen.
Der Spielleiter kann dabei folgenden Text sprechen:
„Gehe im Raum umher, spüre deine Füße und den Boden unter deinen Füßen. Gehe kreuz und quer durch den Raum. Gehe in deinem Tempo, spüre, wie deine Füße den Boden berühren, spüre deine Fersen, Fußballen, Zehen. Gehe schneller. Noch schneller. Gehe jetzt mit der Geschwindigkeit, die dir am liebsten ist. Gehe kreuz und quer durch den Raum, gehe auch in die Spielfeldecken. Gehe vorwärts, rückwärts, seitwärts.
Probiere verschiedene Gangarten aus: Hüpfe, schleiche, schreite, laufe, gehe. Gehe auf den Zehenspitzen, auf den Fersen, auf den Fußaußenseiten, auf den Fußinnenseiten. Gehe wieder normal.
Gehe gelöst durch den Raum, achte auf dich und deine Füße. Wie gehst du, wenn du im Lotto gewonnen hast? Gehe wie eine feine Dame. Wie frisch verliebt. Gehe wie ein braves Kind. Gehe wie ein wichtiger Oberarzt. Gehe wie ein Lehrer. Gehe wie ein Popstar. Gehe wieder ganz normal und entspannt.
Stell dir vor, du gehst jetzt durch einen moorigen Untergrund. Und jetzt über spitze Steine. Über heißen Sand. Durch weiches Moos. Gehe wieder so, wie du gerne gehst.
Stell dir vor, du wirst bedrängt, hast nicht mehr so viel Platz rund um deine Füße. Der Platz wird immer enger, deine Füße haben immer weniger Raum, um sich zu bewegen. Dein Raum wird eingeengt.
Jetzt plötzlich ist die Enge weg, deine Füße nutzen die große Weite und die große Spielfläche. Deine Füße freuen sich an der Bewegungsfreiheit. Nun suche dir einen Platz neben einem anderen Paar Füße."
Als Abschluss dieser Aktion können sich die nebeneinander stehenden Spieler begrüßen. Dann lädt der Spielleiter alle dazu ein, wieder ihre Schuhe anzuziehen. Als Ergänzung zu diesem Spiel kann auch das Spiel „Enger versus weiter Raum" folgen.

Tipp:
Dieses Spiel ist geeignet, um anschließend eine Fußwaschung nach Johannes 13,1-20 einzuleiten. Als andere Bibeltextstellen eignen sich z. B. die Spiele zu Psalm 8, Matthäus 18,3 oder Apostelgeschichte 3.

123. Psalm 31,9 Fußparcours

 Material: diverse Materialien, wie z. B. Sand, Kieselsteine, Tapetenrolle, Moos, Samt, Tücher zum Augen verbinden

 Spieldauer: hängt von der Anzahl der Spieler ab

 Spielort: ausreichende Bewegungsfläche

 Gruppengröße: ab 2 Spielern

 Alter: ab 5 Jahre

 Art: Interaktionsspiel

Die Spieler werden in mindestens zwei Gruppen eingeteilt. Jede Gruppe bereitet für die anderen Spieler aus verschiedenen Materialien einen Fußparcours vor. Dann beginnt die erste Gruppe, den Parcours der zweiten Gruppe zu erleben. Dazu ziehen sich die Spieler der ersten Gruppe ihre Schuhe aus. Dem Einzelnen werden die Augen verbunden. Nacheinander wird jeder Einzelne von einem Spieler aus der gestaltenden Gruppe über den Fußparcours begleitet. Wenn alle Spieler der ersten Gruppe diesen Parcours erlebt haben, wechseln sie ihre Rollen, sodass die Spieler der zweiten Gruppe den Parcours der ersten Gruppe erleben dürfen.
Zum Schluss können sich die Spieler gegenseitig ihre Erfahrungen mitteilen.

124. Psalm 31,9 Enger versus weiter Raum

 Material: Plakate für alle Teilnehmer, Stifte

 Spieldauer: ab 5 Minuten

 Spielort: ausreichende Bewegungsfläche

 Gruppengröße: ab 2 Spielern

 Alter: ab 8 Jahre

 Art: Interaktionsspiel

Der Psalmbeter sucht Schutz und Halt bei Gott. Aus der Enge der Angst erlebt er die Weite der Hoffnung und des Vertrauens. Er kann wieder in die Zukunft schauen.

Jeder bekommt ein großes Plakat und malt ein kleines Rechteck in dessen Mitte. Das Rechteck in der Mitte symbolisiert Enge, der große Platz außen herum Weite. Nun darf jeder für sich passende Farben auswählen und klein und beengt in die „Enge" hereinschreiben, was ihn persönlich in seinem Leben einengt, erdrückt, klein macht, bestimmt, schiebt, drangsaliert, beengt.
Dann wird mit passender Farbe und großer schwungvoller Schrift aufgeschrieben, was den Teilnehmer inspiriert, frei macht, was ihn fröhlich macht, was ihn freut, was ihm Kraft gibt, was er mit Freiheit verbindet, alles was mit Weite und Großzügigkeit zu tun hat.
Damit die Teilnehmer wirklich frei sind und sich auch trauen, Persönliches aufzuschreiben, ist es sinnvoll, dass der Spielleiter zu Beginn den Hinweis gibt, dies nur für sich selbst aufzuschreiben. Dazu sollte jeder Teilnehmer genügend Platz haben, um sich beim Schreiben nicht beobachtet zu fühlen.

125. Psalm 31,9   Klänge

 Material: nicht erforderlich
Für die Variante: Orffsche Instrumente

 Spieldauer: ab 5 Minuten

 Spielort: ausreichende Bewegungsfläche

 Gruppengröße: ab 10 Spielern

 Alter: ab 6 Jahre

 Art: Interaktionsspiel

Die Spieler erschließen mit ihren Sinnen Räume und lernen, den Freiraum der anderen zu achten.

Ein Raum kann klanglich gefüllt werden. Dazu bilden alle Spieler einen dichten Kreis, sodass sie Schulter an Schulter aneinander stehen. Eine Person sitzt in der Mitte. Nun beginnt die Gruppe langsam an- und abschwellend gemeinsam einen der Vokale zu singen. Die Spieler achten darauf, dass der Gesang nicht abbricht und die Aufmerksamkeit der Gruppe bei dem Einzelnen bleibt.

Variante:
Mithilfe von Orffschen Instrumenten füllen die Spieler den Raum mit Tönen der
Enge und anschließend mit Tönen der Weite.

126. Psalm 34,9 **Brot schmecken**

 Material: verschiedene Brotsorten, Brotmesser, Teller, Tücher, Papier, Stifte

Spieldauer: je nach Anzahl der Spieler ca. 10-15 Min.

Spielort: im Kreis

Gruppengröße: ab 4 Spielern

Alter: ab 5 Jahre

Art: Ratespiel

Ich besorge unterschiedliche Sorten Brot, vom Weißbrot bis zum Vollkornbrot, und
baue damit Fühl-, Riech- und Schmeckstationen auf. An jeder Station kann das entsprechende Brot zuerst befühlt (einige Scheiben abschneiden, auf einem Teller aus-
legen und mit einem Tuch bedecken), gerochen (ein großes Stück Brot verdeckt
bereithalten) und geschmeckt (Brotstücke verdeckt bereithalten) werden. Zudem
erstelle ich einen Laufzettel, auf dem die Brotsorten verzeichnet sind und von den
Spielern den Stationen zugeordnet werden können. Die Spieler besuchen die Stationen und fühlen, riechen und schmecken das Brot.

127. Psalm 52 **Wachsende Ringe**

Material: Baumscheibe, Papier

Spieldauer: ab 15 Minuten

Spielort: ausreichende Bewegungsfläche

Gruppengröße: ab 6 Spielern

Alter: ab 5 Jahre

Art: Interaktionsspiel

Wie der Dichter des Psalms bin auch ich Anfeindungen, wie z. B. Unverständnis von
Mitmenschen, Streitigkeiten in der Familie oder Ohnmacht angesichts von Kriegen
oder Naturkatastrophen, ausgesetzt. Gleichzeitig gerate ich in eine andere Rolle:

Ich stelle mein Handeln in den Vordergrund. Was gibt mir Halt? Der Psalm 52 gibt mir auf diese Frage eine Antwort: Gottes Güte währt ewig. Darum kann ich wie ein Baum den schweren Stürmen des Lebens standhalten.

Der Spielleiter zeigt den Spielern eine Baumscheibe. Die Jahresringe sind das Gedächtnis des Baumes an Sonne, Regen, Wind und an Verletzungen. Die Spieler teilen sich untereinander ihre Beobachtungen mit.
Dann zeichnet jeder Spieler auf Papier seine „Jahresringe". In der Mitte steht die Geburt, der erste Ring steht für das erste Lebensjahr usw. In die Ringe werden für den Spieler wichtige Ereignisse eingezeichnet (Einschulung, Umzug, ein Geschwisterkind wird geboren etc.). Die „hellen" und „dunklen" Lebensabschnitte können mit entsprechenden Farben unterlegt werden, um die Stimmung und das Lebensgefühl in der entsprechenden Zeit zum Ausdruck zu bringen. Anschließend stellen sich die Spieler ihre Jahresringe gegenseitig vor:
„Es war gut und ich bin dankbar für …" und „Es war nicht gut und ich beklage …"
Bei großen Gruppen werden die Spieler dazu in Dreiergruppen eingeteilt.

128. Psalm 56,9   Von Leid und Trost

Material: Krug, dunkler Tonkarton, Stifte, Scheren

Spieldauer: ab 15 Minuten

Spielort: im Kreis

Gruppengröße: ab 4 Spielern

Alter: ab 8 Jahre

Art: Interaktionseinheit

Alles Leben ist begrenzt. In für mich schweren Lebenssituationen weiß ich, dass ich bei Gott Trost finden kann.

Zu Beginn der Einheit zündet der Spielleiter eine Kerze an. Das Licht schenkt Geborgenheit und Wärme. Dazu können die Worte aus dem Johannesevangelium gesprochen werden: „Ich bin das Licht der Welt. Wer mir nachfolgt, muss nicht im Finsteren bleiben, sondern erlebt das Licht des Lebens." Die Teilnehmer dürfen sich daran erinnern, dass Jesus Augen geöffnet und Licht in die Dunkelheit gebracht hat.
Dann wird ein Krug in die Mitte gestellt. Der Spielleiter spricht die Worte aus dem Psalm 56,9: „Du sammelst meine Tränen in deinem Krug." Er lädt die Teilnehmer ein, ihre Trauer vor Gott zu bringen, ihm zu erzählen, was sie traurig macht. Dazu gestalten sie aus dunklem Tonkarton eine Träne. Auf diese schreiben die Teilnehmer, was sie bewegt. Dann werden die Tränen im Krug gesammelt. Wer mag, darf

den anderen „seine Träne" laut mitteilen. Zwischen den einzelnen Tränen kann ein Kyriegesang erfolgen.
Am Ende der Einheit wird der Krug in die Kirche auf den Altar gebracht. So sind alle Tränen bei Gott.

Tipp:
Diese Interaktionseinheit setzt Vertrauen in der Gruppe und Sensibilität des Spielleiters voraus.

129. Psalm 65   Sänger wechseln

 Material: nicht erforderlich

 Spieldauer: 10 Minuten

 Spielort: im Kreis

Gruppengröße: ab 6 Spielern

Alter: ab 6 Jahre

Art: Interaktionsspiel

David singt ein Danklied und lobt damit Gott, der erhört, vergibt, segnet und rettet. Das Lied steht bei diesem Spiel im Mittelpunkt.

Die Kinder sitzen im Kreis. Es wird ein Lied, das allen bekannt ist, gesungen. Dann wird ein Dirigent in die Mitte gestellt. Dieser zeigt auf ein Kind, das anfangen muss, das Lied zu singen. Mitten im Satz kann und soll der Dirigent zu einem anderen Kind weiterschwenken. Dieses muss dann weitersingen. So springt der Dirigent von Kind zu Kind. Jedes Kind, das sich versieht oder nicht weitersingt, muss einen Pfand abgeben. Dieser Pfand besteht jeweils aus einem Schuh oder einem Strumpf. Wer zuerst keine Schuhe und Strümpfe mehr hat, der hat verloren.

130. Psalm 74,15   Wassermuseum

Material: Gefäße, Wasser, Edding

Spieldauer: ab 15 Minuten

Spielort: anregungsreiche Spielfläche

Gruppengröße: ab 3 Spielern

Alter: ab 6 Jahre

Art: Geländespiel

„Du hast Quellen und Bäche hervorbrechen lassen …"

Jeder Spieler erhält Wassergefäße und geht damit auf die Suche nach Wasserquellen in der näheren Umgebung. Die Wasserproben werden dann beschriftet und zu einem Wassermuseum zusammengestellt. Anschließend tauschen sich die Spieler über die Erlebnisse beim Aufspüren und Sammeln des Wassers aus und staunen über die vielfältigen Quellen und Orte, an denen Wasser zu finden ist.

Tipp:
Schmelzwasser, Blumenwasser etc. über einen längeren Zeitraum sammeln und dann mitbringen lassen.

131. Psalm 104,14b **Brezelbeißen**

 Material: Bindfaden, Brezeln

 Spieldauer: 5-10 Minuten

 Spielort: ausreichende Bewegungsfläche

 Gruppengröße: 5-30 Spieler

 Alter: ab 4 Jahre

 Art: Bewegungsspiel

Als Einstieg in das Thema Brot spiele ich Brezelbeißen. Der Spielleiter hängt an einen langen Faden, der quer durch den Raum gespannt wird, im Abstand von ca. 20 cm viele Minibrezeln (Salzgebäck) auf.
Alle Kinder verschränken die Hände auf dem Rücken. Auf ein Startzeichen hin dürfen die Spieler in die Brezeln beißen, ohne ihre Hände zu benutzen.

132. Psalm 104,3b **Blasebalg**

 Material: nicht erforderlich

 Spieldauer: ab 3 Minuten

 Spielort: ausreichende Bewegungsfläche

 Gruppengröße: ab 3 Spielern

Alter: ab 4 Jahre

 Art: Bewegungsspiel

Die Spieler sind in diesem Spiel die „Fittiche des Windes".

Die Spieler stellen sich verteilt in der Spielfläche auf. Einer gibt den Ablauf vor. Alle fallen in sich zusammen. Die Arme, die Beine, der ganze Körper wird schlaff. Wie leere Plastiktüten wanken die Spieler hin und her. Nun stellen sie sich vor, sie wären ein Blasebalg. Sie holen tief Luft und atmen wieder aus. Mit jedem kräftigen Atemzug füllt sich der Körper mehr und mehr. Schließlich steht er aufgeblasen da.

133. Psalm 104,10 Wassertransfer

 Material: Wasser, Strohhalme, Flaschen

 Spieldauer: ab 5 Minuten

 Spielort: ausreichende Bewegungsfläche

 Gruppengröße: ab 4 Spielern

 Alter: ab 5 Jahre

 Art: Wettkampfspiel

Mit dem Gut „Wasser" muss sorgsam umgegangen werden.

Die Spieler werden in zwei oder mehr Gruppen eingeteilt und stellen sich in einer Staffelformation auf. Jeder Spieler erhält einen Strohhalm. Vor den Gruppen wird jeweils eine Schüssel mit Wasser gefüllt aufgestellt. In einigem Abstand davor wird eine Flasche platziert. Der erste Spieler saugt mit dem Strohhalm Wasser aus der Schüssel an und läuft damit bis zur Flasche. Dort fädelt er den Strohhalm in den Flaschenhals ein und lässt das Wasser aus dem Strohhalm in die Flasche laufen. Im Anschluss läuft er zurück und schickt den nächsten Spieler der Gruppe auf die Reise. Diese Staffel kann unterschiedlich variiert werden, z. B. mit Hindernissen, Verkleidung, auf Zeit. Wer das meiste Wasser in seiner Flasche gesammelt hat, ist Sieger.

Tipp:
Wenn dieses Spiel im Freien gespielt wird, ist das Aufwischen später nicht so mühsam.

Andere Bibeltextstelle, z. B. 1. Mose 1,9-10.

134. Psalm 104,30b Die vier Elemente

Material: Schminke

Spieldauer: ab 5 Minuten

Spielort: ausreichende Bewegungsfläche

Gruppengröße: ab 4 Spielern

Alter: ab 5 Jahre

Art: Bewegungsspiel

Wie sieht es aus, wenn Gott die Gestalt der Erde neu macht?

Die Spieler ahmen Tätigkeiten nach, die mit den vier Elementen zusammenhängen. Die Aktionen zu den „Erd-Erscheinungen" werden eingeübt. Mit älteren Spielern können sie gemeinsam ausgedacht werden. Zum Beispiel:
Erde: Die Spieler werden zu Bauern und ahmen das Umgraben eines Feldes nach.
Feuer: Die Spieler werden zu Feuerwehrleuten und ahmen das Löschen eines Brandes nach.
Luft: Die Spieler breiten die Arme aus und verwandeln sich in Flugzeuge.
Wasser: Die Spieler werden zu Schwimmern, legen sich auf den Bauch und ahmen Schwimmbewegungen nach.
In rascher Folge werden die Aktionen aufgerufen. Verwechselt ein Spieler die Tätigkeit, bekommt er einen Farbpunkt auf die Stirn. Es kann einen Preis für den farblosesten Spieler geben – oder den Farbenfrohesten.

135. Psalm 104,25-26 Fisch-Puzzle angeln

Material: Fische aus Tonkarton, Büroklammern, Karton, Stock, Schur, Magnet, Klebstift, Tonkarton

Spieldauer: ab 10 Minuten

Spielort: im Kreis

Gruppengröße: ab 4 Spielern

Alter: ab 5 Jahre

Art: Kooperationsspiel

An die Fische werden jeweils eine Büroklammer gesteckt. Aus der Schnur, dem

Magnet und dem Stock wird eine Angel gebaut. Die Puzzleteile kommen in einen Karton. Reihum angeln die Kinder die Fische heraus. Sind alle Fische geangelt, wird aus ihnen ein großer Fisch gelegt und aufgeklebt.

Andere Bibeltextstelle, z. B. Lukas 5,1-11. Petrus hat bei einer Begegnung mit Jesus sein Netz ausgeworfen und dabei über hundert Fische auf einmal erwischt.

136. Psalm 119,105   Licht auf meinem Weg

 Material: viele Windlichter, z. B. hohe Gläser, Streichhölzer

 Spieldauer: hängt von der Gruppengröße und der Wegstrecke ab, ca. 45 Minuten

 Spielort: draußen, bei schlechtem Wetter kann auch in einem großen Haus gespielt werden

 Gruppengröße: ab 6 Spielern

 Alter: ab 10 Jahre

 Art: Interaktionsspiel

In einer anregungsreichen Umgebung wird eine Wegstrecke mit Windlichtern als Erlebnisparcours gestaltet. Dieser Weg wird in der Dunkelheit des Abends erlebt. Dazu befinden sich alle Spieler in einem Raum und werden auf den bevorstehenden Weg eingestimmt. Jeder Einzelne stellt sich eine Lebenssituation vor, in der es dunkel um ihn herum war. Die Spieler haben Zeit, sich an eine solche Situation zu erinnern. Dann macht der Spielleiter ihnen Mut, erinnert sie daran, dass es einen Weg durch die Dunkelheit ins Helle gibt. Dazu reicht er dem ersten Spieler ein Tee- bzw. ein Windlicht. Dieser macht sich auf den Weg, orientiert sich dabei an den angezündeten Windlichtern am Wegesrand. Nach einiger Zeit geht der zweite Spieler los usw. An der Stelle, an der der Weg endet, sammeln sich alle Spieler. Die Lichter der Teilnehmer können zu einer Mitte gestellt werden. Der Spielleiter spricht der ersten Person den Satz aus der Bibel zu: „Gott ist wie ein Licht auf meinem Weg." Dieser spricht dem im Uhrzeigersinn nächsten Spieler den Satz zu usw. Wenn alle diesen persönlichen Zuspruch erfahren haben, sprechen alle noch einmal diesen Satz im Chor.

137. Psalm 121,1-2   Woher kommt mir Hilfe?

 Material: nicht erforderlich

 Spieldauer: 10 Minuten

Spielort: ausreichende Bewegungsfläche

 Gruppengröße: 12-28 Spieler

 Alter: ab 5 Jahre

 Art: Bewegungsspiel

Es gibt viele Situationen, in denen ich auf Hilfe angewiesen bin. Ich bekomme Hilfe von Gott.
Auch ein Schiff auf hoher See benötigt Hilfe. Gott und der Steuermann können da helfen.

Die Kinder schließen sich zu Vierergruppen zusammen und stellen sich hintereinander, die Hände jeweils auf den Schultern des Vordermannes. Diese Gruppen sind die Schiffe. Das hinterste Kind ist der Steuermann. So bewegt sich die ganze Gruppe fort. Dann kommt Nebel auf. Alle Kinder, außer dem Steuermann, schließen die Augen. Der Steuermann muss das Schiff nun schweigend steuern. Mit einem leichten Schlag auf beide Schultern legt das Schiff ab. Ein leichter Schlag auf die rechte Schulter bewegt das Schiff nach rechts, ein leichter Schlag auf die linke Schulter bewegt das Schiff nach links. Beide Hände einfach auf die Schultern legen, bringt das Schiff zum Stehen.
So bewegen sich nun mehrere kleine Schiffe auf der Spielfläche. Der Steuermann muss dafür sorgen, dass sein Schiff nicht mit anderen kollidiert.

138. Psalm 121,3-6 *Beschütze mich*

 Material: ein weicher Ball

 Spieldauer: 10-15 Minuten

 Spielort: ausreichende Bewegungsfläche

 Gruppengröße: 10-20 Spieler

 Alter: ab 5 Jahre

 Art: Bewegungs- und Wettkampfspiel

Gott ist immer da und beschützt mich.

In diesem Spiel versucht ein Kind ein anderes zu beschützen. Aus der Gruppe werden zwei Kinder ausgewählt. Diese spielen einen „Schützling" und einen „Beschützer".
Zuerst stellt sich die ganze Gruppe im Kreis auf. Der „Schützling" und der

„Beschützer" stehen im Kreis, in dem ein Ball hin und her geworfen wird. Die Kinder versuchen, den „Schützling" abzuwerfen. Der „Beschützer" muss blitzschnell um den Schützling herumeilen, um jeden Treffer abzufangen. Misslingt ihm dies, wird er gegen ein anderes Kind eingetauscht.

Andere Bibeltextstelle, z. B. 1. Samuel 18,5-30.

139. Psalm 121,7-8 Eingang und Ausgang

Material: nicht erforderlich

Spieldauer: 10-15 Minuten

Spielort: ausreichende Bewegungsfläche

Gruppengröße: 16- 30 Spieler

Alter: ab 6 Jahre

Art: Bewegungs- und Wettkampfspiel

Zwei Kinder aus der Gruppe werden als Katz und Maus gewählt.
Alle anderen Kinder verteilen sich zu einem gleichmäßigen Gitter. Wenn jetzt alle Kinder die Arme nach rechts und links ausstrecken, sollten sie dabei die Fingerspitzen des Nachbarkindes berühren. So entstehen lange Reihen. Diese dürfen nicht durchbrochen werden. Die Katze und die Maus müssen immer die Reihen entlang rennen. Auf ein Kommando der Maus hin drehen sich alle Kinder mit ausgestreckten Armen um 90 Grad um die eigene Achse.

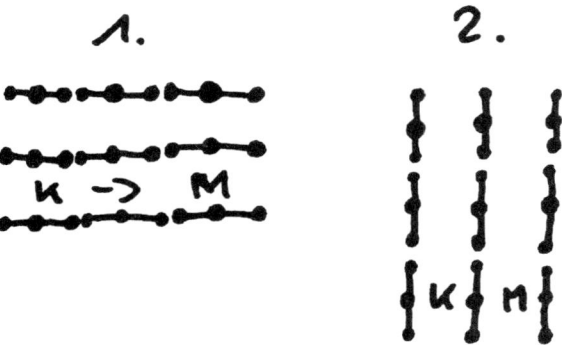

So kann die Maus die Katze abhängen. An beiden Seiten des Spielfeldes wird eine Linie auf den Boden gemalt. Dies sind der Eingang und der Ausgang. Die Maus muss nun versuchen, von einer Seite zur anderen zu kommen, ohne dass die Katze sie erwischt.

140. Psalm 125,1 Fallenlassen

 Material: Tücher zum Augen verbinden

Spieldauer: ab 5 Minuten

Spielort: im Kreis

Gruppengröße: ab 6 Spielern

Alter: ab 10 Jahre

Art: Interaktionsspiel

Wer auf Gott vertraut, wird nicht fallen gelassen.

Jeweils fünf bis sechs Teilnehmer stellen sich in einem Kreis auf, in der Mitte steht ein weiterer Teilnehmer, dem die Augen verbunden werden. Er darf sich stocksteif machen und sich in eine Richtung fallen lassen. Die anderen, die im Kreis um ihn herumstehen, müssen gut aufpassen und ihn jederzeit auffangen. Jeder kommt einmal dran. Es wird deutlich werden, dass sich nicht jeder richtig fallen lassen kann, manche trauen sich vielleicht gar nicht, andere lassen sich vorsichtig fallen und machen sich nicht richtig steif, liefern sich nicht ganz den anderen aus.
Gemeinsam in der Großgruppe wird im Anschluss über diese Übung gesprochen: Was ist der Gruppe aufgefallen? Welche unterschiedlichen Verhaltensweisen gab es? Wie hat sich jeder Spieler gefühlt, sowohl in der Rolle des „Auffängers" als auch in der Rolle des „Fallenlassers"?

141. Psalm 139 Ich bin wunderbar gewoben

Material: nicht erforderlich

Spieldauer: 10-15 Minuten

Spielort: im Kreis

Gruppengröße: 10-20 Spieler

Alter: ab 8 Jahre

Art: Interaktionsspiel

Jedem von uns fällt sofort etwas ein, was einem am eigenen Körper oder an der eigenen Person nicht gefällt. Etwas positives zu finden, fällt den meisten Menschen dagegen oft schwer. Wir sind aber alle wunderbar gewoben.

Jeder Spieler stellt sich einmal selbst den anderen vor und hebt dabei eine positive Eigenschaft an sich hervor, z. B „Ich heiße Katrin und kann gut malen!"

1. Variante:
Der Name und die positive Eigenschaft beginnen mit dem gleichen Buchstaben: „Ich heiße Kai und kann gut klettern!"

2. Variante:
Jeder Spieler stellt seinen rechten Nachbarn und dessen positive Eigenschaft vor.

3. Variante:
Die Spieler schließen sich zu kleinen Gruppen zusammen und überlegen sich, welche positiven Eigenschaften sie gemeinsam haben.

142. Psalm 139 Mit Leib und Seele

 Material: nicht erforderlich

 Spieldauer: ca. 4 Minuten

 Spielort: im Kreis

 Gruppengröße: ab 4 Spielern

 Alter: ab 5 Jahren

Art: Bewegungsspiel

Die Verse aus Psalm 139 singen ein Loblied auf die eigene Geschöpflichkeit. Der Mensch ist wunderbar gemacht. Er ist gewollt mit Leib und Seele. Bei diesem Spiel kommen Leib und Seele in Bewegung.

Die Spieler stehen im Kreis. Als Spielritual wird zunächst die rechte Hand, dann die linke Hand, ferner das rechte Bein, dann das linke Bein „ausgeschüttelt" und schließlich der Bauch in kreisende Bewegung gebracht. Alle beginnen gleichzeitig: Pyramidenartig wird erst achtmal die rechte Hand, dann achtmal die linke Hand usw. ausgeschüttelt. In den nächsten Spielabschnitten wird der Bewegungsablauf nur noch siebenmal, dann sechsmal, …und schließlich nur noch einmal vollzogen.

Tipp:
Dieses Spiel eignet sich besonders gut, um nach langem Sitzen Leib und Seele zu beleben.

143. Psalm 139,7-10 Nadel im Heuhaufen

Material: Wollfaden, Heuhaufen

Spieldauer: ab 5 Minuten

Spielort: ausreichende Bewegungsfläche

Gruppengröße: ab 3 Spielern

Alter: ab 4 Jahre

Art: Bewegungsspiel

Ich darf darauf vertrauen, dass Gott mich wie eine „Nadel im Heuhaufen" findet. Wohin ich auch gehen mag, er ist schon da.

Im Heuhaufen wird ein Wollfaden versteckt. Eine Nadel verwende ich aufgrund der Verletzungsgefahr nicht.
Bei einer kleinen Gruppe kann jeder Spieler einzeln suchen. Bei einer großen Gruppe dürfen jeweils Kleingruppen auf die Suche gehen. Wer schafft es, erfolgreich den Faden zu finden?

144. Psalm 139,13-15 Architektenspiel

Material: Zettel mit Aufforderungen

Spieldauer: ab 10 Minuten

Spielort: ausreichende Bewegungsfläche

Gruppengröße: ab 5 Spielern

Alter: ab 6 Jahre

Art: Bewegungsspiel

Gott schuf eine Einheit von Leib und Seele.

Auf einzelnen Zetteln stehen Aufforderungen, wie z. B. Rücken an Knie, Kopf an Kopf, usw. Die Spieler müssen diese Aufforderungen ausführen bis es keine Möglichkeiten mehr gibt, die geforderten Körperteile aneinander zu bringen.
Bei mehr als zehn Spielern werden Kleingruppen gebildet, die nacheinander oder parallel spielen.

Liste der möglichen Aufforderungen:
Rücken an Knie, Rücken an Schulter, Hand an Fuß, Fuß an Hand, Kopf an Kopf, Schulter an Schulter, Hand auf Kopf, Fuß an Fuß, Hand auf Knie, Hand auf Schulter, Kopf an Schulter, Hand auf Rücken, Rücken an Rücken, Po an Po usw.

145. Psalm 139,14   *Du bist du*

 Material: Namenskarten, evtl. Fingerfarbe, Papier, Pinsel

Spieldauer: ab 7 Minuten

Spielort: im Stuhlkreis

Gruppengröße: ab 10 Spielern

Alter: ab 5 Jahre

Art: Interaktionsspiel

Gott hat mich als Original geschaffen, mit besonderen Gaben und Fähigkeiten, mit besonderen Merkmalen, mit einem ganz individuellen Fingerabdruck.

Die Spieler sitzen im Stuhlkreis. Der Spielleiter fragt nun nach spezifischen Persönlichkeitsmerkmalen oder Äußerlichkeiten. Jedes Mal, wenn ein Spieler die Frage mit „Ja" beantwortet, darf er einen Platz weiterrutschen – ziemlich oft landet er dabei auf dem Schoß eines anderen Spielers (manchmal sitzen auch mehrere Spieler aufeinander). Allerdings gilt die Regel, dass immer nur die Spieler weiterrutschen dürfen, die zuoberst sitzen. Wer also die Frage mit „Ja" beantwortet und einen anderen Spieler auf seinem Schoß hat, der hat Pech gehabt. Wichtig ist es, dass die Spieler die Fragen ehrlich beantworten, da der Spielleiter nicht jeden weiterrutschenden Spieler überprüfen kann.
Das Spiel ist beendet, wenn einer wieder auf seinem ursprünglichen Stuhl sitzt:

Mögliche Persönlichkeitsmerkmale:
Wer hat blonde (braune, schwarze, rote) Haare?
Wer hat schon einen oder mehrere Milchzähne verloren?
Wer wurde schon einmal operiert?
Wer hat einen guten Freund?
Wer ist schlampig?
Wer hatte einmal im Diktat keinen einzigen Fehler?
Wer kann sich gut Geschichten ausdenken?
Wer hat noch ein oder mehrere Geschwister?
Wer ist dickköpfig?
Wer hat irgendwo eine Narbe?
Wer hat heute rote Socken an?
Wer hat im Juli Geburtstag?

Da jeder als Original von Gott geschaffen ist, können Hand- bzw. Fingerabdrücke hergestellt werden.

146. Psalm 146 **Namen veredeln**

 Material: evtl. Halbedelsteine

Spieldauer: hängt von der Größe der Gruppe und dem Alter der Spieler ab

Spielort: im Kreis

Gruppengröße: max. 20 Spieler

Alter: ab 10 Jahre

Art: Interaktionsspiel

In diesem Psalm zählt der Dichter viele gute Taten Gottes auf und macht so deutlich: Gott trägt nicht nur den Namen „König". Er ist gerecht, schenkt Hilfe und erschuf die Welt. Mosaiksteinartig entfaltet sich so der Name Gottes: „Ich bin bei dir!"

Auch in der spielenden Gruppe kann ein Loblied auf jeden Einzelnen „gesungen" werden. Dazu müssen sich die Spieler schon seit einiger Zeit gut kennen. Alle Spieler sitzen im Kreis. Einer aus der Gruppe stellt sich zur Verfügung, um von drei weiteren Personen vorgestellt zu werden. Die drei teilen der Gesamtgruppe mit, was sie von der vorzustellenden Person wissen. Dann ist der Nächste an der Reihe. Das Spiel ist beendet, wenn jeder vorgestellt wurde.

Tipp:
Schön ist es, wenn jeder nach seiner Vorstellung einen kleinen Halbedelstein erhält. Dazu kann ein Segenswort gesprochen werden.

147. Prediger Salomo 3,1 **Wie lange noch?**

 Material: Uhr mit Sekundenzeiger oder Stoppuhr, evtl. Kreide

Spieldauer: ab 5 Minuten

Spielort: ausreichende Bewegungsfläche

Gruppengröße: ab 2 Spielern

Alter: ab 6 Jahre

 Art: Ratespiel

Der Titel des Buches lautet „Kohelet", im Deutschen übersetzt mit Prediger, der mehr auf den offiziellen Titel als auf den Namen des Autors hinweist. Möglicherweise ist er ein Pseudonym für Salomo, der ein Sohn Davids ist. Da er die Fülle des Lebens ausgekostet hat, ist er qualifiziert für Aussagen über das Leben. „Alles hat seine Zeit …", so heißt es dort im 3. Kapitel. Die Zeit ist eingeteilt in Stunden, Minuten und Sekunden. Aber wie lange dauert eine Minute?

Die Spieler werden gebeten, einzuschätzen, wie lange eine Minute tatsächlich dauert. Für dieses Spiel stehen die Spieler an die Startlinie. Zuerst wird ein ganz normales Wettrennen bis zur Ziellinie gemacht. Dann stellen sich alle wieder an die Startlinie und bekommen ihre Uhren abgenommen. Aufgabe ist es nun, genau nach einer Minute an der Ziellinie anzukommen. Stehen bleiben und warten dürfen die Spieler nicht. Sie sollen immer in Bewegung sein – in welchem Tempo und mit welcher Schrittlänge entscheidet jeder selbst. Ein oder zwei Spielleiter stehen an der Ziellinie und notieren, welcher Spieler wann die Ziellinie überschreitet. Wer möchte, kann das Spiel noch mal wiederholen und diesmal zwei oder sogar drei Minuten als Ziel angeben. Welcher Spieler schafft es am besten, seine Ungeduld zu zügeln und den Zeitraum richtig einzuschätzen?
Bei jüngeren Spielern, die noch kein Zeitgefühl haben und eine Minute schlecht einschätzen können, schauen sich alle zusammen eine große Uhr (Stoppuhr) an. Die Kinder sehen, wie lange der Sekundenzeiger weiterwandern muss, bis er wieder oben angekommen ist. Nachdem sie nun eine Vorstellung davon bekommen haben, beginnt das Spiel wie oben beschrieben.

Tipp:
Das Prinzip ist auch auf andere Bibeltextstellen übertragbar, z. B. 1.Mose 12,2, 1. Mose 13,15, 1.Mose 15,3, 1.Mose 16,1ff, 1.Mose 17,1ff, 1.Mose 18,10ff, 1.Mose 21. In der Abrahamsgeschichte erfahren die Spieler, dass manchmal die Zeit wie im Schneckentempo vergeht und Abraham lange warten muss.

148. Prediger Salomo 3,3b Stop and Go

 Material: nicht erforderlich

Spieldauer: ab 10 Minuten

Spielort: ausreichende Bewegungsfläche

Gruppengröße: ab 10 Spielern

Alter: ab 10 Jahre

Art: Interaktionsspiel

Bauen und Abbauen hat seine Zeit. Dieses Spiel fördert bzw. bebaut den gruppendynamischen Prozess innerhalb einer Gruppe.

Die Spieler bewegen sich in der Spielfläche. Wenn ein beliebiger Spieler aus der Gruppe „Stop" sagt, bleiben alle Spieler stehen. Der Spieler setzt das Spiel fort, indem er „Go" sagt. Dann kann ein anderer Spieler zum „Stop" und „Go" einladen.

Variante:
Diese Interaktion funktioniert auch im Schweigen. Wenn ein Spieler stehen bleibt, bleiben auch alle anderen Spieler stehen. Geht der entsprechende Initiator des Stehenbleibens weiter, dürfen auch alle anderer wieder weitergehen.

Tipp:
Anschließend tauschen sich die Spieler über ihre Erfahrungen und Beobachtungen aus.

149. Prediger Salomo 3,7a Zerreißen und Zunähen

 Material: Strick- bzw. Häkelware, Stoffreste, Faden, Nadeln

 Spieldauer: ab 5 Minuten

 Spielort: im Kreis

 Gruppengröße: ab 2 Spielern

 Alter: ab 8 Jahre

 Art: Interaktionsspiel

Zerreißen hat seine Zeit. Zunähen hat seine Zeit. Dazu bilden die Spieler Paare. Zuerst nehmen sie sich Zeit zum Auftrennen eines Strick- bzw. Häkelstückes. Während der eine von beiden die Ware auftrennt, wickelt der andere das Garn zu einem Knäuel auf. Dann nehmen sie sich Zeit zum Zunähen. Dazu erhalten sie zwei Stoffreste, die miteinander durch eine Naht verbunden werden sollen. Anschließend werden die Ergebnisse im Plenum präsentiert.

150. Prediger Salomo 3,8a Erster Blick

 Material: nicht erforderlich

Spieldauer: ca. 10 Minuten

Spielort: ausreichende Bewegungsfläche

Gruppengröße: ab 10 Spielern

Alter: ab 12 Jahre

Art: Interaktionsspiel

Lieben hat seine Zeit. Die Jugendarbeit bietet Jugendlichen einen Raum zum Flirt, zur Freundschaft und zu einer ersten Liebe. Dieses Spiel bietet eine Stütze, die Nähe des Gegenübers zuzulassen und dabei ein differenziertes Sozialverhalten einzu- üben.

Mädchen und Jungen achten bei dem ersten Kontakt mit dem jeweils anderen Geschlecht auf unterschiedliche Körpermerkmale. In diesem Spiel dürfen sich die Spieler „von oben bis unten" anschauen.
Dazu gehen sie im Raum umher. Nach einer geraumen Zeit stellt der Spielleiter die erste Frage: z. B. „Wer hat das kleinste Ohr?" Jeder Spieler entscheidet für sich spontan, indem er seine Hand auf die Schulter der betreffenden Person legt. Unter- schiedliche Personen werden dabei ins Blickfeld kommen. Der Spielleiter darf die Ergebnisse überprüfen und damit die Frage auflösen. Dann kommen nacheinander andere Fragen ins Spiel, z. B.:
Wer hat die breitesten Schultern?
Wer hat die größten Hände?
Wer trägt den meisten Schmuck am Körper?
Wer hat blaue Augen?

151. Prediger Salomo 5,10-12 **Flinke Geldfinger**

Material: viele unterschiedliche Münzen, Stoppuhr, evtl. Papier und Stifte

Spieldauer: ab 10 Minuten

Spielort: im Kreis

Gruppengröße: ab 4 Spielern

Alter: ab 9 Jahre

Art: Konzentrationsspiel

Ein vernünftiger Rat ist ein guter Umgang mit Geld.

So geht's: Ein Berg mit unterschiedlichsten Münzen soll genau gezählt werden. Bei jeder Gruppe wird die Zeit gestoppt. Wer war der Schnellste? Punkte gibt es nicht nur für Schnelligkeit, sondern auch für den richtigen Betrag! Bei jüngeren Kindern evtl. noch Papier und Stifte zum Notieren der Zwischensummen bereitlegen.

Andere Bibeltextstelle, z. B. Lukas 19,1-10.

152. Jesaja 9,1-6 Eine hoffnungsvolle Verheißung

 Material: evtl. Tuch zum Augen verbinden

Spieldauer: ab 15 Minuten

Spielort: ausreichende Bewegungsfläche

Gruppengröße: beliebig

Alter: ab 9 Jahre

Art: Kooperationsspiel, Standbilder

Angst, Einsamkeit, Traurigkeit, Not – Das sind Empfindungen von Menschen, die sich im Dunkeln befinden. In einer solchen Situation befanden sich die Volksgenossen des Propheten Jesaja, als ihr Land durch die Assyrer besetzt wurde. Jesaja macht im Auftrag Gottes Hoffnung: Jahwe selbst wird eingreifen und ein Licht senden, das die Finsternis vertreibt.

Es werden Kleingruppen mit mindestens drei Spielern gebildet.

1. Variante:
Jede Kleingruppe überlegt sich Gefühle und Empfindungen von Menschen, die in der Dunkelheit leben. Diese werden als Standbild den anderen vorgestellt, z. B. Joch tragen, Einsamkeit, ausgebrannt sein, Angst.
In einem zweiten Schritt können Gefühle und Empfindungen von Menschen dargestellt werden, die Lichterfahrungen machen, z. B. Jubel, Freude, Fröhlichkeit, Frieden, Gerechtigkeit.
Diese Standbilder werden nacheinander den anderen Kleingruppen vorgestellt.

2. Variante:
Die erste Spielvariante wird insofern erweitert, als eine der drei Personen die Augen schließt. Die zweite Person nimmt zu einer Empfindung aus der Bibeltextstelle eine bestimmte Körperhaltung ein. In dieser Haltung bleibt der Spieler stehen. Der erste Spieler hat die Aufgabe, durch Abtasten die entsprechende Körperhaltung der zweiten Person zu erfühlen, dann bringt er den dritten Spieler in die entsprechende Körperhaltung. Anschließend darf der erste Spieler seine Augen öffnen.

Bevor evtl. ein Rollentausch innerhalb der Kleingruppe stattfindet, tauschen sich die Spieler über ihre Empfindungen zu der Körperhaltung aus.

Abschließend kommen die Spieler über den Satz ins Gespräch: „Das Volk, das im Finstern wandelt, sieht ein großes Licht."

153. Jesaja 11,6-9 Tierischer Reigen

Material: Namensschilder mit Tiernamen

Spieldauer: 10-15 Minuten

Spielort: ausreichende Bewegungsfläche

Gruppengröße: 10-20 Spieler

Alter: ab 6 Jahre

Art: Interaktionsspiel

Das Reich Gottes wird frei sein von allem Bösen und aller Feindschaft. Jesaja spricht hier in irdischen Bildern von einer neuen Welt: „Wölfe werden bei den Lämmern wohnen und die Panther bei den Böcken lagern …"

Das Spiel wird in einem verdunkelten Raum gespielt. Der Spielleiter schreibt auf kleine Zettel Tiernamen. Dabei sollen jeweils die männlichen und weiblichen Tiere im Spiel sein, z. B. Löwe, Löwin, Wolf, Wölfin. Das Spiel gewinnt an Schwierigkeit, wenn die Geschlechtsbezeichnungen der Tiere aufgenommen werden, z. B. Stute, Hengst; Ente, Erpel. Alle Kinder ziehen ein Namensschild und bewegen sich frei in der Spielfläche. Sie machen die Geräusche, die zu ihrem gezogenen Tier passen, z. B. wiehern, blöken, schnattern. Anhand dieser Geräusche müssen sie nun ihren Partner finden. Hat sich ein Paar gefunden, haken sie sich unter und schweigen. Wenn alles still ist, überprüft der Spielleiter, ob alle Paare zusammen gehören. Dazu wird der Raum erleuchtet.

154. Jesaja 35,1 Blühen

Material: schöne, ruhige Musik, Musikanlage

Spieldauer: ab 5 Minuten

Spielort: ausreichende Bewegungsfläche

Gruppengröße: ab 7 Spieler

Alter: ab 5 Jahre

 Art: Illusionsspiel

Der Text eröffnet eine hoffnungsvolle Zukunft, wo Freude und Jubel herrscht, Fruchtbarkeit im eigenen Wüstenland existiert und Kranke durch Gottes rettende Hände das blühende Leben erfahren. Durch das Kommen Gottes (Vers 4) geschieht eine Wende in der Not. Die Neuschöpfung einer blühenden Wüste gewinnt in meinen Augen an kontrastierender Aussage, wenn die blutige und zerstörte Szenerie von Kapitel 34 im Blick ist und auf aktuelle Ereignisse übertragen wird. Auch heute erleben wir in düsteren Lebenssituationen die Zuversicht auf eine heilvolle Zukunft.

Die Kinder rollen sich auf dem Boden zusammen. Die Musik setzt ein. Ein Mitarbeiter erzählt die Geschichte einer wachsenden Blume. Die Kinder spielen nach:
Stellt euch vor, ihr seid kleine Blumensamen tief in der Erde. Euch ist ganz kalt und ihr zittert ein bisschen. Ihr sehnt euch nach Wärme und Sonne. Ihr kauert euch eng zusammen und haltet die Augen geschlossen. Dann spürt ihr es. Die Sonne fängt an zu scheinen. Sie erreicht langsam auch die Stelle, an der ihr liegt. Euch wird wohlig warm. Ihr entspannt euch ein bisschen. Ein Arm tastet sich nach oben, um zu fühlen, wie warm die Sonne schon scheint. Tatsächlich, es ist schön warm. Ihr streckt den anderen Arm nach oben. Das tut gut. Ihr geht langsam in die Hocke und streckt den Kopf aus dem Boden. Die Sonne scheint warm. Langsam steht ihr auf und streckt euch der Sonne entgegen. Ihr wachst und werdet größer, dazu müsst ihr euch richtig strecken. Dann macht ihr die Augen auf und seht, da sind viele andere mit euch gewachsen.

155. Jesaja 41,10.13 **Hab keine Angst**

 Material: Decke

 Spieldauer: ab 5 Minuten

 Spielort: im Kreis

 Gruppengröße: ab 10 Spielern

 Alter: ab 8 Jahre

 Art: Interaktionsspiel

Gott wendet sich dem Volk Israel liebevoll zu. Israel braucht keine Angst zu haben, denn Gott wird ihm helfen.

Alle Spieler stehen eng im Kreis zusammen. Ein Freiwilliger kauert sich in der Kreismitte zusammen. Dabei darf er die Arme über dem Kopf verschränken. Nach einer geraumen Zeit tritt ein Spieler aus dem Außenkreis an den Freiwilligen heran, bückt sich zu ihm nieder, legt ihm eine warme Decke um die Schultern. Dann reicht er dem Freiwilligen seine Hand und hilft ihm beim Aufstehen. Beide treten aus dem Kreis heraus. Je nach Zeitbedarf kann dieser Baustein für andere aus der Gruppe wiederholt werden.

Im Anschluss daran tauschen sich die Spieler über ihre gemachten Erfahrungen aus.

156. Jesaja 43,1   Maren mag Müsli

Material: nicht erforderlich

Spieldauer: 10 Minuten

Spielort: im Kreis

Gruppengröße: 10-20 Spieler

Alter: ab 6 Jahre

Art: Kennlernspiel

Der bei der Taufe oft verwendete Bibelvers lautet: „Fürchte dich nicht, denn ich habe dich erlöst; ich habe dich bei deinem Namen gerufen. Du bist mein." Gott kennt alle unsere Namen – wir gehören zu ihm.

Passend zu diesem Vers können verschiedene Namensspiele eingesetzt werden.
Ein Spieler beginnt, nennt seinen Namen und mit seinem Anfangsbuchstaben bildet er einen vollständigen Satz mit mindestens einem Verb und einem Substantiv, z. B. „Maren mag Müsli". Dann kommt der nächste im Uhrzeigersinn sitzende Spieler an die Reihe. Er wiederholt den Satz und fügt seinen Satz hinzu, z. B. „Maren mag Müsli, Steffi saugt Staub" usw.

157. Jesaja 43,1   Schneller Name

Material: nicht erforderlich

Spieldauer: ab 5 Minuten

Spielort: im Kreis

Gruppengröße: ab 9 Spielern

Alter: ab 4 Jahre

Art: Bewegungsspiel

Alle Spieler samt Spielleitung sitzen im Kreis. Der Spielleiter beginnt und ruft einen Namen eines Spielers. Sofort steht dieser Spieler auf und rennt so schnell wie möglich einmal außen um den Stuhlkreis herum. Währenddessen rufen die anderen Spieler reihum im Uhrzeigersinn nacheinander den Namen des rennenden Spielers. Wer ist schneller, der rennende Spieler oder sein „rennender Name"? War der Spieler schneller, darf er sich wieder setzen und nun seinerseits einen Namen ausrufen. War er zu langsam, muss er noch einmal eine Runde rennen, und diesmal rufen alle den Vor- und Nachnamen, bei einer dritten Runde noch den Wohnort dazu.

158. Jesaja 43,1 Steckbrief

Material: Steckbriefe, Stifte, Klebeband, Musikanlage, CD

Spieldauer: ab 10 Minuten

Spielort: ausreichende Bewegungsfläche

Gruppengröße: ab 10 Spielern

Alter: ab 8 Jahre

Art: Kennlernspiel

Hinter jedem Namen steckt eine Identität.

Jedem Spieler wird mit Klebeband ein Steckbrief auf den Rücken geklebt. Sobald die Musik ertönt, bewegen sich alle frei durch den Raum. Bei Musikstopp tun sich immer die beiden zusammen, die sich gerade am nächsten stehen. Der Spielleiter ruft laut: „Name ausfüllen". Gegenseitig befragen sich die Spieler nach dem Namen, der auf dem Steckbrief notiert wird. Dabei helfen sich die Spieler gegenseitig. Geht die Musik weiter, schlendern alle wieder durch den Raum. Bei jedem Musikstopp wird ein neues Feld des Steckbriefes ausgefüllt. Beim letzten Stopp wird der Steckbrief abgenommen, und die beiden Spieler setzen oder legen sich gegenüber und porträtieren sich gegenseitig im freien Platz für ein Passbild. Am Ende können alle Steckbriefe z. B. in der Kirche, im Gemeindehaus, im Klassenzimmer aufgehängt werden. Besonders schön sieht es aus, wenn die Eintragungen mit bunten Filzstiften gemacht werden.

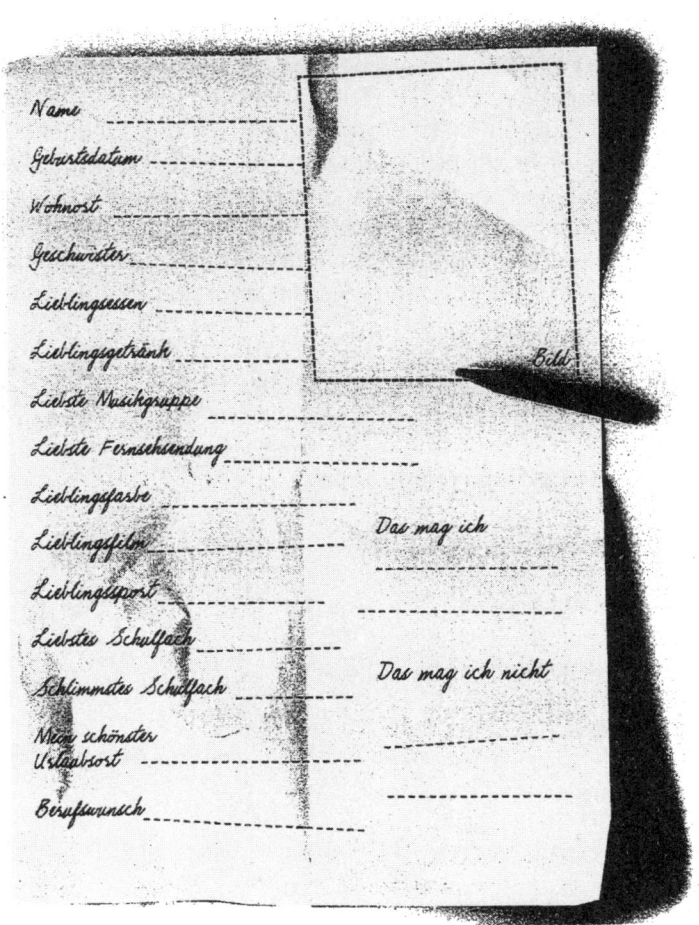

Name ....
Geburtsdatum ....
Wohnort ....
Geschwister ....
Lieblingsessen ....
Lieblingsgetränk ....
Liebste Musikgruppe ....
Liebste Fernsehsendung ....
Lieblingsfarbe ....
Lieblingsfilm ....
Lieblingssport ....
Liebstes Schulfach ....
Schlimmstes Schulfach ....
Mein schönster
Urlaubsort ....
Berufswunsch ....

Bild

Das mag ich
....

Das mag ich nicht
....

159. Jesaja 43,18-21 (25) Eierblasen

Material: ausgeblasene Eier

Spieldauer: ab 10 Minuten

Spielort: ausreichende Bewegungsfläche

Gruppengröße: ab 10 Spielern

Alter: ab 5 Jahre

Art: Wettkampfspiel

Das Ei eignet sich normalerweise deswegen so gut für das Osterfest, weil aus dem Ei etwas Neues entsteht. Genau wie an Ostern Jesus neu auferstanden ist. Auch im

Alten Testament spricht Gott schon davon, dass etwas Neues kommen soll. Davon ist in Jesaja 43,18-21 die Rede. Daher können Spiele rund um das Ei zu jedem Geburtstag gespielt werden.

Beim Eierblasen sitzen alle Mitspieler um einen Tisch. Die Unterarme werden auf die Tischkante gelegt und in die Mitte des Tisches kommt ein ausgeblasenes Osterei. Auf ein Kommando beginnen die Spieler zu pusten. Berührt das Ei den Unterarm eines Spielers, wird dem Spieler ein Minuspunkt zugerechnet. Es gewinnt der Spieler, der nach einer festgelegten Zeit die wenigsten Minuspunkte erhalten hat.

Andere Bibeltextstelle, z. B. Johannes 20,1-18.

160. Jesaja 43,18-21 (25)   Eierschlagen

Material: hartgekochte Eier, evtl. Schokoladeneier

Spieldauer: ab 10 Minuten

Spielort: ausreichende Bewegungsfläche

Gruppengröße: ab 10 Spielern

Alter: ab 4 Jahre

Art: Wettkampfspiel

Immer zwei Kinder finden sich zu einem Spielpaar für dieses althergebrachte Brauchtumsspiel zusammen. Das Ei wird mit der spitzen Seite auf die Spitze des anderen Eis geschlagen. Es hat der Spieler gewonnen, dessen Ei unversehrt geblieben ist. Ursprünglich bekam er das Ei des Verlierers. Heutzutage könnte der Lohn des Siegers ein Schokoladenei sein.

Andere Bibeltextstelle, z. B. Johannes 20,1-18.

161. Jesaja 58,7   Brich dem Hungrigen dein Brot

Material: Brettspiel (s. Anlage), Pappe, Korken, Papier, Klebstoff, Scheren, Süßigkeiten

Spieldauer: ab 10 Minuten

Spielort: am Tisch

Gruppengröße: 6 Spieler

 Alter: 4-11 Jahre

 Art: Brettspiel

Teilen will gelernt sein. Mit dem einfachen Schneckenrennen kann dies auf einfache Weise ausprobiert werden. Weil alle an einem Strang ziehen, wird der Gewinn unter allen aufgeteilt. Zunächst werden die beiden Spielfiguren Schnecke und Vogel gebastelt. Die Vorlagen werden auf Pappe geklebt, ausgeschnitten und je in einen eingeschnittenen Korken gesteckt, damit sie aufrecht stehen können. Die Vorlage für den Würfel wird ebenfalls auf Pappe geklebt, ausgeschnitten und zusammengeklebt. Der Spielplan wird großkopiert (DIN A3). Die Spielgruppe sollte nicht mehr als sechs Kinder umfassen. Es wird gegebenenfalls in mehreren Gruppen mit mehreren Spielern gespielt.

Variante für jüngere Spieler (5-7 Jahre):

Gespielt wird mit einer Schnecke und einem Vogel. Der Würfel mit zwei Vogel- und vier Schneckensymbolen kommt zum Einsatz. Der Vogel kommt auf das Startfeld, die Schnecke hat zwei Felder Vorsprung. Auf die B-Felder wird jeweils eine Süßigkeit gelegt, die teilbar ist. Jeder Spieler würfelt. Jeweils die Schnecke oder der Vogel werden nach Würfelsymbol um ein Feld vorwärts gezogen. Der Spieler, der die Schnecke auf ein B-Feld setzt, kann die Süßigkeit in Verwahrung nehmen. Am Schluss des Spiels werden die Süßigkeiten geteilt. Holt der Vogel die Schnecke ein, endet das Spiel vorzeitig.

Variante für ältere Spieler (8-12 Jahre):

Gespielt wird mit zwei Schnecken, einem Vogel und dem Würfel mit einem Vogel-, einem Doppelvogel-, drei Schnecken- und einem Doppelschneckensymbol. Der Vogel kommt auf das Startfeld, die Schnecken haben zwei bzw. drei Felder Vorsprung. Die Spieler würfeln reihum. Beide Schnecken müssen nun so gezogen werden, dass der Vogel sie nicht einholen kann. Zeigt der Würfel den Doppelvogel, wird der Vogel zwei Felder vorwärts gezogen; zeigt er die Doppelschnecke, kann entweder eine Schnecke zwei Felder oder beide Schnecken je ein Feld vorwärts gezogen werden. Jeweils die erste Schnecke (Variante: die zweite) sammelt die Süßigkeit auf den B-Feldern ein. Der jeweilige Spieler entscheidet am erfolgreichen Spielende, wie viel er an die anderen verteilen will. Erreicht der Vogel allerdings vorher eine Schnecke, müssen alle Süßigkeiten wieder abgegeben werden.

Der Spielplan kann für beide Varianten mit den Kindern zusätzlich gestaltet werden. Welche Aktionen können zusätzlich auf den Feldern stattfinden?

Die Kinder können erleben, dass es gut ist, auf den anderen Rücksicht zu nehmen und als Gemeinschaft gerecht zu handeln.

162. Jesaja 58,7 *Das geteilte Brot*

 Material: sechs Bilder zum Getreide als Kopie, s. Anleitung

Spieldauer: ab 5 Minuten

Spielort: im Kreis

Gruppengröße: ab 2 Spielern

Alter: ab 7 Jahre

Art: Ratespiel

Der Spielleiter teilt die Kopien an die Spieler aus. Gemeinsam wird versucht, die Bilder in die richtige Reihenfolge zu bringen. Die Geschichte von „Korni" wird
gemeinsam erzählt:

„Darf ich dir Korni, das Weizenkorn, vorstellen? Korni geht auf die Reise. Das kannst du auf den Bildern sehen. Hoppla! Da sind die Bilder durcheinander geraten. So was! Kannst du die Bilder in eine richtige Reihenfolge bringen und die Geschichte von Kornis Reise erzählen? Wenn du die Bilder richtig zusammengesetzt hast, ergibt sich ein wichtiger Satz!"

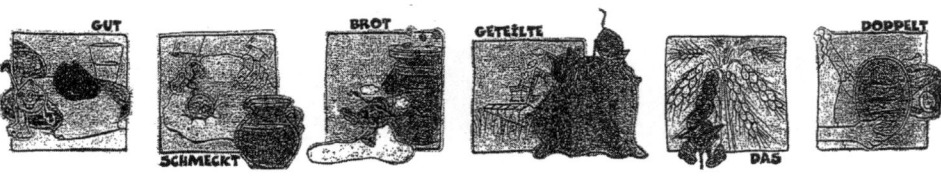

163. Jesaja 58,7 Komm, bau ein Haus

 Material: evtl. Abdeckplane, 10-15 Liter Sand, Papierstreifen ca. 30 cm x 5 cm, Stifte

 Spieldauer: ab 45 Minuten

 Spielort: ausreichende Bewegungsfläche

 Gruppengröße: ab 10 Spielern

 Alter: ab 8 Jahre

 Art: Interaktions- und Kooperationsspiel

Das Haus als Zeichen für Geborgenheit, Schutz und Gemeinschaft ist ein Gut, das nur behalten und vermehrt werden kann, wenn es mit anderen geteilt wird. Andere an Geborgenheit teilnehmen lassen, bedeutet, „Unbehausten" in der Wohn- und Lebensgemeinschaft ein Zuhause finden zu lassen.

Die Spieler sitzen im ganzen Spielfeld verteilt. Jeder nimmt sich Sand, um damit eine Wohn-Insel an seinem Platz zu gestalten. Wenn alle Wohn-Inseln fertig sind, hat jeder die Gelegenheit, die gesamte Wohn-Insellandschaft zu betrachten. In einem zweiten Schritt erzählt jeder Spieler von seiner Wohn-Insel: Wo sie liegt, wie sie aussieht, was es dort alles gibt und wer dort lebt. In einem nächsten Schritt werden die Mitspieler betrachtet und es wird Kontakt zu ihnen hergestellt. So werden mit Hilfe von Papierstreifen Brücken zu den anderen Wohn-Inseln gebaut. Auf diesen Brücken können Stichworte aufgeschrieben werden, die deutlich machen, womit der Einzelne Brücken zu anderen bauen kann, z. B. mit einem Lächeln, einem offenen Wort usw. Dann wird die veränderte Wohn-Insellandschaft betrachtet: Aus ihr ist eine Lebensgemeinschaft geworden.

164. Jesaja 59,8 *Schlaglichter Gewalt*

 Material: ca. 10 Aussagen über Gewaltsituationen pro Kleingruppe

Spieldauer: ca. 20-30 Minuten

Spielort: im Kreis

Gruppengröße: ab 10 Spielern

Alter: ab 12 Jahre

Art: Interaktionsspiel

In diesem Kapitel klagt Gott gegen das Volk Israel. Mit ihrer Haltung haben sie durch Boshaftigkeit und Gewalt zum Verfall der gesellschaftlichen Ordnung beigetragen. Auf diese Weise können die Menschen keinen Frieden finden.

Die Teilnehmer werden so in Gruppen eingeteilt, dass immer fünf Personen eine Kleingruppe bilden. Jede Kleingruppe erhält einzeln aufgeschriebene Aussagen über „Schlaglichter Gewalt". Zusammen überlegen die Personen, welche Aussagen Gewalt darstellen und welche nicht. Evtl. können die verschiedenen Situationen nach dem Grad der Gewalttätigkeit sortiert werden. In der Kleingruppe soll Einigkeit über die Reihenfolge erzielt werden. Im Anschluss an die Diskussion können die verschiedenen Ergebnisse der Kleingruppen im Plenum vorgestellt werden.

Mögliche Aussagen der „Schlaglichter Gewalt":
In einer Gaststätte wird ein/e Ausländer/in nicht bedient.
Ein/e Judokämpfer/in kämpft gegen seinen/ihren Gegner.
Ein/e Autofahrer/in sieht seine/n Freund/in am Straßenrand und hupt.
Ein/e Demonstrant/in blockiert eine Bahnstrecke beim Castortransport.
Ein/e Kapitän/in entleert den Altöltank in die Nordsee.
Tierschützer/innen holen 30 Katzen aus einer Zwei-Zimmer-Wohnung.
50 Mastschweine werden von einem LKW zum Schlachthof gefahren.
Der Zahnarzt operiert einen entzündeten Zahn.
Ein/e Polizist/in schießt mit seiner/ihrer Dienstwaffe auf Pappfiguren, die Menschen ähneln.
Ein/e Rettungsassistent/in macht eine Herz-Lungen-Wiederbelebung, dabei brechen dem/der Patienten/Patientin drei Rippen.
Ein Kind quengelt vor der Ladenkasse, die Mutter gibt ihm einen Klaps.
Sechs Kinder hänseln ein anderes Kind aus der Nachbarklasse.
Die Feuerwehr schneidet das Dach eines Porsches ab, um den Fahrer herauszuholen.

Andere Bibeltextstellen, z. B. 1. Mose 13,1-12, Jesaja 2,4, Matthäus 5,9.43-48, Johannes 8,1-11.

165. Jesaja 60,1-2 „Mache dich auf, werde licht"

 Material: Für jeden Spieler eine Kerze, eine mit Sand gefüllte Schale, Streich-hölzer, Bibel

 Spieldauer: ca. 10 Minuten

 Spielort: im Kreis

 Gruppengröße: beliebig

 Alter: ab 8 Jahre

 Art: Interaktions- und Kooperationsspiel

Die Kinder treffen sich in einem abgedunkelten Raum und lassen die Dunkelheit auf sich wirken. Die Dunkelheit bedrückt, ängstigt und lässt die Hand nach einer anderen greifen. Daraufhin bilden die Kinder einen Kreis, evtl. um den Altar. In der Mitte steht eine mit Sand gefüllte Schale. Das Material der Schale darf nicht brenn-bar sein. Neben der Schale liegt für jedes Kind eine Kerze bereit. Der Spielleiter liest den Jesajatext 60,1-2 laut vor: „Mache dich auf, werde licht ..." Anschließend geht der Vorleser zur Mitte, zündet eine Kerze an und bringt sie einem Kind mit den Worten: „Mache dich auf, werde licht". Bevor das Kind die brennende Kerze ent-gegen nimmt, zündet es für ein anderes Kind eine neue Kerze an und bringt sie einem zweiten Kind. Auch dem zweiten Kind wird der Text aus Jesaja zugespro-chen. Dann geht das erste Kind an seinem Platz zurück und nimmt die Kerze vom Spielleiter in die eigene Hand. Währenddessen zündet das zweite Kind eine weitere Kerze an usw. Wenn alle eine brennende Kerze haben, können die Kerzen zum Lichtermeer in die bereit gestellte Schale gesteckt werden.

Im Anschluss an dieses Lichterspiel können sich die Kinder Situationen überlegen, in denen Licht die Dunkelheit vertreibt. Hierbei können auch die dunklen Seiten des Lebens zur Sprache kommen, z. B. Angst, Einsamkeit, Hunger, Naturkatastrophen, Krieg. Das Licht vermittelt Geborgenheit und Wärme und schafft Erleichterung. Das Licht Gottes, das Licht der Hoffnung und der Liebe, löst eine Bewegung der Freude aus, wie sie durch das Lichtermeer nachempfunden wird.

Andere Bibeltextstellen, z. B. Jesaja 9,1-6, Matthäus 5,14-16.

166. Jesaja 65,17-25 Und was kommt dann?

 Material: Papier, Stifte

 Spieldauer: 15-20 Minuten

Spielort: im Kreis

 Gruppengröße: 5-15 Spieler

 Alter: ab 10 Jahre

 Art: Interaktionsspiel

Manchmal nimmt eine Geschichte einen anderen Ausgang, als am Anfang vermutet wird.
Zu dieser Einheit können die Spieler eine Geschichte schreiben, in die jeder einen Teil einfügt, ohne das genaue Ende oder den Anfang zu kennen.

Die Gruppe wird in Kleingruppen mit ca. fünf Spielern aufgeteilt. Jede Gruppe bekommt ein Blatt Papier. Anschließend wird das Thema bekannt gegeben, welches lautet: „Gottes neue Welt."
Das erste Kind beginnt nun zwei Sätze zu diesem Thema auf das Blatt zu schreiben. Dann knickt es den Zettel so nach hinten um, dass nur noch der zweite Satz zu sehen ist und gibt das Blatt an den linken Nachbarn weiter. Dieser schreibt die Geschichte mit zwei Sätzen weiter und klappt das Papier anschließend so nach hinten, dass wieder nur der letzte Satz zu sehen ist. So geht der Zettel von Spieler zu Spieler. Am Ende wird die Geschichte laut vorgelesen.

167. Jesaja 66,13 Tröstet den Kater

 Material: nicht erforderlich

 Spieldauer: ab 5 Minuten

 Spielort: im Kreis

 Gruppengröße: 10-20 Spieler

 Alter: ab 5 Jahre

 Art: Interaktionsspiel

Wenn ich getröstet werde, dann möchte ich auch ernst genommen werden. Ein Pusten auf die verletzte Stelle hilft nicht, wenn ich dabei ausgelacht werde.

Das klassische Spiel „Armer schwarzer Kater" kennen sicher viele Kinder. Die Kinder sitzen im Kreis. Ein Kind wird als Kater ausgewählt und kriecht durch den Kreis. Immer wieder umschmeichelt es nach Katzenmanier die Beine eines Kindes und maunzt tief traurig. Das Kind auf dem Stuhl streichelt ihm über den Kopf und sagt, ohne dabei zu lachen: „Armer schwarzer Kater". Wenn sich ein Kind das Lachen doch nicht verkneifen kann, übernimmt es für die nächste Spielrunde die Rolle des „armen schwarzen Katers".

168. Jeremia 29,5 Häuser aus Sand

 Material: ausreichend Sand, evtl. Plane für den Innenraum, Schaufeln

 Spieldauer: ca. 60 Minuten

 Spielort: ausreichende Bewegungsfläche, am Strand

 Gruppengröße: beliebig

 Alter: ab 8 Jahre

 Art: Kooperationsspiel

Der babylonische König Nebukadnezar zieht gegen Jerusalem, und viele Bürger werden nach Babylonien verschleppt. Den im Exil Lebenden empfiehlt Jeremia per Brief, das Beste aus der lang andauernden Situation zu machen, u. a. Häuser zu bauen.

Nach Höhlen und Zelten sind Häuser zu wesentlichen Behausungen von Menschen geworden. Sie sind ein Ort der Geborgenheit und des Schutzes. In den vielen Jahrhunderten entwickelten sich die Häuser von einfachen Hütten aus Lehm und Holz, bis hin zu prächtigen Burgen und Schlössern. Weltweit haben die Menschen sehr unterschiedliche Bedürfnisse, die auch bei der Gestaltung eines Zuhauses bedacht werden müssen.

Die Kinder werden in Kleingruppen eingeteilt, sodass maximal sechs Kinder in einer Gruppe sind. Jede Kleingruppe zieht ein Los, auf dem jeweils eine typische Hausart eines Landes steht. Hilfreich kann es dabei sein, wenn die Kinder ein Bild zu dem Bauauftrag erhalten. Im Anschluss daran haben sie ausreichend Zeit das Haus aus Sand zu bauen. Wenn alle fertig sind, werden die Häuser einander vorgestellt.

Mögliche Bauaufträge:
Europa: z. B. mehrgeschossige Wohnhäuser, Bauernhäuser, skandinavische Blockhütten
Afrika: z. B. afrikanische Hütten, Beduinen-Zelte
Asien: z. B. chinesische Hausboote, japanische Papierhäuser, asiatische Tempel
Amerika: z. B. Indianerzelte, Iglus der Eskimos, brasilianische Baumhäuser, Wolkenkratzer

Andere Bibeltextstellen, z. B. Psalm 127,1, Matthäus 7,24-27.

169. Hesekiel 47,1-12 **Wasser für alle**

Material: Klarsichtfolie, Eimer, Gieskanne, Tische

Spieldauer: 10 Minuten

Spielort: ausreichende Bewegungsfläche

Gruppengröße: 10-30 Spieler

Alter: ab 6 Jahre

Art: Wettkampfspiel

Aus dem Salzwasser des Toten Meeres wird frisches Wasser werden. In diesem Spiel erleben die Spieler das Wasser.

Die Kinder bilden Kleingruppen mit vier oder fünf Spielern. Jede Gruppe bekommt eine Rolle Klarsichtfolie, einen Eimer und eine Gießkanne. Der Eimer steht auf einem Tisch. Ein Kind der Gruppe steht mit der Gießkanne an einem gegenüberstehenden Tisch. Beide Tische stehen in einem Abstand von ca. drei Metern.
Die Gruppen haben die Aufgabe, Wasser aus der Kanne möglichst in den Eimer zu transportieren. Die Kinder halten dazu ihre Klarsichtfolienrolle so über ihren Köpfen, dass eine Rinne entsteht. Dazu muss die Folie auf drei Meter ausgerollt werden. Die Teilnehmer stellen sich am besten der Größe nach auf, damit das Wasser ein Gefälle hat und nicht soviel Wasser verloren geht. Nun ist es Aufgabe, das Wasser zum Fließen zu bringen. Ein Kind gießt Wasser aus der Kanne in die Klarsichtfolie. Das Kind vor dem anderen Tisch muss nun dafür sorgen, dass das Wasser in den Eimer fließt. Die Gruppe, die als erste fertig ist, hat gewonnen.

Andere Bibeltextstelle, z. B. 1. Mose 1,9-10.

170. Daniel 1 **Kochduell am Königshof**

Material: Obst, Gemüse, Messer, Schneidebrettchen, große Teller, Tischsets oder Tonpapier in verschiedenen Farben, Bewertungskärtchen

Spieldauer: ca. 15-25 Minuten

Spielort: am Tisch

Gruppengröße: beliebig

Alter: ab 5 Jahre

Die Babylonier hielten sich nicht an die jüdischen Speisevorschriften. Am Hof Nebukadnezars waren Daniel und seine Freunde nicht bereit, ihrer Religion untreu zu werden und ernährten sich vegetarisch.

Die Kinder werden in mehrere Gruppen eingeteilt und bekommen jeweils die gleiche Anzahl an Früchten und rohem Gemüse, z. B. Apfel, Banane, Kiwi, Karotte, Paprika. Jede Gruppe bekommt ausreichend Messer, Schneidebrettchen, einen großen Teller zum Anrichten und ein Tischset. Jedes Tischset hat eine andere Farbe. Die Aufgabe ist nun, das Obst und Gemüse möglichst „königlich" auf einem Teller, in einer vorgegebenen Zeit und ungesehen von den anderen, anzurichten. Am Ende werden alle Teller samt Tischset vom Spielleiter abgeholt und auf einem Tisch ausgestellt. Nun erhält jede Gruppe so viele Kärtchen wie es Gruppen gibt. Diese sind von Null an aufwärts durchnummeriert. Die Gruppen schauen sich die Teller an, beraten dann heimlich, wem sie welche Punktzahl geben und legen dann die Punktekärtchen verdeckt und kommentarlos neben dem jeweiligen Teller ab. Zwei Regeln sind wichtig: Die Gruppen dürfen nicht verraten, welches ihr eigener Teller ist, da die Bewertung objektiv sein soll. Wer dies trotzdem tut, bekommt einen Punktabzug. Außerdem ist es Pflicht, dass beim eigenen Teller die Null abgelegt wird, da man sich selber nicht bewerten darf. Geschummelt werden kann nicht, denn später muss bei jedem Teller eine Null liegen. Ist dies nicht der Fall, wird noch einmal neu bewertet.
Am Ende hat die Gruppe mit den meisten Punkten gewonnen und darf sich setzen. Die anderen Gruppen müssen die Siegergruppe nun in „Kellner-Haltung" bedienen, Obst und Gemüse auswählen lassen, fragen wie es schmeckt, Wasser nachschenken etc. Nach einiger Zeit dürfen sich dann auch die anderen dazu setzen.

Tipp:
Wenn noch Zeit zur Verfügung steht, kann auch das Tischset (Tonkarton) von der Gruppe königlich gestaltet werden. Auch ein lustiges Quiz zum Thema Ernährung kann sich anschließen, evtl. kombiniert mit weiteren „Bildungsaufgaben" und Tests zur schnellen Auffassungsgabe, da diese Fähigkeiten vom König gesucht werden.

171. Daniel 3 **Feuerspiele**

Material: den Feuerspielen entsprechende Materialien

Spieldauer: je Spielvorschlag ca. 5-10 Minuten

Spielort: ausreichende Bewegungsfläche

Gruppengröße: ab 2 Spielern

Alter: ab 7 Jahre

Art: Wettkampfspiel

Daniel und seine Freunde weigern sich die Statue anzubeten und werden in den Feuerofen geworfen. Für sie ist dies kein Spiel mit dem Feuer und es ist nicht lustig, so wie bei den hier aufgelisteten Spielen, sondern es ist eine sehr ernste, schmerzhafte und normalerweise tödlich ausgehende Angelegenheit. Das Verweigern der Anbetung ist keine Provokation, sondern Ausdruck ihres Glaubens und ihrer Treue zu Gott.

Mögliche Feuerspiele:
Kerzen anzünden
Jede Gruppe erhält 20 Teelichter und eine Schachtel mit drei Streichhölzern. Aufgabe ist es, in 30 Sekunden die Teelichter möglichst schön in eine Reihe zu stellen, und in weiteren 45 Sekunden so viele Teelichter wie möglich anzuzünden. Erlaubt ist dies nur mit den drei Streichhölzern, keine weiteren Hilfsmitteln sind zugelassen. Wer schafft die meisten Kerzen? Je nach Anzahl der Kinder werden die beiden Aufgaben zwei verschiedenen Kindern zugeteilt.

Kerzen ausschießen mit Wasserpistolen
Pro Gruppe werden fünf brennende Kerzen nebeneinander aufgestellt. Aufgabe ist es, diese aus entsprechendem Abstand mit Wasserpistolen so schnell wie möglich auszuschießen. Je nach Anzahl der Kinder darf sich jedes Kind an den fünf Kerzen probieren. Denkbar ist auch eine Staffel. Witzige Alternative: Anstatt Wasserpistolen werden Einwegspritzen verwendet, pro „Schuss" muss diese dann in einem bereitstehenden Wassereimer neu aufgezogen werden.

Wichtig:
Der Spielleiter achtet darauf, dass sich die Kinder bei den Feuerspielen nicht verletzen. Im Anschluss an die Feuerspiele kann ein Gespräch darüber stattfinden, ob einige Spieler sich schon einmal leichte Verbrennungen zugezogen haben. Dann haben sie sicherlich eine Vorstellung davon, was das Urteil „Feuerofen" bedeutet.

172. Daniel 6   Gespräche gegen die Angst

Material: Töpfe, viele verschiedene Begriffe auf jeweils einem Zettel

Spieldauer: hängt von der Kartenmenge ab, ca. 30 Minuten

Spielort: im Kreis

Gruppengröße: ab 4 Spielern

Alter: ab 8 Jahre

Art: Interaktionsspiel

Daniel steht zu sich selbst und seinem Glauben. Er kann sich in einem für sich fremden Land behaupten, ohne seine Eigenheit aufzugeben. Er beweist Zivilcourage und nimmt Risiken auf sich. In der Löwengrube mag er sicherlich auch Angst gehabt haben, aber sein Glaube trägt ihn.

Die Teilnehmer werden willkürlich in Kleingruppen von vier bis fünf Personen eingeteilt. Der erste aus der Gruppe zieht einen Zettel aus einem Topf. Spontan erzählt er den anderen aus der Kleingruppe etwas zu dem gezogenen Begriff. Dann ist der nächste Spieler an der Reihe und zieht einen Begriff usw. Die Gesprächsrunde ist beendet, wenn sich entweder keine Zettel mehr im Topf befinden oder eine zuvor vereinbarte Spielzeit abgelaufen ist.
Auf den Zetteln stehen passende Begriffe zu der Danielgeschichte z.B.:
Als ich einmal Angst hatte …, Mut, In der Fremde sein, Wie in einer Löwengrube …, Zuversicht, Mein Glaube hat mir geholfen, als …, Risiko, Spannungen, In Schwierigkeiten sein, Meine Meinung sagen.

Tipp:
Dieses Spielprinzip lässt sich auch auf andere Themen übertragen.

173. Hosea 14,9 Das Tor zum Paradies

Material: Gymnastikreifen

Spieldauer: 10-15 Minuten

Spielort: im Kreis

Gruppengröße: 10-20 Spieler

Alter: ab 4 Jahre

Art: Interaktionsspiel

Dieses Kapitel ist inhaltlich geprägt von Gottes Liebe. Der Weg zu Gott ist offen, wenn das Volk Israel bereit ist, Gottes Liebe und Vergebung zu suchen.

Bei diesem Spiel gehen die Spieler durch eine kleine Tür zum Paradies. Dazu stehen sie in einem Kreis und fassen sich an den Händen. Dann wird der Kreis bei zwei Spielern geöffnet, um einen Gymnastikreifen, dass Tor zum Paradies, einzubauen. Jetzt sollen alle Kinder durch dieses Tor gehen, ohne dabei die Hände voneinander zu lösen. Schaffen es alle Spieler, durch das Tor ins Paradies zu gelangen?

174. Jona 1 Wellenreiten

Material: nicht erforderlich

Spieldauer: ab 5 Minuten

Spielort: im Stuhlkreis

 Gruppengröße: max. 30 Spieler

 Alter: ab 6 Jahre

 Art: Bewegungsspiel

Der Prophet Jona will den Auftrag Gottes in Ninive nicht erfüllen und flieht auf ein Schiff, das nach Tarsis reist. Unterwegs kommt ein Sturm auf.
Die Kinder äußern sich über ihre eigenen Erfahrungen mit Schiffsreisen. Vielleicht ist auch jemand in der Gruppe dabei, der schon mal einen hohen Wellengang erlebt hat.

In Anlehnung an diese Erfahrung kann das Spiel „Wellenreiten" gespielt werden. Alle Spieler sitzen in einem Stuhlkreis. Ein Stuhl bleibt frei. Ein Spieler steht in der Mitte und versucht, den freien Platz zu erreichen. Die anderen Spieler haben die Aufgabe, dieses zu verhindern. Sie rutschen auf den Stühlen schnell hin und her und sperren so immer wieder den freien Platz. Der Spieler in der Mitte bestimmt durch seine Ansage, in welche Richtung die Mitspieler auf den Stühlen rutschen. Die Kommandos lauten "Linkswelle" oder "Rechtswelle". Schafft es der Spieler, einen freien Platz zu erreichen, muss derjenige in die Mitte, der nicht schnell genug auf den leeren Stuhl gerutscht ist.

Andere Bibeltextstellen, z. B. 1. Mose 1,9-10, Markus 4,35-41.

175. Jona 1 **Schiff versenken I**

 Material: großes Plakat mit aufgemalten Schiff, schwarze und weiße Mühle-steine

 Spieldauer: ab 10 Minuten

 Spielort: im Kreis

 Gruppengröße: ab 2 Spielern

 Alter: ab 6 Jahre

 Art: Wettkampfspiel

Jona flieht auf ein Schiff, das durch den Sturm fast in Seenot gerät.

Auf ein großes Plakat wird ein einfaches Schiff gemalt, mit Schiffskörper, drei Bull-augen in dem Schiffskörper, Mast, Segel und einem kleinen Fähnchen oben auf dem Mast, unter dem Schiff einige Wellen. Jede Gruppe erhält nun einige Mühlesteine, die eine Gruppe schwarze, die andere weiße. Abwechselnd darf nun immer ein Kind pro Gruppe an den markierten Standpunkt kommen, der sich, je nach Alter der Kinder, zwei oder mehr Meter entfernt vom auf dem Boden liegenden Plakat mit dem Schiff befindet. Jedes Kind hat drei Würfe. Wird der Mast getroffen (= bleibt der Mühlestein auf dem Mast liegen), so gibt dies fünf Punkte, ein Segel ergibt vier Punkte, der Schiffskörper drei Punkte, ein Bullauge fünf Punkte, das kleine Fähnchen am Mast sechs Punkte, die Wellen zwei Punkte, eine nichtbemalte Fläche auf dem Plakat ergibt noch einen Punkt. Alle Mühlesteine, die außerhalb des Plakates landen, ergeben keinen Punkt. Alle Punkte werden addiert. Die Mannschaft mit den meisten Punkten hat gewonnen.

Variante:

Jeder Spieler erhält einen Mühlestein und hat nur einen Wurf. Die Steine bleiben nach dem Werfen liegen. Dadurch kann jeder Spieler versuchen, die Steine der eigenen Gruppe noch geschickt zu platzieren und die der anderen Gruppe wegzuschnipsen. Bei dieser Methode werden die Punkte erst am Ende zusammengezählt.

Nach diesen drei Spielrunden wird das Ergebnis bekannt gegeben. Zusammen mit den Spielern wird überlegt, um welche Wagnisse es in den Spielen und in der Geschichte ging.

Andere Bibeltextstelle, z. B. Markus 4,35-41.

176. Jona 2 Im Bauch des Fisches

Material: Kirsch- oder Pflaumenkerne, evtl. Stühle, Tische, Decken

Spieldauer: ab 15 Minuten

Spielort: ausreichende Bewegungsfläche

Gruppengröße: ab 5 Spielern

Alter: ab 5 Jahre

Art: Illusions- und Wettkampfspiel

Bei Sturm wirft die Besatzung Jona über Bord, um sich nicht weiter in Gefahr zu bringen. Gott schickt Jona zur Rettung einen Fisch, der ihn im Bauchinneren nach Ninive bringt. Obwohl Jona einerseits im Fisch gerettet ist, so ist er andererseits dort eingesperrt.

Die Kinder erzählen aus ihren eigenen Erfahrungen von Momenten, in denen sie sich geborgen fühlen oder Angst haben. Anschließend bilden die Gruppenmitglieder mit ihren Körpern einen Fisch nach. Durch das Maul des Fisches kriecht ein Kind hinein. Im „Bauch der Tieres" nimmt es die eigenen Empfindungen wahr und erzählt davon. Der Fisch kann ebenso gut durch Decken, Tische und Stühle nachgebildet werden. Nach drei Tagen wird Jona an Land „ausgespuckt". Die Kinder erhalten Kirsch- oder Pflaumenkerne, die sie möglichst weit ausspucken sollen. Wer spuckt seinen Kern am weitesten?

177. Jona 2 Der Kampf mit dem Fisch

Material: Strohhalme, Papierfische

Spieldauer: 5-10 Minuten

Spielort: ausreichende Bewegungsfläche

Gruppengröße: ab 8 Spielern

Alter: ab 6 Jahre

Art: Kooperationsspiel

Die Kinder teilen sich in zwei Gruppen, die sich in zwei langen Reihen gegenüber sitzen. Alle Kinder haben einen Strohhalm in der Hand.
Die Aufgabe ist es, in jeder Reihe einen Papierfisch durch die Reihe zu geben. Allerdings darf der Fisch dabei nicht angefasst, sondern nur mit dem Strohhalm angesaugt und so von Strohhalm zu Strohhalm weitergegeben werden. Bei welcher Gruppe ist der Fisch am schnellsten am Ende der Reihe angekommen?

178. Jona 3 König in Sack und Asche

Material: Kartoffelsäcke oder ähnliches, Asche, Teller

Spieldauer: ca. 15 Minuten

Spielort: ausreichende Bewegungsfläche

Gruppengröße: ab 6 Spielern

Alter: ab 6 Jahre

Art: Bewegungs- und Wettkampfspiel

Nachdem Gott Jona noch einmal die Möglichkeit gegeben hat, sich als gehorsam zu erweisen, verkündet Jona seine Botschaft mit erstaunlicher Wirkung. Die Bürger von Ninive, selbst der König, zeigen Reue und ziehen Säcke als Zeichen einer Buß- und Fastenzeit an. Der König setzt sich zudem in Asche.

Die Kinder werden in Kleingruppen eingeteilt, die sich parallel in mehreren Reihen an einer Startlinie aufstellen. Jede Gruppe hat einen Kartoffelsack zur Verfügung. Jeweils der erste aus der Gruppe schlüpft in den Sack. Bei einem Startzeichen des Spielleiters hüpfen alle gleichzeitig los. Nach ca. fünf Metern steht für jede Gruppe ein Teller mit Asche bereit. Wenn die Spieler beim Teller ankommen, machen sie sich einen Aschepunkt auf die Stirn und hüpfen zurück zu ihrer Mannschaft. Dann übernimmt der zweite aus der Gruppe den Sack und wiederholt die Aufgabe. Welche Gruppe beendet als schnellste diesen Staffellauf?

179. Jona 3 *Mitglieder gewinnen*

 Material: Schminkstifte, nasse Lappen

Spieldauer: 10-15 Minuten

Spielort: ausreichende Bewegungsfläche

Gruppengröße: 10-25 Spieler

Alter: ab 5 Jahre

Art: Bewegungsspiel

Die Menschen in Ninive waren mit ihren Unternehmungen und ihrem Glauben vom rechten Weg abgekommen. Jona hatte den Auftrag, die Menschen wieder auf Gottes Weg zu bringen.
In dem folgenden Spiel geht es darum, Gruppenmitglieder zu gewinnen.

Die Kinder werden in vier Gruppen aufgeteilt. Jede Gruppe erhält einen Schminkstift und eine Gruppenecke wird ihr zugeteilt. Alle Mitglieder der Gruppe malen ihre Nasen in der Gruppenfarbe an.
Dann geht's los. Alle Gruppen versuchen, andere Mitspieler zu fangen und sie in ihre Gruppenecke zu bringen. Dort wird ihnen die Nase gewaschen und mit der Farbe der Fänger neu angemalt. Wird eine Grünnase von den blauen Nasen gefangen, dann wird die grüne Nase blau angemalt. Die ehemalige Grünnase fängt jetzt für die blaue Gruppe.

180. Jona 4 *Alarm*

Material: nicht erforderlich

Spieldauer: 5-10 Minuten

Spielort: ausreichende Bewegungsfläche

Gruppengröße: ab 10 Spielern

Alter: ab 5 Jahre

Art: Interaktionsspiel

Jona verkriecht sich in einem Gebüsch, weil er den nahenden Untergang der Stadt Ninive erwartet. In modernen Actionfilmen würden in so einem Moment sicher alle Sirenen heulen. Aber wie schaltet sich eine solche Alarmanlage wieder ab?

Ein freiwilliges Kind verlässt den Raum. Die verbleibenden Kinder sind die Sirenen. Diese einigen sich darauf, wo an ihrem Körper der „Schalter" ist, z. B. das linke Ohr. Ein Kind wird als Generalschalter ausgewählt. Dann laufen alle Kinder durcheinander und beginnen als Sirenen zu heulen. Das ist das Zeichen für das freiwillige Kind, wieder in den Raum zurückzukommen. Es muss jetzt versuchen, die Sirenen abzustellen und berührt eines der Kinder an verschiedenen Körperstellen, um den Ausschalter zu finden. Berührt es das linke Ohr, verstummt diese Sirene. Das freiwillige Kind schaltet jetzt ein Kind nach dem anderen am linken Ohr ab. Berührt es das Kind, das als Generalschalter bestimmt war, verstummen alle verbleibenden Sirenen. Bei einer neuen Spielrunde werden natürlich ein anderer Schalter und ein anderer Generalschalter bestimmt.

Wichtig::
Intime Körperteile dürfen auf keinen Fall als Schalter vereinbart werden.

181. Tobias 4,17-5,16 (21) Geld, Geld, Geld

Material: Geldstücke, Tisch

Spieldauer: 5-15 Minuten

Spielort: im Kreis

Gruppengröße: 5-20 Spieler

Alter: ab 6 Jahre

Art: Ratespiel

Tobias sollte das Geld für seinen Vater zurückholen, aber war es auch genau dasselbe Geld?

Ein Kind wird als Zaubermeister bestimmt und verlässt den Raum. Ihm wird der Trick des Spiels verraten.

Auf einen kleinen Tisch werden drei ein Euro Stücke gelegt. Die Kinder bestimmen eins davon als das Geld von Tobias. Der Spielleiter nimmt dieses Stück in die Hand und erklärt den Kindern ausführlich und umständlich, durch welche besonderen Kräfte (telepathische Fähigkeiten, der besondere Blick, hellseherische Kräfte, …) der Zaubermeister das entsprechende Geldstück erkennen wird. In dieser Zeit nimmt das Geldstück die Wärme des Spielleiters an. Dann legt er das Geldstück zurück auf den Tisch. Der Zaubermeister kommt in den Raum und legt auf jedes Geldstück einmal seinen Finger. An den unterschiedlichen Temperaturen wird er das gesuchte Geldstück erkennen. Wenn eines der Kinder meint, hinter die besonderen Kräfte des Zaubermeisters gekommen zu sein, geht es selbst nach draußen und versucht, das gesuchte Geldstück in der nächsten Spielrunde zu bestimmen.

Neues Testament

182. Matthäus 1,1-17 **Stammbaum**

 Material: Papier, Stifte, Stühle, Bibel

Spieldauer: ab 10 Minuten

Spielort: im Stuhlkreis

Gruppengröße: ab 12 Spielern

Alter: ab 6 Jahre

Art: Kooperationsspiel

Der Evangelist Matthäus stellt Jesus als Messias dar, der aus dem Geschlecht Davids stammt. Auch wenn er einige Generationen weggelassen hat, nennt er viele Namen, die hier ins Spiel kommen sollen.

Entsprechend der Zahl der Mitspieler werden auf einzelne Zettel Aufschriften gewählt, wie z. B. Vater Abraham, Frau Sara, Sohn Isaak, Frau von Isaak (je nach Gruppengröße kann diese Verwandtenreihe ergänzt oder reduziert werden). Der Name der gesamten Familie heißt Abraham. Zur zweiten Familie gehören z. B. Vater Juda, Frau von Juda, Sohn Perez, Frau von Perez.
Für jede Familie steht im Raum ein Stuhl bereit. Nun geht das Spiel los: Nachdem jeder Spieler eine "Identitätskarte" erhalten hat, müssen sich die einzelnen Familien durch Zuruf zusammenfinden. Anschließend nehmen sie gemeinsam auf einem der verfügbaren Stühle Platz: Vater und Mutter, dann Sohn und dessen Frau usw.

Tipp:
Dieses Spiel ist geeignet, um entsprechende Kleingruppen zu bilden.

183. Matthäus 2,1-12 **Folge dem Stern**

 Material: 1m langer Stab, Stern aus Pappe, ein großer Bogen Pappe, Stühle, Flaschen, Decken, Kissen

 Spieldauer: hängt von der Gruppengröße ab, ab 10 Minuten

 Spielort: ausreichende Bewegungsfläche

 Gruppengröße: ab 10 Spielern

 Alter: ab 4 Jahre

 Art: Interaktionsspiel

Für das Spiel benötigt der Spielleiter einen ca. einen Meter langen Stab, an dessen Ende ein Stern und eine große Pappe hängen. Auf dem Boden der Spielfläche wird ein Parcours aus verschiedenen Gegenständen aufgebaut, z. B. Stühle, Flaschen, Decken und Kissen. Ein Spieler nach dem anderen darf ein Weiser aus dem Morgenland sein. Dazu nimmt ein Spieler die große Pappe waagerecht auf die ausgestreckten Arme, sodass er die eigenen Füße nicht mehr sehen kann. Ein anderer Spieler hält ihm den Stab mit dem Stern so vor das Gesicht, dass er, wenn er dem Stern folgt, um alle Hindernisse herum geleitet wird. Derjenige, der den Stern trägt, achtet darauf, dass kein Kind stolpert oder hinfällt.

184. Matthäus 2,1-12 Karawane der Kamele

 Material: Kameltreiberfigur (z. B. aus einem Schachspiel oder ein selbsthergestellter Kameltreiber), Würfel (evtl. Schaumstoffwürfel)

Herstellen: 9 Kamelkarten aus stabilem Karton, auf deren Vorderseite jeweils das gleiche Kamel zu sehen ist, auf deren Rückseiten jedoch jeweils eine andere Kamelladung abgebildet ist, 6 x 9 Kamelladungskarten, 15 Tempochips

 Spieldauer: ab 5 Minuten

 Spielort: ausreichende Bewegungsfläche

 Gruppengröße: bei kleinen Gruppen bis zu 6 Spielern spielt jeder für sich, bei größeren Gruppen wird in Zweierteams gespielt, ab 13 Personen werden Kleingruppen als Spielteams gebildet

 Alter: ab 6 Jahre

 Art: Ratespiel

Eine Kamelkarawane ist unterwegs. Die Kamele wechseln immer wieder ihren Platz. Dies macht es für die Kameltreiber schwierig, immer genau zu wissen, welches Kamel nun welche Ladung transportiert. Gewinnen wird der Kameltreiber mit dem besten Gedächtnis, der treffsicher auch nach vielen Positionstauschaktionen der Kamele genau sagen kann, welches Kamel welche Ladung in seinen Säcken hat.
Ein schnelles Merkspiel mit Karten, bei dem taktische Aktionen möglich sind, letztlich jedoch ein gutes Gedächtnis den Sieg bringt.

Jeder Spieler bzw. jedes Spielteam erhält einen Satz von neun Kamelladungskarten. Alle Spieler erhalten den gleichen Satz Karten, nur das Muster auf der Rückseite ist unterschiedlich und erleichtert das Sortieren.
Übrige Kartensätze bei weniger als sechs Spielern bzw. Spielteams werden aus dem Spiel genommen.

Zu Beginn werden die Kamelkarten allen Spielern gezeigt, sodass diese sehen können, wie die gefüllten Säcke mit Kamelladung aussehen, die sich auf der Rückseite der Kamele befinden. Jedes Kamel trägt eine andere Hauptlast, die gut zu erkennen ist, jedoch noch von anderen kleineren Gegenständen umrahmt wird, damit es schwierig wird, sich das Bild einzuprägen.

Zu den Kamelkarten werden nun die jeweils passenden Kamelladungskarten gelegt, auf denen wiederum nur die Hauptlast zu sehen ist.

Nachdem die Spieler nun einen Einblick bekommen haben, welche Karten zusammengehören, werden die Kamelkarten gemischt und verdeckt in zwei Reihen (nur eine Reihe wäre zu einfach) als Karawane nebeneinander gelegt. Weil es nur neun Karten sind, bleibt eine Position frei. In diese leere Fläche wird die Kameltreiberfigur gestellt.

Ziel des Spiels: Wer zuerst alle Kamelladungskarten ablegen konnte, ist der beste Kameltreiber mit dem besten Gedächtnis und hat gewonnen.

Grundregeln:

1. Wer zuerst einen witzigen Kamelzweizeiler gedichtet hat, darf beginnen, gespielt wird im Uhrzeigersinn.

2. Der erste Spieler bzw. das erste Team würfelt und bewegt den Kameltreiber laut der gewürfelten Augenzahlzahl. Die Kameltreiberfigur bewegt sich immer ausgehend von dem leeren Feld im Uhrzeigersinn. Jede Karte bildet dabei ein Feld pro Würfelpunkt. Am Ende eines Zuges steht die Kameltreiberfigur dann auf einer Kamelkarte.

3. Alle Spieler geben jetzt einen Tipp ab (Teams beraten sich), um welche Kamelladung es sich wohl hinter der Kamelkarte handeln könnte. Dazu legen alle die vermutete passende Kamelladungskarte vor sich hin und decken sie gleichzeitig auf. Danach wird die Kamelkarte umgedreht, auf der die Kameltreiberfigur steht.

Wer richtig getippt hat, darf die betreffende Kamelladungskarte verdeckt vor sich ablegen.

Wer falsch getippt hat, nimmt die Kamelladungskarte wieder auf die Hand.

4. Die aufgedeckte Kamelkarte wird nun wieder umgedreht, jedoch nicht mehr an ihren alten Platz zurückgelegt. Dieses Kamel wechselt nämlich jetzt seine Position und kommt an die leere Stelle, die vorher Ausgangspunkt für den Kameltreiber war. Die Kameltreiberfigur steht nun auf einem neuen leeren Feld und wird in der nächsten Runde von dort starten.

5. Bis hierher war natürlich alles ein Glücksspiel. Doch im weiteren Verlauf des Spiels merken sich die Spieler bzw. Teams die Positionen der einzelnen Kamele mit ihren unterschiedlichen Ladungen. Das Problem ist nur, dass die Kamele ständig ihre Position in der Karawane wechseln. Wer ein schlechtes Gedächtnis hat, konzentriert sich auf jeweils nur zwei bis drei Kamele.

Weitere Regeln:

Abgelegte Karten: Was tun, wenn man meint, die Kamelladung des Kamels zu kennen, auf dem der Kameltreiber gelandet ist, aber die Kamelkarte ist schon abgelegt? Kein Problem, die abgelegte Karte wird dann einfach verdeckt vorgeschoben. Ist der Tipp falsch, muss die Karte wieder auf die Hand genommen werden – es besteht also ein erhöhtes Risiko.

Ist der Tipp richtig, erhält der Spieler einen Tempochip, der seine Chancen später erhöht.

Tempochips: Tempochips haben eine wichtige Funktion, sie können die Geschwindigkeit der Tiere drosseln oder antreiben. Ein ausgespielter Tempochip erhöht oder vermindert die Punktanzahl des Würfels um jeweils einen Punkt. Es können gegebenenfalls auch mehrere Tempochips eingesetzt werden. Damit kann ein Spieler bzw. Team die Kameltreiberfigur gezielt auf ein Kamel setzen, dessen Ladung er zu kennen glaubt.

Nur ein würfelnder Spieler bzw. würfelndes Team darf einen Tempochip einsetzen. Sobald dies jedoch geschehen ist, dürfen die anderen Spieler gegensteuern, indem sie ihrerseits mit eigenen Chips ihre Kameltreiberfigur zurück oder vorwärts bewegen. So kann man die Pläne des anderen vereiteln und hat zusätzlich Chancen, eigene Tipps abzugeben. Man darf aber immer nur auf einen Chip des würfelnden Spielers bzw. Teams reagieren und nicht von selbst mit dem Chiplegen beginnen (außer man ist selbst der Würfelnde).

Spielende:
Das Kamelkarawanenspiel ist zu Ende, wenn ein Spieler bzw. Team alle Kamelladungskarten ablegen konnte.

Variante:
Wer es einfach haben will, kann ein oder zwei Kamelkarten mit den passenden Kamelladungskarten aussortieren.

Tipp:
Je größer die Gesamtspielerzahl ist, desto größer sollten die Spielkarten (vor allem die Kamelkarten) sein, damit sie von allen gut gesehen werden. Bei kleinen Gruppen wird auf dem Tisch oder auf dem Boden gespielt. Bei großen Gruppen ist eine Kork-, Styropor- oder Magnetwand ideal, an welche die Karten geheftet werden können.

185. Matthäus 3,13-17   Ich bin getauft

Material: große Spielfläche

Spieldauer: ab 10 Minuten

Spielort: ausreichende Bewegungsfläche

Gruppengröße: ab 10 Spielern

Alter: ab 6 Jahre

 Art: Kontakt- und Kooperationsspiel

Jesus ist groß geworden. Er verlässt Nazareth und begegnet vielen Menschen, die umkehren, die das Leben suchen, die Gott gefallen wollen und die fragen: „Was

will Gott von mir?" Diesen Menschen ist Jesus vor allem nahe. Als er nach der Taufe aus dem Wasser herauf steigt, öffnet sich über ihm der Himmel und Gott spricht: „Dieser ist mein geliebter Sohn."
Hier offenbart sich eine enge Beziehung zwischen Jesus und Gott, seinem Vater, die uns als Getaufte auch die Nähe Gottes spüren lässt.

Ein Spieler legt sich auf den Rücken. Eine zweite Person legt sich ebenfalls auf den Rücken, jedoch mit ihrem Kopf auf den Bauch des ersten Spielers. Der dritte Spieler legt wiederum seinen Kopf auf den Bauch der zweiten Person. Wenn alle Spieler somit untereinander eine Beziehung hergestellt haben und dadurch Nähe entstanden ist, kann das Spiel beginnen:
Der Spielleiter hat sich verschiedene Wörter bzw. Sätze überlegt. Jedes Wort und jeder Satz erhält einen „Nähe-Code", das Wort „Taufe" z. B. besitzt den Code: „Einmal einatmen". Der Satz „Ich bin getauft" besitzt den Code: „Zweimal einatmen". Der Satz „Jesus ist mein geliebter Sohn" besitzt den Code: „Dreimal einatmen".
Der Spielleiter verkündet die Sätze und Codes der spielenden Gruppe. Dann flüstert er dem ersten Spieler ein Wort/einen Satz ins Ohr, z. B. Taufe. Dieses Wort wird an den zweiten Spieler transportiert, indem der erste einmal einatmet. Der zweite Spieler spürt den Code und gibt diesen an den nächsten Spieler weiter. Der letzte Spieler sagt dann das erspürte Wort/den erspürten Satz laut in die Gruppe hinein.

186. Matthäus 3,13-17 **Beim Namen rufen**

Material: nicht erforderlich

Spieldauer: ab 5 Minuten

Spielort: im Stuhlkreis

Gruppengröße: ab 12 Spielern

Alter: ab 6 Jahre

Art: Kennlernspiel

Johannes tauft Jesus im Jordan. Bei der Taufe spielt der Name eine große Rolle. Er wird dem Täufling zugesprochen, sodass er sich als Gesegneter in ein neues Leben wagen darf. Namen haben einen Identität stiftenden Charakter. Dies mag auch der Hintergrund für den im Jesajabuch lautenden Vers sein: „... ich habe dich bei deinem Namen gerufen ..." (Jesaja 43,1)

Dieses Kennenlernspiel ist in vielen Gruppen ein Klassiker. Es hilft, die Namen der anderen Gruppenteilnehmer zu hören und kennenzulernen. Bei dem Spiel sitzen alle in einem Stuhlkreis. Eine Person steht in der Mitte, sodass ein Stuhl im Kreis weniger vorhanden ist, als Gruppenteilnehmer mitspielen. Alle Spieler erkundigen sich, wie der rechte und linke Nachbar heißt. „Zipp" ist dabei das Pseudonym für links und „Zapp" für rechts.

Dann beginnt das Spiel: Der in der Mitte stehende Spieler („Spielleiter") zeigt auf einen Spieler und ruft ihm „Zipp" oder „Zapp" zu. Der aufgerufene Spieler muss sofort reagieren und seinen rechten bzw. linken Nachbarn beim Namen nennen. Hat der Spieler richtig geantwortet, geht der „Spielleiter" auf einen anderen Spieler zu und wiederholt die Ausrufe „Zipp" oder Zapp". Wenn ein Name falsch wiedergegeben wird oder jemand zu langsam reagiert, wechselt dieser Spieler in die Mitte und wird zum „Spielleiter". Die Spielspannung erhöht sich, wenn der „Spielleiter" „Zipp-Zapp" sagt. Bei diesem Spielkommando wechseln alle Spieler gleichzeitig ihren Platz. Auch der in der Mitte stehende Spieler setzt sich schnell auf einen freien Stuhl. Wer als Letzter keinen freien Stuhl bekommen hat, übernimmt die Rolle des „Spielleiters".

Tipp:
Bei diesem Spiel sollte der Gruppenleiter sensibel darauf reagieren, wenn einzelne Spieler zu Beginn einer Gruppensituation nicht im Mittelpunkt des Kreises stehen mögen. In diesem Fall kann der „Spielleiter" ausgewechselt werden.

Andere Bibeltextstelle, z. B. Jesaja 43,1

187. Matthäus 4,1-11   In Versuchung geraten

 Material: nicht erforderlich

 Spieldauer: ab 20 Minuten

 Spielort: ausreichende Bewegungsfläche

 Gruppengröße: ab 4 Spielern

 Alter: ab 10 Jahre

 Art: Rollenspiel

In der Wüste wird Jesus auf die Probe gestellt. Als Sohn Gottes hat er die Macht, Hungrige zu speisen, Kranke zu heilen und Tote zu erwecken. Wird er diese Macht für sich selbst gebrauchen oder wird er auf Gott vertrauen? Jesus besteht die Probe und wird schließlich von Engeln begleitet.

Jeder Spieler überlegt sich eine Szene aus seinem Leben, in der er selbst schon einmal in Versuchung geraten ist. Dann bilden die Spieler mehrere Kleingruppen mit maximal sechs Personen. Sie stellen sich untereinander ihre Alltagserfahrungen vor und einigen sich auf eine Szene. Diese wird als Rollenspiel den anderen Kleingruppen vorgespielt.

Nach der Präsentation der Rollenspiele kommen die Teilnehmer über ihre Erfahrungen ins Gespräch:

Wie habe ich mich in der gespielten Situation gefühlt?

Ist es mir leicht gefallen, hier Nein zu sagen?

Wenn mir das Neinsagen in bestimmten Situationen schwer fällt, habe ich mich daran erinnert, dass ich Gott vertrauen kann und seine Engel mich begleiten?

188. Matthäus 4,18-25 Verbindungen schaffen

 Material: für jeden Spieler ein Seil mit einer Länge von ca. 1 m, evtl. Legematerialien oder Namenskarten

 Spieldauer: ab 20 Minuten

 Spielort: ausreichende Bewegungsfläche

 Gruppengröße: ab 10 Spielern

 Alter: ab 6 Jahre

 Art: Kontakt- und Kooperationsspiel

Jesus sucht nach Menschen, die ihm helfen, anderen von Gott zu erzählen. Er ruft sie bei ihrem Namen. Jesu Gefährten sollen von nun an keine Fische mehr in Netzen fangen, sondern starke Menschennetze knüpfen.

Zunächst erhält jeder Spieler ein Seil von ca. einem Meter Länge. Dann beginnt ein Spieler und ruft einen Namen aus der Gruppe nach folgendem Muster: „Sabrina, steh´ auf und komm!" Die aufgerufene Person geht auf die erste Person zu. Beide verbinden ihr Seil miteinander. Dann ist Sabrina an der Reihe. Auch sie ruft eine Person mit den entsprechenden Worten auf. Ein weiteres Seil wird angeknüpft, sodass allmählich ein Netz untereinander entsteht. Wenn alle Personen über ihr Seil miteinander verbunden sind, wird das Netz aus Seilen auf dem Boden abgelegt.

Als abschließenden Baustein betrachten alle Spieler das Bild des Netzes. Ein Netz bindet ein, verbindet, trägt.

In einem nächsten Schritt kommen die Namen der Spieler ins Spiel. Verschiedene Spielvarianten sind möglich:

1. Variante:
Mit Hilfe von verschiedenen Legematerialien knüpft jeder seinen Namen in das Netz ein, z. B. an einem Knotenpunkt oder an einer anderen Stelle, die dem Spieler wichtig ist.

2. Variante:
Der Spielleiter hat für jeden Spieler eine Namenskarte vorbereitet. Wie bei der

ersten Variante entscheidet jeder für sich, an welcher Stelle des Netzes er sie ablegen möchte.

Dann wird gemeinsam das Bodenbild betrachtet. Im anschließenden Gespräch können sich die Spieler über folgende Fragen austauschen:
Welche Aufgabe habe ich?
Mit welchen meiner Fähig- und Fertigkeiten möchte ich Menschen in das Netz einbinden und für Gott begeistern?

Andere Bibeltextstelle, z. B. Lukas 5,1-11

189. Matthäus 5,1-12   *Seligpreisungen*

 Material: diverse Gegenstände, z. B. Herz, Friedensvertrag, Bild von Kindern, blaues Tuch für ein Himmelreich

 Spieldauer: ab 10 Minuten

 Spielort: im Kreis

 Gruppengröße: 10-15 Spieler

 Alter: ab 8 Jahre

 Art: Konzentrationsspiel

Ähnlich wie in der Sendung „Am laufenden Band" werden verschiedene Gegenstände zu den Seligpreisungen in die Mitte gelegt und mit einem Tuch abgedeckt. Die Spieler kommen zusammen und für eine Minute wird das Tuch weggenommen, sodass die Spieler alle Gegenstände sehen. Nach dieser Minute verdeckt der Spielleiter alle Gegenstände wieder.
Welcher Spieler konnte sich welche Gegenstände merken? Anschließend werden die Gegenstände mit den einzelnen Seligpreisungen in Verbindung gebracht.

190. Matthäus 5,9   *Zeitlupenkampf*

 Material: nicht erforderlich

 Spieldauer: ab 5 Minuten

 Spielort: ausreichende Bewegungsfläche

 Gruppengröße: ab 2 Spielern

Alter: ab 10 Jahre

 Art: Interaktionsspiel

Der hebräische Begriff „Schalom" ist in seiner Wortbedeutung umfassender als das deutsche Wort „Frieden". „Schalom" entsteht da, wo der Einzelne für sich, gemeinsam mit anderen und vor Gott, Heil erfährt. Damit ist er gefordert, sich aktiv als Friedensstifter in seiner Umwelt zu bewegen.

Zwei Freiwillige bilden ein Paar, die einen Kampf in Zeitlupe initiieren, ohne dabei zuzuschlagen. Der Kampf sollte möglichst realistisch dargestellt werden.
Nach diesem Spielgeschehen tauschen sich die beiden Spieler über ihre Erfahrungen aus.

Andere Bibeltextstellen, z. B. Jesaja 2,4, Matthäus 5,43-48, Lukas 1,79, Kolosser 3,13.

191. Matthäus 5,14 **Ein Licht für andere sein**

 Material: Papier, Stifte

 Spieldauer: ca. 15 Minuten

 Spielort: im Kreis

 Gruppengröße: max. 40 Spieler

 Alter: ab 12 Jahre

 Art: Interaktions- und Kooperationsspiel

Dieses Interaktionsspiel ist geeignet für den Ausklang einer Freizeit. Die Teilnehmer verabschieden sich voneinander. Jeder Spieler erhält ein Blatt Papier, auf das er seinen Namen schreibt. Der Spielleiter lädt bei meditativer Musik alle dazu ein, dem anderen einen wertschätzenden Satz auf sein Papier zu schreiben. Das Licht, die Wärme, das/die von ihm ausgeht, wird ihm auf diese Weise schriftlich mitgeteilt. Nach einer geraumen Zeit nehmen alle wieder auf ihrem Stuhl Platz und nehmen sich Zeit, ihre „Lichtstrahlen" zu lesen.

Tipp:
In Anlehnung an diese Interaktion kann die Geschichte „Frederick" von Leo Lionni vorgelesen werden: Wie Frederick sammeln die Spieler „Lichtstrahlen" für ihren Alltag.

192. Matthäus 5,43-48 Gewalt überwinden

 Material: nicht erforderlich

Spieldauer: ca. 15 Minuten

Spielort: im Kreis

Gruppengröße: max. 40 Spieler

Alter: ab 12 Jahre

Art: Interaktions- und Kooperationsspiel

Im Mittelpunkt dieser Bibeltextstelle steht die Feindesliebe. Die außerordentliche Aufgabe, den Feind zu lieben und Gewalt zu überwinden, bedeutet eine verwandelnde Perspektive. Dazu teilt sich die Spielgruppe in Burgleute und Ritter auf. Die Burgleute brauchen für ihre Lebensform ihren Burghof, während die Ritter nur lebensfähig sind, wenn sie in den Hof der Burgleute gelangen. Ziel des Spiels ist es, dass sowohl die Ritter als auch die Burgleute überlebensfähig sind. Es bleibt beiden Gruppen überlassen, wie sie diese Aufgabe bewältigen. In der Regel wird in einer ersten Runde von beiden die Aufgabe auf gewalttätigem Weg bewerkstelligt. Beim Wiederholen des Spiels kann eine mögliche Regel sein, diese Aktion gewaltfrei durchzuführen.
Interessant für die Auswertung des Spiels ist es, wenn Beobachter nach dem Spielende ihre Wahrnehmungen der Gruppe zur Verfügung stellen.
Im Anschluss an das Spiel kann ein Gespräch über folgende Fragen stattfinden:
Was heißt gewaltfrei?
Wo liegen unterschiedliche Toleranzgrenzen?

Andere Bibeltextstelle, z. B. Matthäus 5,9.

193. Matthäus 6,9a Vater unser

 Material: evtl. Papier und Stifte

Spieldauer: ab 20 Minuten

Spielort: im Kreis

Gruppengröße: ab 4 Spielern

Alter: ab 6 Jahre

Art: Interaktionsspiel

Jesus nennt Gott vertrauensvoll Vater. Für ihn ist diese Anrede Realität. Er fasst aber diese Realität noch weiter, als wir Menschen es gewöhnlich machen: Alles das, was wir mit unseren Ohren hören und doch nicht hören, was wir mit unseren Augen sehen und doch nicht sehen, was wir mit unserem Herzen spüren und doch oft nicht erahnen, was wir mit unserem Verstand erfassen und doch oft nicht ermessen können, das ist für Jesus sein Vater.

Bei diesem Interaktionsspiel werden die Spieler eingeladen, sich ein Bild von ihrem Traumvater zu machen. Jeder hat dazu ausreichend Zeit und wer mag, bringt dieses zeichnerisch zum Ausdruck: Mein Traumvater darf mich in die Arme nehmen, darf Zeit für mich haben, darf mich nicht bestrafen …
Nach diesem ersten Schritt erzählen sich die Spieler gegenseitig von ihren Traumbildern.
Ein weiterführender Gedanke vertieft das Gespräch:
Welche Träume davon finde ich bei meinem eigenen Vater wieder?
Welche Gedanken bleiben Träume?

Wenn Jesus von seinem Vater spricht, dann meint er einen antwortgebenden Lebensgrund, dem er sich verbunden fühlt und öffnen kann.
Dieses Gefühl kann in einem Vertrauensspiel nachempfunden werden:
Es finden sich Paare zusammen. Einer von beiden setzt oder legt sich so hin, dass er sich ganz zusammenzieht, z. B. Beine an den Leib und Arme darum schlingen. Der zweite Spieler hat die Aufgabe, diesen Spieler zu öffnen, ihn aufzuschließen. Dieses gelingt ihm nur, wenn er dem anderen Geborgenheit, Liebe und Sicherheit schenkt.

194. Matthäus 6,9b   Mein Name

 Material: Namenslexikon, Papier und Stifte

 Spieldauer: ab 15 Minuten

 Spielort: am Tisch

 Gruppengröße: ab 4 Spielern

 Alter: ab 6 Jahre

 Art: Kennlernspiel

Der Name Gottes ist heilig, unantastbar, unberührbar. Gott gebührt Ehre und Wertschätzung. Auch mein Name darf durch die Haltung des Schauens, Erspürens und Ahnens wahrgenommen werden.

Der Spielleiter stellt ein oder mehrere Namenslexika zur Verfügung. Auf einem Blatt

Papier gestaltet jeder Spieler seinen Namen. Auf diese Seite notiert er ebenfalls Stichwörter zur Bedeutung seines Namens und seiner Geschichte: Wie bin ich zu meinem Namen gekommen? Was haben mir meine Mutter und mein Vater zu meiner Namensgebung erzählt? Vielleicht mag einer auch seinen Spitznamen notieren?

Nach einer Zeit des Gestaltens entscheidet jeder für sich selbst, was er den anderen über seinen Namen erzählen möchte.

Tipp:
Alle Blätter können an der Wand des Gruppenraumes aufgehängt werden.

195. Matthäus 6,10a   Dein Reich komme

 Material: nicht erforderlich

 Spieldauer: ab 20 Minuten

 Spielort: ausreichende Bewegungsfläche

 Gruppengröße: ab 6 Spielern

 Alter: ab 6 Jahre

 Art: Rollenspiel

Das Reich Gottes ist zentrales Thema der Verkündigung Jesu. In ihm ist es angebrochen. Ich selbst kann dazu beitragen, dass es sich ausbreitet. Es wächst äußerlich und innerlich im Herzen der Menschen, im Gutsein, in der Liebe.

Die Spieler überlegen sich in Kleingruppen Szenen, in denen sich das Reich Gottes in der Gegenwart ausbreiten kann, z. B. Hungernden Essen geben, Traurige trösten, Kranke besuchen, Frieden schaffen, wo Streit herrscht usw.

Nach einer geraumen Zeit stellen sich die Kleingruppen gegenseitig ihre Szenen vor und kommen über Folgendes ins Gespräch: Wie kann ich dazu beitragen, dass das Reich Gottes wächst?

Andere Bibeltextstelle, z. B. Matthäus 25,31-46.

196. Matthäus 6,10a   Frieden als ein Bruchstück des Reich Gottes

 Material: nicht erforderlich

 Spieldauer: ab 20 Minuten

Spielort: ausreichende Bewegungsfläche

 Gruppengröße: ab 6 Spielern

 Alter: ab 6 Jahre

 Art: Rollenspiel

Frieden kann als ein Bruchteil des Reich Gottes erlebt werden. Es gibt verschiedene Sprichwörter, die Frieden thematisieren. Im Mittelpunkt dieses Spiels steht der Bibelvers „Gehe in Frieden". Die Spieler werden in Kleingruppen eingeteilt. Jede Kleingruppe überlegt sich eine Szene zu diesem Segenswort. Nach einer entsprechenden Einübungsphase kommen die Kleingruppen im Plenum zusammen und spielen ihre Szenen den anderen vor.

197. Matthäus 6,10b *Dein Wille geschehe*

 Material: nicht erforderlich

 Spieldauer: ab 10 Minuten

 Spielort: ausreichende Bewegungsfläche

 Gruppengröße: ab 6 Spielern

 Alter: ab 8 Jahre

 Art: Interaktionsspiel

Diese Bitte auszusprechen, fällt mir oft nicht leicht. Ich möchte handlungsfähig und unabhängig sein. Aber indem ich bereit bin, nicht mich zum Maßstab zu setzen, sondern einen alles durchwaltenden Seinsgrund maßgebend werden zu lassen, lebe ich dienend, ohne dabei meine Freiheit zu verlieren. Ich darf das innere Wesen der Dinge und Menschen erspüren und ihm zu einem Durchbruch verhelfen.

Es werden Paare gebildet. Der größere von beiden führt den anderen durch den Raum. Derjenige, der geführt wird, ist in gewisser Weise handlungsunfähig und lässt sich dahin führen, wohin der andere will. Nach einer Weile werden die Rollen gewechselt.
Anschließend findet ein Gespräch über die gemachten Erfahrungen statt:
Wie habe ich es erlebt, keinen eigenen Willen zu haben?
Wie habe ich es erlebt, den andern zu lenken – nach meinem Willen?
Gibt es Lebenssituationen, in denen ich meinen eigenen Willen nicht zum Ausdruck bringe?
In welchen Lebenssituationen mache ich mich zum Maßstab?

Andere Bibeltextstelle, z. B. Psalm 31,9. Dann steht nicht der Wille, sondern das Verb „stellen" im Zentrum des Spiels.

198. Matthäus 6,11 **Agentenspiel**

 Material: farbig markierte "Agentenkoffer", Verlaufspläne für jede Kleingruppe, Aufgaben für die einzelnen Agentenkoffer, den Aufgaben entsprechendes Material, evtl. Verkleidung für die einzelnen Agenten

 Spieldauer: ab 60 Minuten

 Spielort: ausreichende Bewegungsfläche

 Gruppengröße: ab 12 Spielern

 Alter: hängt von den Aufgaben ab

 Art: Bewegungs- und Interaktionsspiel

Die Gesamtgruppe teilt sich in mehrere Kleingruppen auf, sodass immer mindestens drei bis vier Spieler eine Kleingruppe bilden. Jede Kleingruppe erhält einen für sie speziellen Laufplan, wie z. B. Gruppe I: rot, blau, grün, gelb; Gruppe II: gelb, grün, blau, rot. Jede Farbe ist einem "Agentenkoffer" zugeordnet, die jeweils von einem Spielleiter betreut wird und spezielle Aufgaben rund um das Thema Brot für die Kleingruppen enthält.

Nachdem den einzelnen Spielgruppen die Spielregeln erklärt worden sind, verteilen sich die "Agenten" (mehrere Spielleiter) im vorher abgesprochenen Spielgelände. Die Spieler warten etwa fünf bis zehn Minuten, um den Agenten die Chance zu geben, sich gut im Spielfeld verteilen zu können. Dann geht es los: Gruppe I sucht den Agenten mit dem roten Koffer (s. Verlaufsplan) während Gruppe II den gelben Agentenkoffer ausfindig macht. Werden dann die einzelnen Agenten gefunden, müssen diese ihren Koffer, ohne bespitzelt zu werden, geheimnisvoll öffnen und ihnen ihre Aufgabe geben. Erst wenn die Aufgabe erfüllt ist, darf der nächste Koffer bzw. Agent gesucht werden. Die Spannung bei diesem Spiel besteht darin, dass die Agenten ihre Koffer immer dann untereinander tauschen, wenn sie sich begegnen, das heißt, dass z. B. "James Bond" zunächst mit dem blauen Agentenkoffer ins Spiel geht, jedoch im Laufe des Spiels alle anderen Koffer auch einmal betreut. Das Spiel ist beendet, wenn eine Gruppe alle Aufgaben ihres Verlaufsplans bearbeitet hat.

Anschließend kommen die Kleingruppen im Plenum zusammen, um die einzelnen Aufgaben auszuwerten.

Mögliche Aufgaben:

Wie lautet die Bitte rund um das Brot im Vaterunser?
Schmeckt ein ungesäuertes Brot, das die Israeliten beim Auszug aus Ägypten backten.

Baut eine Statue zum Thema Brot.
Nennt fünf verschiedene Brotsorten.

Tipp:
Dieses Spielprinzip lässt sich auch auf andere Geschichten übertragen.

199. Matthäus 6,11   Unser tägliches Brot

 Material: Papier, Stifte, Bonbons

 Spieldauer: ab 10 Minuten

 Spielort: ausreichende Bewegungsfläche

 Gruppengröße: ab 12 Spielern

Alter: ab 6 Jahre

Art: Ratespiel

Mit dem Brot ist alles gemeint, was wir Menschen zum Leben brauchen: Liebe, Geborgenheit, Sonne, Essen und Trinken, Kleidung etc. Zusammen mit den Spielern wird überlegt, was wir alles zum Leben brauchen. Jeder Begriff wird auf einen Zettel geschrieben bzw. gemalt. Diese Bilder oder Begriffskärtchen werden im Raum in verschiedene Ecken und Winkel geklebt. Die Spieler sehen dabei nicht, wo welches Exponat seinen Platz bekommt. Dann werden Fragen zum Thema gestellt, die sich mit den Bildern oder mit den Begriffen auf den Karten beantworten lassen. Die Fragen denken sich diejenigen aus, die den Begriff gewählt haben. Die anderen sollen daraufhin den richtigen Begriff finden. Die Spieler suchen nach dem richtigen Platz im Raum und stellen sich dort auf. Diejenigen, die zu dem richtigen Begriff gewandert sind, bekommen einen Punkt, ein Bonbon o. Ä. Wer die meisten Punkte bzw. Bonbons gesammelt hat, gewinnt.

200. Matthäus 6,12   Brückenbau

Material: Diverses Baumaterial wie Toilettenpapierrollen, Tonpapier, Bierdeckel, Wäscheklammern, Korken,
als Arbeitsmittel Schere, Klebestift, Faden, etc.

Spieldauer: ab 45 Minuten

Spielort: an Tischen

Gruppengröße: ab 12 Spielern

Alter: ab 9 Jahre

 Art: Kooperationsspiel

Die Brücke ist unter anderem ein Symbol der Versöhnung und des Miteinanders.
Die Spieler werden in Kleingruppen mit jeweils vier bis sechs Spielern eingeteilt. Jede Kleingruppe erhält vom Spielleiter diverses Material, um eine Brücke daraus zu bauen. Sie erhält aber nur ein spezifisches Arbeitsmaterial, um die Brücke fertigzustellen, wie z. B. Schere, Klebstift oder Faden.
Im Spiel sollen die Spieler erkennen, dass es ihnen eine Hilfe ist, auf andere Kleingruppen zuzugehen, um sich deren spezifisches Arbeitsmaterial zu erbitten und die eigene Brücke fertig bauen zu können. Jede Kleingruppe wird dabei selbst entscheiden müssen, ob sie ihr Arbeitsmaterial verschenkt.
In einem anschließenden Gespräch kann den Spielern verdeutlicht werden, dass Versöhnung und die Liebe Gottes ein Geschenk ist, das nicht erworben werden kann.

201. Matthäus 6,12 *Mein Gewissen*

 Material: nicht erforderlich

 Spieldauer: ab 20 Minuten

 Spielort: im Kreis

 Gruppengröße: ab 6 Spielern

 Alter: ab 9 Jahre

 Art: Rollenspiel

Den Spielern wird folgende Szene beschrieben:
Nach einem Umzug in eine andere Stadt ist Jan in eine für ihn neue Schulklasse gekommen. Er leidet darunter, keine neuen Freunde zu finden. Aufgrund der neuen Arbeitsstellen haben auch seine Eltern kaum Zeit für ihren Sohn. Nach Wochen wird er von drei Jungen auf dem Schulhof angesprochen und sie tauschen sich über den Hockeyverein ihrer Stadt aus. Sie laden Jan ein, einmal zum Training mitzukommen. Jan geht gern mit, zumal er auch vor dem Umzug Hockey gespielt hat. Doch Jan stört es, dass sich die anderen drei Jungen über seine alten Trainingsklamotten lustig machen. Noch bevor er überlegen kann, seine Eltern darum zu bitten, am kommenden Wochenende mit ihm einkaufen zu gehen, sagt einer der Jungs: „Los, wir gehen jetzt in den Sportladen und dann holst du dir etwas Neues. Während Martin, Thomas und ich die Verkäuferin ablenken, nimmst du dir einfach den Trainingsanzug, der dir gefällt." Jan geht mit den drei Jungen in die Stadt. Welche Gedanken mag Jan jetzt haben?

Jetzt ist die Fantasie und das Gewissen der Spieler gefragt, indem sie die Ängste, Wünsche, Zwänge und Werte ins Blickfeld nehmen:

Jan hat sonst keine „Freunde".

Er will kein Außenseiter sein.

Jan hat Angst vor Spott.

Jan möchte kein „Spielverderber" sein.

Er möchte seine Eltern nicht enttäuschen.

Er hat den Eltern versprochen: „Ich stehle nicht."

Jan denkt an das Gebot „Du sollst nicht stehlen."

Die Spieler untersuchen und bewerten in Kleingruppen die oben genannten Ängste, Wünsche, Zwänge und Werte. Nach einer entsprechenden Vorbereitungsphase vertritt jeweils eine Person aus einer Kleingruppe spielerisch seine Meinung zu der Gewissensentscheidung.

Hierzu steht jedem Vertreter ein Stuhl im Kreis zur Verfügung. Während der Diskussionsrunde können andere aus der Kleingruppe ihren Vertreter „abklopfen" und selbst in die Diskussion einsteigen.

202. Matthäus 6,12 Steine als Zeichen der Last von Schuld

 Material: mehrere schwere Steine

 Spieldauer: ca. 10 Minuten

 Spielort: ausreichende Bewegungsfläche

 Gruppengröße: ab 6 Spielern

 Alter: ab 9 Jahre

 Art: Rollenspiel

Steine wiegen schwer und haben Gewicht. Deswegen stehen sie als Zeichen für Schuld, die Menschen oft auch als eine schwere Last empfinden. Spielerisch kommt der Ausdruck des „Schuldsteins" in Bewegung, um sich der Last der Schuld zu entledigen.

Die Spieler teilen sich in Kleingruppen auf. Jede Kleingruppe überlegt sich Szenen aus dem Alltag, wie mit Schuld umgegangen werden kann. Schuld tragen, Schuld ablehnen, jemanden die Schuld zuschieben, jemandem allein die Schuld geben, die eigene Schuld verbergen, Schuld des Anderen mittragen, jemanden um Vergebung bitten.

Dann erhält jede Kleingruppe einen schweren Stein, mit dem sie im Anspiel ihre Szene darstellt.

Im Anschluss an die Spielszenen kann ein Gespräch mit den Spielern erfolgen, wie jemand mit seiner Schuld fertig werden kann, z. B. Schuld er- und bekennen, Schuld bereuen, zu seiner Schuld stehen. In einem weiteren Schritt kann mithilfe von verschiedenen biblischen Geschichten das Thema vertieft werden, um zu zeigen, wie Gott sich gegenüber Schuldigen verhält.

203. Matthäus 6,12 Und vergib uns unsere Schuld, wie auch wir vergeben unseren Schuldigern

Material: Steine und Kerzen für jeden Spieler, eine große Kerze für die Mitte

Spieldauer: ca. 10 Minuten

Spielort: im Kreis

Gruppengröße: ab 6 Spielern

Alter: ab 9 Jahre

Art: Interaktionsspiel

Die Heilung unseres Menschseins kommt hier zum Ausdruck. In dieser Übung geht es darum, diese Bitte als Spieler ganzheitlich zu erfahren. Hierzu stellen sich alle Spieler in einem Kreis auf. In der Mitte steht eine brennende Kerze. Für jeden Spieler liegen ebenfalls Tafelkerzen und Steine in der Mitte. Der Spielleiter erklärt zur Einführung, dass alles, was er vormacht, der Reihe nach wiederholt werden soll. Hilfreich ist es, wenn der Spielleiter im Vorfeld einen anderen Spieler in dieses Selbsterfahrungsspiel eingeführt hat, damit die anderen Spieler dieses ohne Rückfragen nachvollziehen können.

Der Ablauf sieht wie folgt aus:
Als Zeichen des Schuldigwerdens am anderen, schubst Person eins Person zwei an. Dann nimmt Person eins einen Stein auf. Der Stein steht für die Last der Schuld. Dann beginnt eine neue Runde, indem Person zwei Person drei anschubst. Dies wiederholt sich solange, bis alle einen Stein in der Hand halten.

Dann vollzieht sich der nächste Schritt:
Person eins zündet sich eine Tafelkerze an der brennenden Kerze an und wendet sich an Gott: „Und vergib uns unsere Schuld!"
Anschließend nimmt Person zwei Person eins den Stein aus der Hand mit den Worten: „... wie auch wir vergeben unseren Schuldigern" und legt diesen vor den Füßen der ersten Person ab.
Es wiederholt sich dieser Ablauf solange, bis alle eine Kerze in der Hand halten und ihren Schuldstein vor ihren Füßen liegen haben.
Zum Schluss kann gemeinsam das Vaterunser gebetet werden.

204. Matthäus 6,12 Versöhnung ist wie ...

Material: evtl. das Lied „Wie ein Fest nach langer Trauer"

Spieldauer: ab 10 Minuten

Spielort: ausreichende Bewegungsfläche

Gruppengröße: ab 6 Spielern

Alter: ab 9 Jahre

Art: Rollenspiel

Die Spieler werden in Kleingruppen eingeteilt. Jede Kleingruppe überlegt sich Aussagen zu dem Satzbeginn „Versöhnung ist wie ..."
In einem zweiten Schritt stellt jede Kleingruppe den anderen Spielern ihre Version in einer Szene vor. Die Gruppe, die als erstes die Ergänzung des Satzteiles erraten hat, spielt dann ihre Szene vor usw.
Im Anschluss an das Spiel kann das Lied „Wie ein Fest nach langer Trauer" (Text: Jürgen Werth, Melodie: Johannes Nitsch. In: Feiert Jesus 1. Holzgerlingen 2005.) gesungen werden.

205. Matthäus 6,13 Erlöse uns von dem Bösen

Material: Zettel, Stifte, Wäscheklammern, Tuch zum Augen verbinden

Spieldauer: ab 10 Minuten

Spielort: ausreichende Bewegungsfläche

Gruppengröße: ab 10 Spielern

Alter: ab 9 Jahre

Art: Bewegungsspiel

In der letzten Bitte des Vaterunsers bitten wir Gott darum, dass er uns von allem befreit, was uns und die Welt bedroht und lebensvernichtend ist. Damit wird eine Sehnsucht nach einer Befreiung zu einem erfüllten Leben deutlich.

Die Spielgruppe sammelt im Gespräch Begriffe zu Lebenssituationen, in denen sie schon einmal ein belastetes Gefühl hatten, z. B. Blindheit des Herzens, Egoismus, Süchte, Neid, Stolz, Vorurteile, Hartherzigkeit. Jeder Begriff wird auf einen Zettel geschrieben.

Ein Freiwilliger aus der Gruppe stellt sich zur Verfügung. Ihm werden die Augen verbunden und ca. fünf Zettel mit einer Wäscheklammer an den Körper geheftet. Er ist belastet mit dem Bösen. Dann haben einzelne Spieler nacheinander die Aufgabe, ihn davon zu befreien. Der „Belastete" darf dabei unterschiedliche Rollen einnehmen:

Wenn er „keine Hilfe von den anderen annehmen" möchte, hat es der entsprechende Spieler schwer, ihm eine Wäscheklammer vom Körper zu zupfen.

Wenn er sich jedoch gerne helfen lassen möchte, dann findet der entsprechende Spieler einen leichten Zugang zu ihm und befreit ihn schnell von einer belasteten Lebenssituation (Zettel).

206. Matthäus 6,25-26b **Kleiderstaffel**

Material: Kleidungsstücke

Spieldauer: ab 10 Minuten

Spielort: ausreichende Bewegungsfläche

Gruppengröße: ab 10 Spielern

Alter: ab 6 Jahre

Art: Bewegungs- und Wettkampfspiel

Sorgt euch nicht um Kleidung, die bekommt man zur Not vom Nachbarn.

Das Spiel verläuft als Staffel. Die Kinder werden in zwei oder mehrere Gruppen eingeteilt. Jeweils ein Satz Bekleidung (Oberteil und Unterteil) pro Gruppe wird in Laufdistanz abgelegt. Auf ein Startzeichen hin laufen die ersten Spieler einer Gruppe zur Bekleidung, ziehen diese über und rennen zur Gruppe zurück. Dort ziehen sie die Bekleidung aus und geben sie an den zweiten Spieler weiter. Dieser schlüpft in die Bekleidung und rennt damit zum ursprünglichen Kleiderort. Dort legt er die Bekleidung für den folgenden Spieler seiner Gruppe ab.

207. Matthäus 6,25-30 **Ich bin eine Blume**

Material: Bilder und Postkarten von Blumen

Spieldauer: 10-20 Minuten

Spielort: im Kreis

Gruppengröße: 5-20 Spieler

Alter: ab 6 Jahre

 Art: Interaktionsspiel

In der Mitte liegen verschiedene Bilder oder Postkarten mit Blumen. Jetzt laufen alle Kinder an den Karten vorbei. Sie wählen eine Karte aus und merken sich das Motiv, ohne dass die anderen Kinder dies erkennen. Der Reihe nach stellen sich die Kinder anhand ihrer Bildmotive vor, z. B.: „Ich bin auch manchmal so stachelig wie eine Rose!" „Ich bin so groß wie eine Sonnenblume!"

Variante:
Die Kinder versuchen ihrem linken Nachbarn eine Blume zuzuordnen. „Ich denke du hast dir eine …. ausgesucht, weil…." Dann wird mit dem ausgewählten Motiv verglichen.

208. Matthäus 6,25-30 *Von Sorgen befreien*

 Material: Gaben aus der Natur

 Spieldauer: ab einen Tag

 Spielort: anregungsreiches Spielfeld, im Kreis

 Gruppengröße: ab 10 Spielern

 Alter: ab 9 Jahre

 Art: Interaktionsspiel

Wer kennt das nicht? Das Sorgen und das Ängstigen um sich selbst. Aber das Leben geht nicht in der Sorge auf. Deswegen ist es wichtig zu bedenken, was mir/uns an Leben geschenkt wird. Daran erinnert Gottes Sohn in seiner Verkündigung: Denn Gott weiß, was ich brauche. Er sieht mich und tut viel mehr für mich, als ich es ahnen kann.

Dieses Spiel eignet sich besonders gut während einer Freizeit und für eine Gruppe, die sich über einen langen Zeitraum regelmäßig trifft.
Die Gruppe wird in zwei Kleingruppen eingeteilt. Die Spieler aus der einen Gruppe übernehmen die Rolle der Schenkenden. Dazu bringt jeder aus der Kleingruppe zu einer vereinbarten Zeit, entweder zum nächsten Gruppentreffen oder zum nächsten Tag, einen kleinen Schatz, eine Schönheit aus der Natur mit. Jeder darf sich aussuchen, welcher Person er aus der anderen Kleingruppe sein Geschenk überreichen möchte.
Zu einer anderen Zeit können die Rollen gewechselt werden. So wird jeder einmal zum Schenker und Empfänger einer schönen Gabe.

Dieses Interaktionsspiel kann mit einem Gespräch abschließen:
Was war für mich schöner: Zu schenken oder beschenkt zu werden?
Was habe ich beim Empfang eines Geschenkes empfunden?
Habe ich mehrere Geschenke erhalten?
Habe ich kein Geschenk erhalten? Wenn ich nicht beschenkt wurde, wie habe ich mich dabei gefühlt?
Von wem aus der Gruppe hätte ich gerne ein Geschenk erhalten?

209. Matthäus 7,7-8   Hans im Glück

 Material: Märchen der Brüder Grimm „Hans im Glück", Papier und Stifte

 Spieldauer: ab 20 Minuten

 Spielort: ausreichende Bewegungsfläche

 Gruppengröße: ab 10 Spielern

 Alter: ab 9 Jahre

 Art: Interaktionsspiel

Die Brüder Grimm beschreiben in ihrem Märchen „Hans im Glück", wie die Hauptperson alle seine Lasten des Lebens abwirft und mit leichtem Herzen fortgeht, um bei seiner Mutter zu sein. Obwohl er immer weniger hat, scheint er glücklich zu sein. Er fragt nicht danach, welchen Wert das Einzelne besitzt. Am Ende der Geschichte erkennt er sein eigenes Spiegelbild in der Tiefe eines Brunnens.

Nach dem Hören des Märchens schreibt jeder Spieler einen Besitz auf, der ihn glücklich macht, z. B. Fahrrad, Freunde, Taschengeld, gute Schulnoten, ein Schmuckstück etc.
In einem zweiten Schritt werden die Spieler aufgefordert, ihren Besitz gegen einen anderen einzutauschen wie auf einem Basar. Nach einer Phase des Tauschens findet ein Gespräch über das Erlebte statt. Mögliche Fragen können sein:
Wie geht es mir, wenn ich etwas nicht bekomme, was ich gern haben möchte?
Wie geht es mir, wenn ein anderer etwas von mir haben möchte, dass ich nicht hergeben will?
Wie verhalte ich mich, wenn ich von anderen etwas haben möchte?
Ist es für mich leicht bzw. schwer, von anderen etwas zu verlangen oder zu erbitten?
Kann ich Grenzen setzen bzw. „Nein" sagen?

210. Matthäus 7,12-27   Ja-Nein-Karten

Material: Ja-Nein-Karten, vorbereitete Fragen oder Aussagen zum Thema

Spieldauer: ab 5 Minuten

Spielort: ausreichende Bewegungsfläche

Gruppengröße: ab 10 Spielern

Alter: ab 6 Jahre

Art: Ratespiel

Die Spieler erhalten je eine „Ja"- und eine „Nein-Karte". Alle stellen sich hin. Die Fragen oder Aussagen zum Text (auf die man mit Ja oder Nein antworten können muss) werden vorgelesen. Als Antwort heben die Spieler die entsprechende Karte. Wer richtig geantwortet hat, bleibt stehen. Wer schafft es bis zum Schluss?

Mögliche Fragen/Aussagen
War derjenige der kluge Mann, welcher das Haus auf Sand baute?
War derjenige der kluge Mann, welcher das Haus auf Fels baute?
Verdorrt der Baum mit den schlechten Früchten?
Verdorrt der Baum mit den guten Früchten?
Der gute Weg ist der breitere.
Der gute Weg ist der schmalere.
Die in den Schafskleidern sind die richtigen Propheten.

Tipp:
Dieses Spielprinzip lässt sich auch auf andere Geschichten übertragen.

211. Matthäus 7,24-27   Experiment vom Hausbau

Material: 2 Wannen oder 2 Hälften eines „Muschelsandkastens", Sand, Backsteine, große Holzbauklötze, Gießkannen, Kieselsteine, dünne Eddingstifte

Spieldauer: ab 20 Minuten

Spielort: ausreichende Bewegungsfläche

 Gruppengröße: ab 6 Spielern

 Alter: ab 4 Jahre

Art: Experiment

Wer Jesu Worte nur hört, baut auf Sand. Wer jedoch seine Worte in seinem Leben wirksam werden lässt, baut auf Felsen.

Als Spieleinstieg können die Spieler zuerst mit Sand spielen: Der Sand rieselt durch die Finger, Formen aus Sand bauen etc.
Dann werden die Spieler in zwei Gruppen eingeteilt. Jede Gruppe bekommt eine Wanne oder eine „Muschelsandkastenhälfte". Die eine Gruppe schichtet in ihrer Wanne einen großen Sandberg auf, der oben eine ebene Fläche haben soll. Die andere Gruppe macht dies mit Backsteinen. Anschließend bekommt jede Gruppe große Holzbausteine und baut auf ihre Ebene ein solides Haus.
Nun beginnt das eigentliche Experiment. Je nach Größe des Sandberges werden eine oder mehrere Gießkanne/n Wasser über dem Haus auf Sand ausgegossen, bis der Sandberg schwindet und das Haus einstürzt. Genauso viel Wasser wird über dem Haus aus Stein ausgegossen und nichts passiert.
Das Gleichnis vom klugen Hausbau kann entweder während des Experiments erzählt werden oder im Anschluss. Als Erinnerung darf sich jedes Kind einen Kieselstein mit nach Hause nehmen, auf den mit einem dünnen Eddingstift die Bibelstelle oder ein passender Satz geschrieben wird.

212. Matthäus 7,24-27 *Raupe und Bagger*

 Material: Kreide

Spieldauer: ab 5 Minuten

Spielort: ausreichende Bewegungsfläche

Gruppengröße: ab 10 Spielern

Alter: ab 5 Jahre

Art: Bewegungs- und Wettkampfspiel

Um feste Häuser bauen zu können, braucht es Raupen und Bagger. Wie zwei verschiedene Bauunternehmen treten sie hier gegeneinander an.

Die Spieler teilen sich in zwei Gruppen und legen sich mit den Füßen zueinander an der Spielfeldmittellinie auf dem Bauch hin (oder setzen sich in einem Abstand hin). Die eine Gruppe sind die Raupen, die andere die Bagger. Ein Mitarbeiter benennt eine Gruppe. Die Spieler der genannten Gruppe jagen die Spieler der anderen Gruppe zur Endlinie des Spielfeldes, die aber jeweils durch die Reihen der jeweiligen Gegner geht. Die an den Rand abgeschlagenen Spieler wechseln in die jeweils andere Baumaschinenklasse.

213. Matthäus 8,5 **Vertrauensgasse**

 Material: nicht erforderlich

 Spieldauer: ca. 5 Minuten

 Spielort: ausreichende Bewegungsfläche

Gruppengröße: ab 15 Spieler

Alter: ab 6 Jahre

Art: Kooperationsspiel

Der Hauptmann von Kapernaum, der im Alltag selbst gewohnt ist, Befehle entgegen zu nehmen oder auszuteilen, vertraut Jesus grenzenlos. Er verlässt sich auf ein Wort, damit sein Knecht wieder gesund wird.

Die Spieler erleben Vertrauen, indem sie sich auf ein Wort verlassen. Dazu bilden die Spieler zwei Reihen. Sie stehen sich gegenüber und strecken die Arme aus, sodass zwischen den Händen eine Gasse von ca. 50 cm Breite bestehen bleibt. Ein Freiwilliger darf anfangen. Er stellt sich an das eine Ende der Gasse, schließt die Augen und kann nun, mit einem Tempo seiner Wahl, die Gasse durchlaufen. Er wird durch die Reihe der anderen geführt, indem er nur durch Worte der anderen ans Ende der Gasse geleitet wird.

Tipp:
Von den Spielern muss bei diesem Spiel eine gute Portion Vertrauen und Mut aufgebracht werden. Dazu darf keiner gedrängt werden, höchstens ermuntert.

Andere Bibeltextstellen, z. B. Psalm 46,1-6, Matthäus 8,23-27, Matthäus 14,22-23.

214. Matthäus 13,44 **Das Goldgräberspiel**

 Material: Korken, Luftballons, Filmdosen, präparierte Muscheln, Zettel, Stifte, Fähnchen in den entsprechenden Kleingruppenfarben, evtl. Schaufeln, „Fahrplan" für die Spielleitung, „Versilberungsmöglichkeiten"

 Spieldauer: ab 60 Minuten

 Spielort: am Strand

 Gruppengröße: ab 16 Spielern

Alter: ab 6 Jahre

 Art: Bewegungs- und Kooperationsspiel

Ein Mann findet einen Schatz im Acker. Dieser ist so kostbar, dass es sich lohnt, alles andere dafür herzugeben.

Die Spieler werden in bis zu fünf Kleingruppen eingeteilt. Vor Spielbeginn vergräbt jede Kleingruppe zehn Bodenschätze: jeweils zweimal als Bodenschätze Goldnuggets (Korken), Erdöl (mit Wasser gefüllte Luftballons), Kohle (Filmdosen), natürliche Bodenschätze (präparierte Muscheln) und Gruppenaufgaben. Für diese Aufgaben überlegt sich jede Kleingruppe für andere Goldgräber spezifische Aufgaben, die an Ort und Stelle sofort erfüllt werden müssen, z. B. holt 20 ml Wasser aus der Nordsee.
Die insgesamt zehn Bodenschätze pro Kleingruppe werden in einem gekennzeichneten Areal von etwa 25 bis 30 m^2 vergraben. Jeder vergrabene Bodenschatz wird anschließend durch ein Fähnchen mit der entsprechenden Gruppenfarbe gekennzeichnet, aber nicht direkt über dem vergrabenen Bodenschatz, sondern in einem Umfeld von ca. 20 cm.
Dann kann das Goldgräberspiel beginnen:
Gruppe Blau geht zu den roten Fähnchen;
Gruppe Rot geht zu den gelben Fähnchen;
Gruppe Gelb geht zu den grünen Fähnchen;
Gruppe Grün geht zu den schwarzen Fähnchen;
Gruppe Schwarz geht zu den blauen Fähnchen;
Jetzt darf gebuddelt werden – auch ohne Schaufeln. Wenn eine Gruppe einen Bodenschatz ausgebuddelt hat, geht diese Gruppe zur Spielleitung und lässt sich diesen "versilbern". Anhand des ausgebuddelten Bodenschatzes bestimmt die Spielleitung, in welchem Areal als nächstes gebuddelt werden darf, und zwar nach folgender Spielregel:

Gruppenaufgabe	Wertigkeit 5, geht zu Rot
Gold (Korken)	Wertigkeit 4, geht zu Gelb
Erdöl (mit Wasser gefüllter Luftballon)	Wertigkeit 3, geht zu Blau
Natürlicher Bodenschatz (präparierte Muschel)	Wertigkeit 2, geht zu Grün
Kohle (Filmdose)	Wertigkeit 1, geht zu Schwarz

Hat also die rote Gruppe eine Filmdose im grünen Feld gefunden, geht sie zum nächsten Auffinden eines Bodenschatzes in das schwarze Feld, weil sie zuvor Kohle = Schwarz gefunden hat. Wichtig ist zu beachten, dass niemals eine Gruppe im eigenen Feld buddelt. Die Spielleitung überlegt sich also vor Spielbeginn eine Reihenfolge, wie die jeweiligen Gruppen weitergeschickt werden, z. B.: Die rote Gruppe hat eine Gruppenaufgabe im schwarzen Feld gefunden. Nach der Spielregel müsste diese Gruppe zurück ins rote Feld - das geht aber nicht, stattdessen wird die Gruppe zum gelben Feld geschickt (s. Reihenfolge oben).
Das Spiel ist beendet, wenn alle Bodenschätze ausgebuddelt sind bzw. wenn die verabredete Spielzeit abgelaufen ist.

Zum Schluss des Spiels werden die Punkte noch zusammengezählt und "versilbert", d. h. nicht die Gruppe, die am meisten ausgebuddelt hat, hat auch gleichzeitig gewonnen. Es folgt dann eine Siegerehrung aller Goldgräber, in der die gesammelten Bodenschätze z. B. in Süßigkeiten verwandelt werden. Welche Gruppe hat den kostbaren Acker gefunden?

215. Matthäus 13,45 **Die kostbare Perle**

 Material: Topf, Kochlöffel, Tuch, Schatz

Spieldauer: ca. 10 Minuten

Spielort: ausreichende Bewegungsfläche

Gruppengröße: ab 4 Spielern

Alter: ab 5 Jahre

Art: Kooperationsspiel

Ein Kaufmann freut sich über eine kostbare Perle, die er findet. Begeistert verkauft er alles, um diesen Schatz erwerben zu können. Jesus vergleicht dieses Bild mit dem Himmelreich. Es ist ein so großer Schatz, dass es sich lohnt, alles andere dafür aufzugeben.

Passend zum Gleichnis kann das klassische Kinderspiel „Topfschlagen" mit jüngeren Kindern gespielt werden. Hierzu wird im Raum ein Topf versteckt, der einen kostbaren Schatz für die Kinder verbirgt. Ein Kind, dessen Augen verbunden sind, sucht krabbelnd mithilfe eines Kochlöffels den Topf. Die anderen Kinder können dem Suchenden Hinweise geben, indem sie z. B. „heiß" oder „kalt" sagen, je nachdem, wo sich der Spieler befindet. Hat dieser den Schatz gefunden, schlägt er auf den Topf, darf das Tuch von den Augen nehmen und die Überraschung behalten. Dieses Spiel kann von mehreren Kindern wiederholt werden. Die Kinder erleben die Freude über das Suchen und Finden des Schatzes, die der Freude über das Finden Gottes gleicht.

Andere Bibeltextstelle, z. B. Matthäus 13,44.

216. Matthäus 14,22-33 **Gehalten in der Angst**

 Material: für die Varianten ein Tau oder ein Schwungtuch

 Spieldauer: ab 10 Minuten

 Spielort: ausreichende Bewegungsfläche

Gruppengröße: ab 10 Spielern

 Alter: ab 6 Jahre

 Art: Kooperationsspiel

Das Vertrauen von Petrus macht es möglich, dass er es schafft, über das Wasser zu gehen. Was ist möglich, wenn die Spieler einander vertrauen?

Die Spieler stehen an den Händen gefasst im Kreis. Es wird fortlaufend gezählt. Die Personen mit gerader Nummer lehnen sich beim Startkommando langsam nach vorne, die Personen mit ungerader Nummer nach hinten. Wenn alle fest mit beiden Beinen auf dem Boden stehen, wird keiner der Spieler aus dem Kreis fallen. Dann kommt es zu einem langsamen Wechsel: Die Zurücklehnenden ziehen sich nach vorne, die Vorlehnenden gehen zurück.

1. Variante:
Die Spieler halten an einem Tau fest, das sicher zusammengeknotet ist, und lehnen sich langsam nach hinten.

2. Variante:
Die Spieler sitzen im Kreis auf dem Boden, die Füße zur Mitte hin ausgerichtet. Alle halten sich an einem Tau fest und versuchen, auf ein Zeichen hin, gleichzeitig aufzustehen.

3. Variante:
Ein Spieler legt sich in ein Schwungtuch und wird von den anderen getragen.

217. Matthäus 20,1-16 Was ist gerecht?

 Material: Stifte oder ähnliche Gegenstände

 Spieldauer: ca. 10 Minuten

 Spielort: ausreichende Bewegungsfläche

 Gruppengröße: ab 6 Spielern

 Alter: ab 6 Jahre

 Art: Interaktionsspiel

Das Reich Gottes wird mit einer alltäglichen gesellschaftlichen Situation verglichen. Gerechtigkeit und Ungerechtigkeit spielen in dieser Erzählung eine Rolle. Alle Arbeiter, egal ob sie eine Stunde oder zwölf Stunden im Weinberg gearbeitet haben, erhalten den gleichen Tageslohn, einen Denar. Sie alle haben ihren Lohn entsprechend der Absprache erhalten, aber dennoch fühlen sich die Arbeiter, die viel länger als die anderen Tagelöhner gearbeitet haben, ungerecht behandelt. Anhand dieser Erzählung wird deutlich, dass die Gerechtigkeit Gottes die menschlichen Gerechtigkeitsvorstellungen sprengt. Gott gibt jedem, was er zum Leben braucht. Es kommt nicht auf den Verdienst an, sondern auf das Bedürfnis. Jeder Arbeiter erhält einen Denar, um seine Familie für einen Tag ernähren zu können.

Um den Gerechtigkeitsbegriff ins Spiel zu bringen, liegen für jedes Kind zwei Stifte in der Mitte. Die Kinder werden aufgefordert, sich für ein Bild Stifte zu nehmen. Sicherlich greifen einige Kinder schnell zu und legen sich viele Stifte für ihr Bild bereit, während andere Kinder keinen Stift bekommen. Diese Erfahrung kann Ausgangspunkt für ein Gespräch sein: Wie geht es mir, wenn ich viel habe? Wie geht es mir, wenn ich gar nichts habe oder nur wenig? Wie kommt es, dass die Stifte ungerecht verteilt sind? Was ist gerecht? Was ist ungerecht?

In einem weiterführenden Gespräch kann die Aufmerksamkeit auf die Ungerechtigkeit unter Menschen gelenkt werden. Wenn Gott will, dass jeder bekommt, was er braucht, welche Handlungsmöglichkeiten wären dann erforderlich?

Natürlich ist diese Geschichte geeignet, um sie mit Kindern szenisch nachzuspielen. Freude und Ärger können nachempfunden werden.

218. Matthäus 21,10 Wer ist dieser Jesus?

Material: Papier, Stifte, evtl. Stoppuhr

Spieldauer: ab 15 Minuten

Spielort: ausreichende Bewegungsfläche

Gruppengröße: ab 6 Spielern

Alter: ab 9 Jahre

Art: Pantomimik, Standbild

Am Ende seiner Wirkungszeit trägt Jesus viele Namen: Sohn Gottes, Prediger, Rabbi, König, Heiland, Erfüller, Freudenbringer, Freund, Prophet etc. Als Jesus in Jerusalem einzieht, fragen sich die Menschen: Wer ist dieser Jesus?

Gemeinsam mit der Gruppe werden viele Namen für Jesus gesammelt und auf Papier geschrieben – ein Name pro Zettel. Dann werden zwei Kleingruppen gebildet. Die Zettel werden gemischt und auf die beiden Gruppen aufgeteilt. Ein Freiwilliger aus der ersten Kleingruppe stellt den ersten Begriff der zweiten Gruppe pantomimisch dar. Wenn die zweite Gruppe den Begriff erraten hat, erhält sie einen Punkt. Dann ist diese Gruppe mit einer pantomimischen Darstellung an der Reihe.

Variante:
Die Kleingruppe stellt einen Namen für Jesus in einem Standbild so dar, dass die andere Gruppe diesen Begriff erraten kann.

219. Matthäus 21,12-13 **Schnelles Geld**

 Material: Papier, Stifte, 20-Cent-Stücke

Spieldauer: 10-20 Minuten

Spielort: am Tisch

Gruppengröße: ab 2 Spielern

Alter: ab 6 Jahre

Art: Geschicklichkeitsspiel

Jesus war wenig erbaut über die Geldwechsler im Tempel. Im folgenden Spiel werden Münzen zum Spielzweck gebraucht und nicht, um damit Geld zu verdienen wie die Händler im Tempel.

Zum Spieleinstieg schreiben die Spieler viele verschiedene Währungen auf. Wer kennt die meisten Währungen? Wer weiß, in welchen Ländern der Euro eingeführt ist?

Auf einer glatten Tischplatte werden an ein Tischende drei 20-Centstücke gelegt. Die Münzen bilden ein gleichschenkliges Dreieck, sie sind ca. zehn Zentimeter voneinander entfernt. Der erste Spieler beginnt und schnipst die einzelne Münze zwischen den beiden anderen, die quasi ein Tor bilden, hindurch. Gelingt ihm dies und die Münze kommt vor den anderen zum Liegen, darf er noch einmal schnipsen, immer die hinterste Münze zwischen den beiden weiter vorne liegenden. Bleibt die Münze hinter den beiden „Tormünzen" liegen, darf er nicht mehr weiterschnipsen. Es gibt verschiedene Wertungsmöglichkeiten: Gewonnen hat derjenige, der am wenigsten „Schnipser" gebraucht hat, um eine Münze über den Rand der gegenüberliegenden Tischkante zu schießen. Oder gewonnen hat derjenige, der die meisten Schnipser benötigt hat. Oder es siegt derjenige, der seine Münze am dichtesten an den „Abgrund" der gegenüberliegenden Tischkante geschnipst hat, ohne dass die Münze herunterfällt.

220. Matthäus 25,14-30 **Meine Talente**

 Material: Kopien mit einem menschlichen Körperumriss, Stifte, evtl. Tapetenrolle, Klebstoff

 Spieldauer: ab 15 Minuten

 Spielort: ausreichende Bewegungsfläche

 Gruppengröße: ab 6 Spielern

 Alter: ab 9 Jahre

 Art: Interaktionsspiel

In der Geschichte Jesu vertraut ein Kaufmann vor Antritt einer Reise sein Vermögen drei Knechten an. Entsprechend seiner Einschätzung ihrer Tüchtigkeit erhält der eine fünf, der andere zwei Talente und der dritte ein Talent. Die ersten beiden haben Erfolg und verdoppeln ihren Geldwert. Der dritte möchte kein Risiko eingehen und vergräbt das Geld. Diesen Mann lässt der Kaufmann seine Härte spüren und nimmt ihm das Geld ab, um es dem ersten Knecht noch zusätzlich zu geben. Das Gleichnis macht deutlich: Jesus vertraut uns etwas an und traut uns etwas zu. Er sieht Unterschiede, aber keiner ist ohne Talente. Sie gilt es nicht liegen zu lassen, sondern sie zur Selbstverwirklichung und zur Freude anderer einzusetzen.

Bei dem folgenden Interaktionsspiel machen sich die Spieler Gedanken über die ihnen anvertrauten Talente.
Zunächst erhält jeder Spieler einen auf Papier gezeichneten menschlichen Körperumriss. In diesen Menschen trägt jeder für sich seine Talente ein und ordnet sie dabei den entsprechenden Körperteilen zu, z. B. wer gut Fußball spielen kann, trägt dieses Talent in den Fußteil der Kopie ein etc.
Danach stellt jeder Spieler seine Talente den anderen vor. In dieser Runde wird bereits deutlich: Jeder hat unterschiedliche Talente und der eine hat mehr als der andere. So ist es im Leben.
In einem letzten Schritt kann aus diesen Bildern eine Gruppencollage auf einer Tapetenrolle entstehen. Sie macht deutlich: Jeder macht etwas aus seinen Talenten.

Ein Auswertungsgespräch kann sich an das Interaktionsspiel anschließen:
Welche Talente habe ich?
Welche Entdeckung mache ich, wenn ich meine Talente mit denen der anderen vergleiche?
Welchen Wunsch habe ich für den anderen, wenn ich an sein/e Talent/e denke?

221. Matthäus 25,31-41 Miteinander teilen

 Material: Zeitungspapier, Stifte, Musikanlage, CD

Spieldauer: ab 15 Minuten

Spielort: ausreichende Bewegungsfläche

Gruppengröße: ab 10 Spielern

Alter: ab 6 Jahre

Art: Bewegungsspiel

Die Spieler tragen zusammen, was sie mit anderen teilen können, z. B. Zeit, um andere zu besuchen, Freude, um andere zu trösten oder Wissen, um anderen bei Schulschwierigkeiten zu helfen. Jeder einzelne Begriff wird auf ein Zeitungspapier geschrieben. Diese werden in der Spielfläche verteilt ausgelegt. Die Spieler stellen sich auf das Papier und können dann, solange Musik gespielt wird, von einem Werk des Teilens zu einem anderen springen. Sobald die Musik aufhört, wird pro Durchgang ein Werk weggenommen. So teilen sich die Spieler immer mehr die Werke der Barmherzigkeit.

222. Matthäus 25,31-41 Sich selbst teilen

 Material: nicht erforderlich

Spieldauer: ab 30 Minuten

Spielort: im Kreis

Gruppengröße: ab 10 Spielern

Alter: ab 12 Jahre

Art: Interaktionsspiel

Diese Geschichte beschreibt die sieben Werke der Barmherzigkeit.

Jeder Spieler denkt sich eine Leistung aus, die er für einen anderen tun kann: Einkaufen gehen, Blumen pflücken, ein Lied singen, aus einem Buch vorlesen, ein Bild malen, einen Kuchen backen.
Bei einer Gelegenheit, bei der viele mögliche Interessenten an einem solchen Angebot zugegen sind (bei einem Geburtstag, nach einem Gottesdienst, bei einem Schulfest), bieten sich die Spieler mit ihrer Leistung an und lassen sich in einer Auk-

tion ersteigern. Das geht so: Einer macht den Anfang und stellt sich vorne hin. „Ich bin Stefanie — und wer mich ersteigert, dem singe ich ein Lied vor!" Die Erwachsenen bieten nun Geld und wer das meiste bietet, hat Stefanie ersteigert und bekommt das Lied vorgesungen. Nach und nach lassen sich alle Spieler ersteigern.

Tipp:
Es ist sinnvoll, eine solche Aktion vorher bekannt zu machen und mit einem konkreten Ziel zu verknüpfen: Heute soll Geld für eine Organisation, ein Projekt oder einen anderen Anlass gesammelt werden.

223. Matthäus 26,6-13   Duftmemory

 Material: Filmdosen mit vielen verschiedenen Düften, z. B. Zimt, Kalmus, Cassia usw.

 Spieldauer: hängt von der Menge der Filmdosenpaare ab, ca. 10 Minuten

 Spielort: im Kreis

 Gruppengröße: ab 6 Spielern

 Alter: ab 6 Jahre

 Art: Ratespiel

Eine Frau aus Betanien hat ein Glas aus kostbarem Salböl und gießt es Jesus auf sein Haupt. Bevor sein Leidensweg beginnt, erfährt Jesus mit dieser Geste in einer Zeichenhandlung die Zuwendung einer Frau.

In Anlehnung an diese Geschichte werden verschiedene wohlriechende Düfte oder Öle, z. B. Zimt, Kalmus, Cassia oder Olivenöl auf verschiedene Filmdosen verteilt. Es reichen einige ml pro Filmdose. Da solche Düfte wie Kalmus oder Cassia unbekannt sind, wird jeder Duft jeweils auf zwei Filmdosen verteilt. Die Filmdosen werden, wie beim klassischen Memoryspiel, in der Mitte der Spielgruppe aufgebaut. Unter jeder Filmdose befindet sich eine Ziffer. Zusammengehörende Paare erhalten die gleiche Zahl. Dann kann nach den Spielregeln von Memory gespielt werden. Ein Kind eröffnet das Spiel, indem es zwei Deckel von zwei Filmdosen öffnet, daran riecht und feststellt, ob diese beiden Düfte zusammengehören. Passen die Düfte zueinander, kann anhand der Zahlen unter den Filmdosen überprüft werden, ob das Kind die richtige Spürnase hat. In diesem Fall darf es die beiden Dosen behalten und noch einmal nach einem passenden Duftpaar suchen. Wenn die Inhalte der Filmdosen nicht übereinstimmen, werden sie den anderen zur Duftprobe gereicht und an die entsprechenden Stellen zurückgestellt und das nächste Kind ist an der Reihe.
Am Ende des Spiels kann ein biblischer Duft erstellt werden. Ein Rezept hierzu steht im 2. Buch Mose 30,22-25.

224. Matthäus 26,17-30 **Kelche und andere Becher**

 Material: Tuch zum Augen verbinden, Abendmahlskelch und andere Kelche
Für die Variante: Trauben-, Apfel- oder Orangensaft

 Spieldauer: ab 10 Minuten

 Spielort: im Kreis

 Gruppengröße: 5-20 Spieler

 Alter: ab 5 Jahre

 Art: Ratespiel

Die Kinder kennen den Abendmahlskelch ihrer Kirchengemeinde sicher vom Aussehen, aber können sie ihn auch durch Tasten erkennen?
Einem Freiwilligen werden die Augen verbunden. Dann werden ihm nacheinander verschiedene Kelche und Becher in die Hand gegeben.

Variante:
In drei gleichen Kelchen befinden sich Trauben-, Apfel- und Orangensaft. Erkennen die Kinder am Geschmack, was zum Abendmahl gereicht wird?

225. Matthäus 26,21.31-46 **Wenn Freunde mich enttäuschen**

 Material: nicht erforderlich

 Spieldauer: ab 10 Minuten

 Spielort: im Kreis

 Gruppengröße: ab 3 Spielern

 Alter: ab 5 Jahre

 Art: Illusions- und Rollenspiel

Jesus wird von seinen Jüngern enttäuscht: Judas verrät ihn, Petrus verleugnet ihn und andere sind zu müde, um mit ihm zu wachen und zu beten.

Die Spieler sitzen im Kreis und hören den Bericht von Stefan. Im Anschluss berichten sie von eigenen Erlebnissen:
Einmal wollte ich mit Gerrit, das ist mein bester Freund, ins Freibad gehen. Wir hatten gesagt, dass wir uns um drei Uhr nachmittags an der Ecke beim Kiosk treffen

wollten. Ich bin hingefahren und habe auf Gerrit gewartet. Der ist aber nicht gekommen. Dabei war so tolles Wetter! Ich war ganz traurig. Später haben wir uns wieder vertragen. Stefan (9 Jahre)

Die Spieler überlegen sich Anspiele, in denen sie selbst schon einmal von Freunden enttäuscht worden sind.

226. Matthäus 27,31-61 *Kreuz erleben*

 Material: für jeden ein Seil von ca. 1 m Länge, evtl. Zeitschriften, Lege- und Naturmaterialien

 Spieldauer: ab 20 Minuten

 Spielort: anregungsreiche Spielfläche

 Gruppengröße: ab 4 Spielern

 Alter: ab 9 Jahre

 Art: Interaktionsspiel

Das Kreuz ist einerseits Zeichen für das Leiden, für das begrenzte Sein. Andererseits ist es Zeichen für das Leben, für das Heil. Jesus hat den Tod in der Auferstehung überwunden. Alles, was brüchig in meinem Leben ist, braucht mich nicht mit Trauer zu erfüllen. Das Kreuz erinnert mich daran, dass das begrenzte Lebensglück mir auch unbegrenzt zuteil werden darf.
Die Senkrechte des Kreuzes erinnert an die Verbindung zwischen Gott und Mensch. Die Waagerechte des Kreuzes deutet die Verbindung zwischen den Menschen untereinander an.

Jeder Spieler erhält ein Seil von ca. einem Meter Länge, dieses kommt sofort ins Spiel: Was kann ich alles mit meinem Seil erspielen? Dann hält jeder sein Seil an einem Ende fest, sodass es senkrecht zur Erde hängt. Jeder lässt sein Seil los, evtl. nacheinander. Bei diesem Schritt wird zusammen überlegt, welche Einfälle dabei entstehen:
Regen fällt vom Himmel.
Ein Blatt fällt vom Baum.
Ein Baum fällt um.
Ich bin gefallen …

Dann nimmt jeder wieder sein Seil auf. Welche Vorstellungen werden dabei geweckt?
Ein Baum wächst, ein Halm wächst aus der Erde, ein Haus wird aufgebaut …

Jeder zweite Spieler legt sein Seil dicht nebeneinander vertikal am Boden ab. In einem zweiten Schritt stehen alle Spieler in einem Kreis. Die anderen Spieler, die noch ihr Seil haben, reichen das eine Ende ihrem linken Nachbarn. Beide sind auf diese Weise über das Seil miteinander verbunden.

Alle Spieler können sich über die Seile miteinander verbinden, indem jeder Spieler sowohl mit seiner rechten, als auch mit seiner linken Hand an einem Seilende festhält. Für einen Moment lang wird diese Verbindung im Herzen wahrgenommen.

Dann werden die Seile waagerecht – dicht an dicht – auf die bereits am Boden liegenden Seile abgelegt. Was ist aus den Seilen entstanden?

Wenn der Gruppe ausreichend Zeit zur Verfügung steht, kann das entstandene Bodenbild mit Bildern aus Zeitschriften, mit verschiedenen Legematerialien oder Naturmaterialien ausgeschmückt werden.

227. Matthäus 27,31-61   Kreuzformationen

 Material: viele Digitalkameras, Beamer, Laptop
Für die Ergänzung: Orffsche Instrumente, Fotos von verschiedenen Kreuzen aus dem Alltag

 Spieldauer: ca. 90 Minuten
Für die Ergänzung: ab 20 Minuten

 Spielort: anregungsreiche Spielfläche

 Gruppengröße: ab 4 Spielern

 Alter: ab 9 Jahre

 Art: Bewegungsspiel

Jesus stirbt am Kreuz. Das Kreuz ist ein Alltagszeichen und begegnet uns überall, nicht nur in der Kirche, sondern beispielsweise auch in der Mathematik, als Zeichen für Gefahr und Tod oder als Schmuckstück.

Vor Spielbeginn sammeln die Spieler Gedanken zum Kreuz, z. B. jeder trägt sein Kreuz, Andreaskreuz, Malteserkreuz oder Wegkreuzungen. Dann erhalten die in Kleingruppen eingeteilten Spieler eine Digitalkamera mit dem Auftrag, bei einem Spaziergang im Spielfeld viele verschiedene Aufnahmen von Kreuzformationen zu machen. Sicherlich ist das Erstaunen darüber groß, wo im Alltag überall Kreuze zu sehen sind.

Dann können die Bilder per Beamer im Gruppenraum gezeigt werden. Nach der Präsentation kann zusammen überlegt werden, welche Ereignisse im Leben Jesu zum Kreuz geführt haben.

Vertiefend ist auch ein Gespräch darüber möglich, in welchen Situationen jeder Spieler sein Kreuz trägt.

Ergänzung:
Diese Kreuze stehen als Fotos der spielenden Gruppe zur Verfügung. Jeder Spieler bzw. eine Kleingruppe, entscheidet sich für eine Aufnahme. Er/Sie versucht, zu dieser Kreuzdarstellung eine kleine passende Melodie zu finden. Wie klingt eine Melodie zu einem Triumphkreuz oder zu einem Kreuz aus Metall?

228. Matthäus 27,31-61 Die „Weiße Kreuzigung" von Marc Chagall

Material: Das Bild von Marc Chagall als Farbkopie

Spieldauer: ab 10 Minuten

Spielort: im Kreis

Gruppengröße: ab 5 Spielern

Alter: ab 12 Jahre

Art: Rollenspiel

Nach einer Bildbetrachtung entdecken die Spieler in einzelnen Bildausschnitten, dass Menschen Gefahren und Leid erleben. In diesem Bild sind es das Kreuz, an dem Jesus stirbt, Flüchtige in einem Boot, brennende, zerstörte Häuser, marschierende Fahnenträger und klagende Gestalten.
Die Spieler bilden eine Kleingruppe mit ca. fünf Personen. Aus der Gruppe übernimmt einer die Rolle des Bildhauers, die anderen stehen als Bausteine für eine Skulptur zur Verfügung. Der Bildhauer stellt eine Szene aus dem Bild Chagalls nach. Beim Gestalten der Skulptur bringt er mögliche Empfindungen der abgebildeten Menschen zum Ausdruck: Was brauchen oder wünschen diese Menschen? Was tut ihnen gut?
Dann schauen sich die anderen Kleingruppen die Skulptur an und teilen ihre Beobachtungen mit. Im Anschluss daran präsentiert die nächste Kleingruppe ihre Skulptur.

229. Markus 1,16-18 Fischernetz

Material: Wollknäuel

Spieldauer: ca. 10 Minuten

Spielort: im Kreis

Gruppengröße: ab 12 Spielern

 Alter: ab 5 Jahre

 Art: Interaktionsspiel

Andreas ist von Beruf Fischer und wird als Jünger von Jesus berufen. Er ist der Bruder von Petrus. Zum Handwerkszeug eines Fischers gehört das Netz, das hier ins Spiel gebracht wird.

Die Kinder sitzen in einem Stuhlkreis. Der Spielleiter eröffnet das Spiel und wirft ein Wollknäuel zu einem Kind. Dabei behält er den Anfangsfaden in der Hand und nennt seinen Namen. Der zweite Spieler fängt das Wollknäuel und sagt ebenfalls seinen Namen. Dann wirft der zweite Spieler das Knäuel an eine dritte Person, ohne dabei den Faden loszulassen. Das Knäuel wandert solange von Spieler zu Spieler, bis alle Spieler namentlich durch ein Netz miteinander verbunden sind. Das Netz ist im Neuen Testament ein Symbol für das Wirken Gottes. Daneben wird es, als Anspielung auf den Beruf des Fischers, mit den Jüngern als „Menschenfischer" in Verbindung gebracht. Unter diesem Gesichtspunkt kann das Netz mit Fischen auch Symbol der Kirche werden.

Bevor das Netz zusammen wieder aufgelöst wird, darf sich ein Kind in das dichte Netz legen und von den anderen tragen lassen. Andreas hat sich Jesus anvertraut und ist ihm gefolgt.

Andere Bibeltextstellen, z. B. Matthäus 4,18-22, Matthäus 10,1-4, Markus 3,13-19, Lukas 5,1-11.

230. Markus 2,1-12 Tragen über Hindernisse

 Material: diverse Materialien für einen Parcours

 Spieldauer: ab 10 Minuten

 Spielort: ausreichende Bewegungsfläche

 Gruppengröße: ab 6 Spielern

 Alter: ab 6 Jahre

 Art: Kooperationsspiel

Ein Gelähmter wird zu Jesus gebracht. Dazu wird ein Dach abgedeckt.

In der Spielfläche wird ein Hindernisparcours aufgebaut. Die Spieler bilden kleine

Gruppen. An jedem Hindernis muss ein anderes Mitglied der Gruppe über das Hindernis getragen werden. Dabei gehen die Spieler behutsam zu Werke und werden ggf. unterstützt.

231. Markus 3,1-6 Hände handeln

 Material: den Aufgaben entsprechendes Material, Tücher bzw. Stricke zum Hände verbinden

 Spieldauer: ab 20 Minuten

 Spielort: im Kreis

 Gruppengröße: ab 2 Spielern

 Alter: ab 8 Jahre

 Art: Interaktionsspiel

In dieser Geschichte handelt es sich um eine wunderbare Heilung eines Mannes mit einer verdorrten Hand. Die Hand kann ein Symbol für unsere Hände sein, die oft auch nicht handeln können oder gebunden sind.

In einem ersten Schritt tragen die Kinder im Gespräch zusammen, wie Hände aussehen und was man alles damit machen kann. In einem zweiten Schritt überlegen sich die Kinder, in welchen Situationen ihnen die Hände gebunden sind – auch im übertragenen Sinn. In welchen Situationen haben sie selbst „verkrüppelte" Hände?

Um diesen zweiten Schritt zu verdeutlichen, können die Kinder zunächst verschiedene Aufgaben mit verbundenen Händen vollziehen, z. B. einen Schuh zubinden, aus einem Becher trinken, ein Haus malen usw. Dann überlegen sie sich, in welchen bestimmten Handlungen ihnen Grenzen gesetzt sind, z. B. Versöhnung nach einem Streit.

Andere Bibeltextstelle, z. B. Matthäus 26,36-56. Bei Jesus Verhaftung werden ihm die Hände gefesselt. Die Spieler können auf eine eigene Erfahrung mit dem Gebunden sein zurückgreifen.

Tipp:
Dieses spielerische Element kann für Spieler als unangenehm erlebt werden und bedarf deshalb eines sensiblen Umgangs.

232. Markus 4,26-29 **Kartoffelernte**

Material: Kartoffeln, Körbe, Tücher zum Augen verbinden

Spieldauer: 10 Minuten

Spielort: ausreichende Bewegungsfläche

Gruppengröße: ab 10 Spielern

Alter: ab 5 Jahre

Art: Bewegungsspiel

Der Spielleiter legt drei Reihen mit je sechs Kartoffeln auf den Boden. Am Anfang jeder Reihe steht ein Korb. Der Abstand zwischen den Reihen soll mindestens einen Meter betragen, der Abstand zwischen den Kartoffeln einer Reihe mindestens 40 cm. Jetzt stellt sich hinter jeden Korb ein Kind mit verbundenen Augen. Die Kinder suchen die Kartoffeln einzeln auf und legen sie in den Korb. Jedes „blinde Kind" darf sich ein anderes Kind als „Sehhilfe" aussuchen, das ihm mit gesprochenen Worten die Richtung weist.

233. Markus 4,35-41 **Alle in einem Boot**

Material: Klebeband

Spieldauer: ca. 10 Minuten

Spielort: ausreichende Bewegungsfläche

Gruppengröße: ab 10 Spieler

Alter: ab 5 Jahre

Art: Bewegungs- und Wettkampfspiel

Jesus ist mit seinen Jüngern auf dem See Genezaret, als plötzlich Sturm aufkommt. Während Jesus schläft, haben die Jünger große Angst. Sie wecken Jesus. In diese Situation hinein schenkt er ihnen neuen Halt und Vertrauen.

Auf dem Fußboden ist mit Klebeband ein Schiff in einer Größe so aufgeklebt, dass alle Teilnehmer dort sitzend Platz finden können. An diesem Schiff ist deutlich erkennbar: Bug, Heck, Backbord und Steuerbord. Alle Spieler sitzen in der Mitte des Schiffes. Dann beginnt das Spiel: Der Spielleiter ruft laut „Bug", „Heck", „Steuerbord" oder „Backbord". Jeder Spieler versucht so schnell wie möglich den genann-

ten Schiffsteil zu erreichen, ohne die Schiffsumrandung zu verlassen. Wer als letzter diesen Bereich erreicht, geht von Bord und überlegt sich Antworten auf die Fragen: Wer ist Jesus?
Welche Macht hat er, dass ihm sogar Wind und See gehorchen?

Dann beginnt die zweite Spielrunde. Es wird so lange gespielt, bis nur noch ca. zwei bis drei Spieler auf dem Schiff sind.
Im Anschluss an das Spiel kommen die Spieler über die oben genannten Fragen ins Gespräch und tauschen sich über ihre Erfahrungen von Geborgenheit und Sicherheit aus.

234. Markus 4,35-41 *Sturm und Unwetter*

 Material: evtl. Kreide

 Spieldauer: ab 5 Minuten

 Spielort: ausreichende Bewegungsfläche

 Gruppengröße: ab 6 Spieler

 Alter: ab 5 Jahre

Art: Bewegungsspiel

Die einzelnen Elemente des Sturmes werden mit Bewegungen verknüpft.
Sonne: Alle breiten die Arme aus und sagen „Ahhh!"
Regen: Alle hocken sich hin und trommeln mit den Händen auf den Boden
Hagel: Alle trampeln mit den Füßen
Blitz: Alle klatschen einmal in die Hände
Sturm: Alle laufen auseinander

Auf einem begrenzten Spielfeld wird gespielt. In der Mitte steht der Sturmfänger. Alle anderen stellen sich auf Armabstand um ihn herum. Ein Mitarbeiter sagt die Wetterelemente an, die von den Spielern mit der entsprechenden Bewegung verknüpft werden. Beim „Sturm" laufen alle zu den Endlinien des Spielfeldes, während das „Sturmkind" versucht, die anderen abzuschlagen. Die Erwischten werden zu Sturmkindern und das Spiel beginnt von vorne.

235. Markus 4,35-41 *Schiff versenken II*

 Material: Wanne mit Wasser, Papier, Steine

 Spieldauer: ab 5 Minuten

Spielort: ausreichende Bewegungsfläche

 Gruppengröße: ab 4 Spielern

 Alter: ab 6 Jahre

 Art: Wettkampfspiel

Mit den Kindern zusammen wird ein Papierschiff gefaltet. Das Schiff wird vorsichtig in die Wanne mit Wasser gesetzt. Nun dürfen die Kinder der Reihe nach probieren, aus angemessenem Abstand mit ihrem Stein das Boot zu treffen und zum Kentern zu bringen. Wenn die Kinder in zwei Gruppen eingeteilt sind, notiert der Spielleiter, welche Kinder mit ihren Treffern zum langsamen oder schnellen Kentern des Schiffes beigetragen haben.

Tipp:
Alternativ zu den Steinen können auch andere Wurfgeschosse verwendet werden. Alternativ dazu wird mithilfe von Wasserpistolen, Gießkannen, Luftpumpen etc. ein Sturm initiiert wie damals auf dem See Genezareth.

Andere Bibeltextstelle, z. B. Jona 1.

236. Markus 5,21-34   Berührt und Angerührt

 Material: evtl. ein Tuch zum Augen verbinden

 Spieldauer: ab 10 Minuten

 Spielort: im Kreis

 Gruppengröße: ab 6 Spieler

 Alter: ab 5 Jahre

 Art: Interaktionsspiel

Bedeutsam für diese Berührungs- bzw. Begegnungsgeschichte ist die Beziehung zwischen der kranken Frau und Jesus, die durch Liebe, Vertrauen und Glaube geprägt ist. Diese Frau möchte die Nähe von Jesus spüren, ihn anrühren und ertasten. Dazu berührt sie, ohne die Aufmerksamkeit auf sich zu lenken, Jesus Gewand, damit er sie heilt.

Alle Spieler sitzen in einem Stuhlkreis oder auf dem Boden und schließen dabei die Augen. Der Spielleiter geht auf eine Person zu und berührt diese behutsam an einem Kleidungsstück. Die angerührte Person darf die Augen öffnen, auf eine andere Person zugehen und sie ebenfalls an einem Kleidungsstück berühren. Diese Beziehungserfahrung wird solange wiederholt, bis jeder Spieler sanft berührt wurde.

In einem zweiten Schritt werden einem Spieler die Augen verbunden. Er wird in die Mitte der Spieler gestellt. Eine andere Person tritt vor die erste Person. Sie tastet sich vertrauensvoll heran und versucht, den Partner an seiner Kleidung zu erkennen. Der berührte Spieler spürt seine Wertschätzung: Von ihm geht Kraft aus.

237. Markus 7,31-37 Effata, öffne dich

Material: nicht erforderlich

Spieldauer: ab 10 Minuten

Spielort: im Kreis

Gruppengröße: ab 6 Spieler

Alter: ab 5 Jahre

Art: Interaktions- und Ratespiel

Jesus wandert durch das Land. Er schenkt vielen Menschen vielfältig neues Leben. So bringen sie einen Taubstummen zu Jesus und bitten ihn, er möge ihn berühren. Jesus legt ihm die Finger in die Ohren und berührt seine Zunge. Dann spricht er dem Taubstummen zu: „Effata!" Das heißt: Öffne dich! Sogleich kann dieser Mann hören und reden.

Alle Spieler sitzen in einem Kreis. Zunächst wird auf die Geräusche gehört, die zu hören sind, z. B. Menschenstimmen, Autos, Vogelgezwitscher, das Ticken einer Uhr. Nach einer Phase des Hörens teilen sich die Spieler gegenseitig mit, was sie alles gehört haben.

In einem zweiten Schritt schließen alle die Augen. Der Spielleiter geht zu einer Person hin und flüstert ihr leise ins Ohr „Effata, öffne dich!" Die angesprochene Person darf die Augen öffnen und geht auf eine zweite Person zu und spricht ihr ebenfalls die Worte Jesu zu. Dann geht die zweite Person zu einer dritten Person, während sich die erste Person mit geöffneten Augen still zurück auf ihren Platz setzt. In diesem Wahrnehmungsspiel werden beide Fähigkeiten angesprochen: Das Hören und das Reden. Jeweils ein Spieler findet einen Zugang zu einer anderen Person, die sich spielerisch anrühren und öffnen lässt.

238. Markus 8,34-38 Wer festhält, verliert. Wer loslässt, gewinnt.

Material: zwei runde Luftballons, evtl. einige zur Reserve

Spieldauer: ab 10 Minuten

Spielort: im Kreis

Gruppengröße: ab 16 Spielern

Alter: ab 6 Jahre

Art: Wettkampfspiel

Jesus bereitet seine Jünger allmählich auf das Leiden vor, das ihm bevorsteht: Wer festhält, verliert, wer jedoch loslässt, gewinnt.

Alle Spieler sitzen im Stuhlkreis. Der Spielleiter zählt mit fortlaufenden Nummern ab. Die Spieler mit gerader bzw. mit ungerader Ziffer bilden jeweils eine Mannschaft. Sie erhalten verschieden farbige Luftballons, die zum Startbeginn von zwei sich gegenübersitzenden Personen in den Händen gehalten werden. Auf ein Startzeichen des Spielleiters reichen die Spieler den Ballon im Uhrzeigersinn an den nächsten Spieler ihrer Mannschaft weiter. Die jeweils dazwischen sitzenden Spieler der anderen Mannschaft behindern die Weitergabe des Luftballons nicht. Ziel des Spiels ist es, dass ein Ballon den anderen einholt. Wer seinen Balllon zu lange in den Händen hält, bringt seine Mannschaft zum Verlieren. Wer aber schnell loslässt, wird seine Mannschaft zum Gewinn bringen.

239. Markus 10,13-16 Geräuschchor

Material: nicht erforderlich

Spieldauer: ab 4 Minuten

Spielort: im Kreis

Gruppengröße: ab 4 Spielern

Alter: ab 5 Jahre

Art: Kooperationsspiel

Die Kinder möchten Jesus begegnen, doch die Erwachsenen drängen sie beiseite. Sein Auftreten sorgt für Tumult.

Die Spieler werden in mehrere Gruppen geteilt. Folgende Worte und Geräusche werden eingeübt:

Gruppe 1: „Ist er das?" — „Das ist er!"

Gruppe 2: „Hey, nicht drängeln!" — „Mach mal Platz!"

Gruppe 3: „Hurra! Hurra!"

Gruppe 4: Klatschen und johlen

Die Worte und Geräusche werden zu einem Geräusch-Chor zusammengemischt. Dazu zeigt der Spielleiter in schneller Folge auf die Gruppe, die ihr Geräusch erzeugen soll. Im Finale sprechen alle gleichzeitig und anhaltend ihr Geräusch.

240. Markus 10,13-16 Stör mich mal

Material: nicht erforderlich

Spieldauer: ab 5 Minuten

Spielort: ausreichende Bewegungsfläche

Gruppengröße: ab 12 Spielern

Alter: ab 6 Jahre

Art: Bewegungsspiel

Wer stört wen? Die Erwachsenen scheint es zu stören, wenn Kinder zu Jesus kommen. Jesus scheint es zu stören, wenn Kinder nicht zu ihm gelassen werden. So ist es ein gegenseitiges Stören.

Alle bis auf zwei Mitspieler stellen sich in einen Kreis und fassen sich bei den Händen. Die beiden anderen Spieler nehmen sich auch bei den Händen und laufen um den Kreis. Dabei sagen die Spieler im Kreis: „Stör-, Stör-, Störenfried, stör mich mal — ach, sei so lieb!" An einer Stelle ihrer Wahl halten die Störenfriede kurz an und stören den Kreis, das heißt, sie durchschlagen vorsichtig ein Händepaar. Dann rennen sie um den Kreis herum und versuchen, die Stelle zu erreichen, die sie gerade gestört haben. Zur gleichen Zeit fassen sich die beiden Spieler, die getrennt worden sind, wieder an den Händen, lassen die anderen Spieler im Kreis los und laufen ebenfalls einmal um den Kreis. Das Paar, das zuerst wieder die freie Stelle erreicht, fügt sich in den Kreis ein, die anderen beiden Mitspieler sind die Störenfriede.

Variante:

Die Paare laufen rückwärts oder müssen sich Huckepack tragen.

241. Markus 10,46-52 Blind fühlen

 Material: mehrere Tücher zum Augen verbinden

 Spieldauer: ab 10 Minuten

 Spielort: anregungsreiche Spielfläche

 Gruppengröße: ab 4 Spielern

 Alter: ab 5 Jahre

 Art: Kooperationsspiel

Die Spieler erleben, wie es ist, einen Weg zu gehen, ohne sehen zu können.

Die Spieler suchen sich zu Paaren zusammen. Ein Kind bekommt die Augen verbunden. Das blinde Kind wird von dem Partner durch das Haus, durch den Park, durch die Stadt, über einen Parcours geführt. Nach einiger Zeit wechseln die Rollen. Es ist wichtig, dem führenden Kind deutlich zu machen, dass es Verantwortung für das blinde Kind übernehmen muss.

242. Markus 10,46-52 Blind sehen

 Material: mehrere Tücher zum Augen verbinden, viele bunte Bilder, Papier und Stifte

Spieldauer: ca. 20 Minuten

Spielort: im Kreis

Gruppengröße: ab 4 Spielern

Alter: ab 5 Jahre

Art: Interaktionsspiel

Im Plenum liegen viele verschiedene bunte Bilder aus. Einem werden die Augen verbunden. Ein anderer nimmt sich ein Bild aus der Mitte und umschreibt es so, dass der „Blinde" eine Vorstellung dessen bekommt, was zu sehen ist. Dann wird ihm das Tuch abgenommen, und er versucht das Bild zu skizzieren. Anschließend werden beide Bilder miteinander verglichen.
Auch hier ist es sinnvoll über einen Erfahrungsaustausch ins Gespräch zu kommen. Wenn ausreichend Zeit ist, kann diese Übung noch einmal wiederholt werden.

243. Markus 10,46-52 Dinge tasten

 Material: mehrere Tücher zum Augen verbinden, diverse Gegenstände

Spieldauer: ab 5 Minuten

Spielort: im Kreis
Bei der Variante: anregungsreiche Spielfläche

Gruppengröße: ab 4 Spielern

Alter: ab 5 Jahre

Art: Interaktionsspiel

Igitt, was ist das denn? Eine Vogelspinne! Ahhhrrrgh!
Den Spielern werden die Augen verbunden. Sie nehmen einen Gegenstand in die Hand und müssen erfühlen, welcher Gegenstand es ist.

Variante:
Mit verbundenen Augen ertasten die Spieler den Spielraum.

244. Markus 10,46-52 Ich sehe was, was du nicht siehst.

 Material: nicht erforderlich

Spieldauer: ab 5 Minuten

Spielort: anregungsreiche Spielfläche

Gruppengröße: ab 4 Spielern

Alter: ab 5 Jahre

Art: Ratespiel

Der blinde Bartimäus erkennt Jesus als den Messias. Sein Glaube hat ihm die Augen geöffnet. Andere hingegen können Jesus zwar sehen, erkennen ihn jedoch nicht als den Messias. Das Sehen hat in dieser Geschichte eine zweifache Bedeutung, die mithilfe des klassischen Kinderspiels „Ich sehe was, was du nicht siehst" zur Geltung kommt.

Die Spieler befinden sich in einem Raum mit viel Anregungspotential. Vor Spielbeginn erhält jeder Mitspieler die Aufgabe, sich gut im Raum umzusehen. Ein Mitspieler beginnt und sagt: „Ich sehe was, was du nicht siehst und das ist ..." Dabei nennt ein Spieler eine Farbe. Die anderen suchen im Raum nach dem entsprechenden Gegenstand. Wenn einer der Spieler meint, ihn gefunden zu haben, benennt er ihn.

Derjenige, der den entsprechenden Gegenstand gefunden hat, eröffnet eine neue Spielrunde.

Als Alternative benennen die Spieler nicht nur Farben, sondern auch Formen von Gegenständen.

Anschließend kann mit den Kindern besprochen werden, dass durch dieses Spiel Gegenstände wahrgenommen worden sind, die so vorher nicht im Blickfeld waren, obwohl die Kinder nicht blind sind.

Andere Bibeltextstelle, z. B. 1. Mose 1,1-2,4a.

245. Markus 14,12-26 Den Tisch decken

 Material: Tisch, den Aufgaben entsprechendes Material, evtl. Essen und Trinken für das Agapemahl

 Spieldauer: ab 10 Minuten

 Spielort: anregungsreiche Spielfläche

 Gruppengröße: ab 4 Spielern

 Alter: ab 6 Jahre

 Art: Wettkampfspiel

Jesus ist mit seinen Jüngern auf dem Weg nach Jerusalem, um dort das Passahfest zu feiern. Zwei Jünger sprechen Jesus an und fragen ihn: „Wo sollen wir hingehen und das Passahlamm vorbereiten?" So schickt Jesus diese beiden Männer vor, den Raum bzw. den Tisch für das Fest vorzubereiten.

Agape bezeichnet ein griechisches Wort für Liebe. Bei diesem Spiel soll ein festlicher Tisch für das Agapemahl, welches schon im Frühchristentum gefeiert wurde, vorzubereiten werden:

Es bilden sich zwei Gruppen, die sich in zwei Stuhlreihen gegenübersetzen. Vor den beiden Stuhlreihen steht ein leerer Tisch. Jeder Spieler in der Kleingruppe erhält eine Nummer von eins fortlaufend gezählt. Nun geht es los: Der Spielleiter ruft eine Zahl auf. Die beiden Spieler mit dieser Zahl haben die Aufgabe, den vom Spielleiter gesuchten Gegenstand so schnell wie möglich auf den Tisch zu bringen, z. B.: Blume, Serviette, Kerze, Streichhölzer, Brot, Saft, Käse, Glas, Messer, bittere Kräuter etc.

Wenn der Gruppe ausreichend Zeit zur Verfügung steht, feiert sie zusammen ein Agapemahl.

Tipp:
Dieses Spiel lässt sich auch auf den 1. Schöpfungsbericht übertragen, z. B. unter dem Motto: „Lasst uns Gottes Farben sehen", wie z. B. blaue Zahnbürste, blaue Kulturtasche oder grüne Socken etc.

246. Markus 14-15 Reporter vor Ort

 Material: Pressemitteilung und Arbeitszettel für jeden Spieler, Bibel für jeden Spieler, Papier und Stifte

 Spieldauer: ca. 60-90 Minuten

 Spielort: im Kreis

 Gruppengröße: ab 6 Spielern

 Alter: ab 12 Jahre

 Art: Illusionsspiel

In einer Pressemitteilung wird den Spielern folgendes mitgeteilt:
„Im Garten Getsemane wurde in der Nacht zum Freitag der bekannte Laienprediger Jesus im Kreise seiner Freunde offensichtlich überrascht und ohne großen Widerstand von bewaffneten Kräften verhaftet. Er wurde dem priesterlichen Gericht vorgeführt. Noch vor einigen Tagen hatte ihn die Mehrheit der Jerusalemer Bevölkerung jubelnd empfangen.
Zur Stunde dauern die Verhöre an. Noch ist nicht klar, wie der Wortlaut der Anklage lauten soll. Einige verurteilen Jesus wegen Gotteslästerung, denn er nennt den Schöpfer der Erde seinen Vater. Nach jüdischem Recht steht darauf die Todesstrafe, die aber aufgrund der römischen Besatzung nicht ausgesprochen werden darf. Andere werfen ihm Aufruhr gegen die römische Obrigkeit vor. Auch darauf steht die Todesstrafe. Da zum bevorstehenden Passahfest immer ein Gefangener freigelassen wird, hat Jesus die Chance, auf diesem Wege der Todesstrafe zu entkommen.

In der Bevölkerung wird gespalten darüber diskutiert, wer Jesus wirklich ist:
Ein Prophet?
Ein politischer Anführer, wie es sie zur Zeit viele gibt?
Ein religiöser Fanatiker?
Ein Wunderheiler?
Ein Mensch?
Der Messias?"

Nun ist die Fantasie und das Wissen der Spieler gefragt. Sie haben die Aufgabe, sich in die Rolle eines Reporters hineinzuversetzen und Material über Jesus selbst zusammenzustellen. Ziel ist eine Sonderausgabe zu den aktuellen Geschehnissen oder eine Redaktionssitzung in Jerusalem.

Zur Unterstützung der Spielenden können ihnen folgende Bibeltextstellen zur Hilfe gegeben werden, auch wenn die Geschichten zu Jesus erst nach seinem Tod für das Neue Testament aufgeschrieben wurden:

Jesus ein „normaler" Mensch mit menschlichen Bedürfnissen?

Eltern (Matthäus 1,18), aufgewachsen in (Lukas 4,16), erlernter Beruf (Markus 6,3), Tätigkeit (Matthäus 4,23), Zahl seiner Anhänger (Markus 3,14)

Was wird über Jesus gesagt? (Markus 3,23; Markus 7,37; Markus 8,28-29; Markus 11,9; Markus 14,62; Markus 15,39)

247. Lukas 1,5-25.64 Stumme reden

 Material: Korb, Zettel mit diversen Botschaften

 Spieldauer: ca. 15 Minuten

 Spielort: ausreichende Bewegungsfläche bzw. im Stuhlkreis

 Gruppengröße: ab 4 Spielern

 Alter: ab 5 Jahre

 Art: Interaktionsspiel, Pantomimik

Zacharias, der Vater von Johannes, ist bis zur Geburt seines Sohnes verstummt.

Die Kinder können im Spiel nachempfinden, sich als Stumme anderen mitzuteilen. Hierzu hat der Spielleiter verschiedene Aufträge in einem Korb gesammelt. Ein Kind fängt an und zieht ein Los. Es liest die Botschaft für sich und versucht, diese den anderen pantomimisch mitzuteilen.

Bei ausreichender Zeit können mehrere Kinder in die Rolle des Stummen schlüpfen. Mögliche Botschaften:

Ich bin traurig.

Wartet.

Bildet einen Kreis mit geschlossener Handhaltung.

Variante:

Es ist auch möglich auszuprobieren, stumm, ohne zu reden, zu husten oder zu lachen, für eine gewisse Zeit im Stuhlkreis zu sitzen.

Andere Bibeltextstelle, z. B. 3. Mose 19,33-34.

248. Lukas 1,5-25.64 Geburts(kinder)anzeigen

 Material: Stifte, Zettel

Spieldauer: 10-15 Minuten

Spielort: im Kreis

Gruppengröße: 5-15 Spieler

Alter: ab 8 Jahre

Art: Interaktionsspiel

In einer Geburtsanzeige stehen eigentlich immer die gleichen Daten: Geburtsort, Name, Größe und Gewicht. Mehr lässt sich über dieses neue Wesen auch noch nicht sagen. Was wäre aber, wenn eine solche Ankündigung erst zu einem zehnten Geburtstag in der Zeitung stünde? Dann könnten auch schon solche Informationen wie Vorlieben, Abneigungen oder Freunde in der Anzeige stehen.

Alle Spieler sitzen im Kreis. Jedes Kind bekommt einen Zettel und einen Stift. Jeder Spieler schreibt auf einen Zettel den Namen seines rechten Nachbarn. Der Zettel wird gefaltet und an den linken Nachbarn weitergereicht. Dieser füllt ein zweites Kästchen aus, z. B. Hobby von dem betreffenden Spieler. Nach jedem Eintrag wird der Zettel gefaltet und an den nächsten Spieler – im Uhrzeigersinn – weitergereicht. Mögliche Aussagen: Hobby, Lieblingsessen, -farbe, -tier etc. Wenn etliche Informationen zusammengetragen worden sind, wird der jeweilige Zettel vorgelesen. Der entsprechende Spieler äußert sich zu den Aussagen der anderen.

249. Lukas 1,26-56 Eltern-Kind-Suche

 Material: Zettel mit Namen, Klebeband

Spieldauer: 10 Minuten

Spielort: im Kreis

Gruppengröße: 10-15 Spieler

Alter: ab 8 Jahre

Art: Ratespiel

Als Spielvorbereitung werden Namenszettel von Eltern-Kind-Konstellationen in ein Körbchen gelegt, wie z. B. Maria, Josef, Jesus, Elisabeth, Zacharias, Johannes, Eva,

Adam, Kain und Abel. Dann zieht jeder Spieler eine Namenskarte für seinen linken Nachbarn aus dem Körbchen. Diese Karte wird auf dem Rücken des linken Nachbarn mit Klebeband befestigt. So weiß keiner, welchen Namen er in dieser Spielrunde trägt. Nacheinander hat jeder Spieler die Möglichkeit, durch Suggestivfragen, die nur mit „Ja" bzw. „Nein" beantwortet werden können, herauszufinden, wer man ist. Wer auf seine Frage hin ein „Nein" erhält, darf in dieser Spielrunde nicht mehr weiterfragen. Der nächste Spieler ist an der Reihe. Das Spiel ist beendet, wenn alle Spieler ihren „Decknamen" erraten haben.

250. Lukas 1,26-56   Ein Kind wird angekündigt

 Material: Wandtafel oder Flipchart oder Tageslicht-Projektor mit Schreibutensilien, Kreide oder Stifte

 Spieldauer: 10-20 Minuten

 Spielort: im Halbkreis

 Gruppengröße: 5-20 Spieler

 Alter: ab 6 Jahre

 Art: Ratespiel

Dieses Spielprinzip ist an die damalige Fernsehsendung „Montagsmaler" von Frank Elstner angelehnt. Der erste Spieler wird als Zeichner bestimmt. Seine Aufgabe ist es, einen Namen aus der Spielergruppe zu malen, indem er für jeden Buchstaben im Namen einen Gegenstand malt, z. B.

ein Haus für das	H
einen Esel für das	E
einen Igel für das	I
einen Kirchturm für das	K
einen zweiten Esel für das zweite	E

Hier ist Heike gemeint. Wer den Namen errät, ist der Zeichner für die nächste Spielrunde.

251. Lukas 1,39-34   Maria und Elisabeth

 Material: Puzzleteile zur Geschichte

 Spieldauer: 10-20 Minuten

Spielort: im Kreis

 Gruppengröße: 5-20 Spieler

 Alter: ab 10 Jahre

 Art: Ratespiel

Die Geschichte der Begegnung zwischen Maria und Elisabeth wird aus der Bibel vorgelesen. Anschließend werden die Geschichtsabschnitte als Puzzleteile an die Spieler verteilt. Die Aufgabe der Spieler ist es, die vier Abschnitte der Geschichte in der richtigen Reihenfolge zusammenzusetzen. Dabei dürfen die Spieler während der ganzen Aktion nicht reden.

Tipp:
Dieses Spielprinzip lässt sich auch auf andere Geschichten übertragen.

252. Lukas 1,79   **Weltsicherheitsrat**

 Material: evtl. Schilder für die Länderkennzeichnung

 Spieldauer: ab 20 Minuten

 Spielort: im Stuhlkreis

 Gruppengröße: ab 10 Spielern

 Alter: ab 12 Jahre

 Art: Interaktionsspiel

Dieser Bibelvers lädt ein, die Füße auf den Weg des Friedens zu lenken.

Die Spieler werden in Kleingruppen eingeteilt, die jeweils als Vertreter für ein Land stehen, z. B. Deutschland, Amerika, Russland, England. Es wird eine Verhandlungs-szene entwickelt, Objekt der Verhandlung ist die Antarktis, die an einen oder meh-rere Staaten vergeben werden soll. Bevor der "Weltsicherheitsrat" zusammen-kommt, überlegt sich jeder Staat eine Strategie für seine Verhandlung. Insgesamt soll eine friedliche Lösung herbeigeführt werden.

Variante:
Zur Intensivierung der Diskussion kann das „Potential" der Antarktis, z. B. Fisch-gründe, Bodenschätze, Tiervorkommen usw. vorher offengelegt werden.

Um die Diskussion im Plenum anzuregen, kann mit der Methode des „Fish-Pool" gearbeitet werden. Dabei haben die Mitglieder der Kleingruppe die Möglichkeit, den Vertreter auszutauschen. Ein Mitglied der Kleingruppe geht dazu zu seinem Vertreter und nimmt dessen Platz ein.

253. Lukas 2,1-21 Wortkette

 Material: nicht erforderlich

 Spieldauer: ab 10 Minuten

Spielort: im Kreis

Gruppengröße: ab 4 Spielern

Alter: ab 8 Jahre

Art: Konzentrationsspiel

Die Spieler werden in zwei Gruppen eingeteilt. Dann gibt der Spielleiter ein Wort aus der Weihnachtsgeschichte vor, z. B. „Jesus". Nun beginnt die erste Gruppe und nennt ein neues Wort aus der Geschichte, das mit dem Buchstaben „S" beginnt (Der Name „Jesus" endet auf „S"). Die Gruppe könnte z. B. das Wort „Stern" sagen. Dann ist die zweite Gruppe an der Reihe. Ihr neues Wort beginnt folglich mit „N", wie z. B. Nazareth. So werden im Wechsel immer neue Worte zur Weihnachtsgeschichte ins Spiel gebracht. Welche Gruppe zuerst kein Wort mehr weiß, hat verloren.

Als Spielerweiterung dürfen auch Begriffe aufgezählt werden, die mit der Weihnachtszeit zu tun haben, wie Tannenbaum, Christbaumschmuck, Lebkuchen etc.

Tipp:
Dieses Spielprinzip lässt sich auf viele andere biblische Geschichten übertragen.

254. Lukas 2,22-40 Licht ins Dunkle bringen

 Material: diverse Bilder auf Overheadfolien, Puzzleteile aus Tonkarton, Overheadgerät, Leinwand

 Spieldauer: hängt von der Bildermenge ab, ca. 20 Minuten

Spielort: im Halbkreis

 Gruppengröße: ab 4 Spielern

Alter: ab 6 Jahre

 Art: Ratespiel

Simeon und Hanna erkennen in Jesus das Licht, das das Leben aller Menschen hell machen wird. Beide haben lange darauf gewartet, Jesus als Heiland mit ihren Augen zu sehen: Er wird Licht in die Dunkelheit bringen.

Der Spielleiter hat Bilder gesammelt, die Lebenssituationen der Dunkel- und Helligkeit darstellen, z. B. Einsamkeit, keine Freunde, Traurigkeit einerseits, andererseits Fröhlichkeit, Gemeinschaft oder Hilfe.
Diese Bilder werden auf Overheadfolie kopiert. Die Spieler sitzen so im Halbkreis, aufgeteilt in zwei Gruppen, dass sie die an die Wand projizierten Bilder sehen können. Wie bei dem Showmaster Hans Rosenthal wird das Bild puzzleartig abgedeckt. Dann wird das erste Teil weggenommen, sodass die Spieler einen ersten Ausschnitt aus dem Bild sehen können. Wenn sie das Bild im Ganzen nicht deuten können, wird das zweite Puzzleteil vom Bild genommen. Die Gruppe, die das Bild erkennt, hat diese Spielrunde gewonnen. Sie erhält so viele Punkte, wie noch Puzzleteile aufzudecken gewesen wären. Dann beginnt die zweite Spielrunde mit einem neuen Bild. Der Spielleiter variiert die Aufdeckung der Puzzleteile so, dass immer eine neue Reihenfolge der Bildausschnitte zu sehen ist.

255. Lukas 2,41-52 **Ja-Nein-Stuhl**

 Material: Stühle, vorbereitete Fragen

 Spieldauer: hängt von der Menge der Fragen ab, ab 10 Minuten

 Spielort: im Kreis

 Gruppengröße: ab 4 Spielern

 Alter: ab 5 Jahre

 Art: Ratespiel

Jesus war im Tempel. Dort redete er mit den Lehrern und fragte sie viel.

Zwei Stühle werden an das eine Raumende gestellt und als Ja- bzw. Nein-Stuhl kenntlich gemacht. Die Spieler bilden zwei Gruppen und stellen sich in Reihe am anderen Ende des Raumes auf. Nun werden Fragen rund um Geschichten aus dem Alten Testament gestellt, die mit Ja oder Nein beantwortet werden können. Die beiden jeweils ersten Spieler in der Reihe bemühen sich, so schnell wie möglich auf dem Stuhl Platz zu nehmen, der die richtige Antwort bedeutet.

Mögliche Fragen:
Abel ermordet Kain?
Baute Mose die Arche?
Jonathan war der Freund von David?
Elia flieht in die Wüste?

Tipp:
Dieses Spielprinzip lässt sich auf andere biblische Geschichten übertragen.

256. Lukas 2,41-52 Suchen und Finden

 Material: nicht erforderlich

Spieldauer: ab 10 Minuten

Spielort: ausreichende Bewegungsfläche

Gruppengröße: ab 4 Spielern

Alter: ab 5 Jahre

Art: Interaktionsspiel

Im Alter von zwölf Jahren geht Jesus das erste Mal mit Maria und Josef zum Passahfest nach Jerusalem. Nach den Festtagen machen sich alle auf den Heimweg. Erst nach mehreren Tagen bemerken seine Eltern, dass Jesus nicht unter dem Pilgervolk ist. Voll Sorgen und Angst suchen sie ihn und finden ihn im Gotteshaus, wo er Gott seinen Vater nennt.

In Anlehnung an diese Geschichte eignet sich das klassische Spiel „Verstecken": Ein Spieler versteckt sich und wird dann von den anderen gesucht. Hier machen die „gefundenen" Spieler die kostbare Beziehungserfahrung, dass sie für andere wichtig sind und zu anderen gehören. Gleichzeitig lässt sich dieser Spieler von anderen auch in Anspruch nehmen.

Wenn mehrere Spieler in der Rolle des Gesuchten waren, kann sich ein Gespräch zu den Fragen anschließen:
Bist du schon einmal von deinen Eltern sorgenvoll gesucht worden?
Bist du dann herzlich empfangen worden, evtl. mit den Worten „Gott sei Dank"?
Wohin gehöre ich?

Andere Bibeltextstelle, z. B. Lukas 15,1-10.

257. Lukas 3,1-6 **Auf dem Weg begleiten**

 Material: diverse Materialien für die Hindernisse, z. B. Steine, Stühle, Seile, Tuch zum Augen verbinden

 Spieldauer: ab 15 Minuten

 Spielort: ausreichende Bewegungsfläche

 Gruppengröße: ab 4 Spielern

 Alter: ab 5 Jahre

 Art: Kooperationsspiel

Johannes hält sich in der Wüste auf, wo Gott zu ihm redet: „Bereite den Weg des Herrn."

Hierzu gestalten die Kinder einen Weg mit diversen Hindernissen. Einem Kind werden die Augen verbunden. Unter der Begleitung eines anderen Kindes, das die Rolle eines Wegbereiters einnimmt, wird es entlang des Weges geführt. Anschließend darf das Kind die Augenbinde abnehmen und die Rolle des Wegbereiters übernehmen, während ein anderes Kind den Weg geht. Entsprechend der zur Verfügung stehenden Zeit kann dieser Rollenwechsel mehrmals wiederholt werden.

Andere Bibeltextstelle, z. B. Psalm 23,4, Markus 10,46-52.

258. Lukas 5,1-11 **Gefischt**

 Material: nicht erforderlich

 Spieldauer: 10 Minuten

 Spielort: am Tisch

 Gruppengröße: ab 4 Spielern

Alter: ab 5 Jahre

Art: Wettkampfspiel

Jesus tritt auf Petrus zu, einem Fischer, der nach der nächtlichen Ausfahrt auf See seine Netze reinigt. Petrus ist verdrossen, weil er keinen Fisch im Netz gefangen hat. Als Jesus ihn bittet, noch einmal seine Netze auszuwerfen, zappeln viele Fische im Netz. Von nun an folgt Petrus als Jünger Jesus.

In Anlehnung an diese Geschichte legen alle Spieler ihre Hände auf den Tisch. Ein Spieler übernimmt die Rolle des Fischers und sagt: „Ich hab` gefischt, ich hab` gefischt, ich hab` die ganze Nacht gefischt und hab` doch keinen Fisch erwischt." Während dieses Textes lässt der Fischer seine Hände über die anderen kreisen und bei dem Wort „erwischt" versucht er, eine Hand eines Mitspielers zu fangen. Sie ziehen jedoch ihre Hände blitzschnell weg. Der Spieler, dessen Hand erwischt wird, übernimmt in der nächsten Spielrunde die Rolle des Fischers.

Andere Bibeltextstelle, z. B. Markus 1,16-18.

259. Lukas 5,1-11   Fischflut

Material: Stühle, Luftballons, evtl. Getränke

Spieldauer: ab 5 Minuten

Spielort: ausreichende Bewegungsfläche

Gruppengröße: ab 6 Spielern

Alter: ab 5 Jahre

Art: Bewegungsspiel

Aufhören! Eine solche Menge Fische kann keiner verkraften!
Der Schiffsstuhlkreis wird zu einem Bootstuhlkreis reduziert, zwei Spieler sind die Fischer, die anderen das Netz. Die Luftballons (mindestens 30 Stück) werden aufgeblasen (evtl. vorher aufblasen und in Plastiksäcken verwahren) und um das Boot verteilt. Auf Kommando werfen die Netzkinder die Luftballons in das Boot, während die Fischer versuchen, ihr Boot fischfrei zu halten. Nach 30 Sekunden werden die Rollen getauscht. Die Fischer werden in einer Flut von Luftballons untergehen.

Tipp:
Erfrischung: Die Fischflut-Aktion ist schweißtreibend. Es gibt ein kühles Getränk.

260. Lukas 5,1-11   Fischzug

Material: nicht erforderlich

Spieldauer: ab 5 Minuten

Spielort: ausreichende Bewegungsfläche

Gruppengröße: ab 6 Spieler

Alter: ab 5 Jahren

 Art: Bewegungsspiel

In Anlehnung an das Spiel „Wer fürchtet sich vor dem schwarzen Mann?" steht auf der einen Seite des Spielfeldes der Fischer, auf der anderen Seite stehen die Fische. Auf Zuruf versuchen die Fische, die andere Spielfeldseite zu erreichen, ohne vom Fischer abgeschlagen zu werden. Die abgeschlagenen Fische bilden eine Art Netz. Sie bleiben auf der Stelle stehen, strecken die Arme aus und versuchen, einen vorbeilaufenden Fisch zu berühren. Gelingt dies, bleibt der Fisch im Netz hängen und vergrößert dieses. Wer zuletzt übrig ist, wird neuer Fischer.

261. Lukas 5,27-32 *Geld scheffeln*

 Material: Centmünzen; für die Variante: Nudel- oder Zuckerzangen, Fausthandschuhe, Tücher zum Augen verbinden.

 Spieldauer: ca. 5 Minuten

 Spielort: ausreichende Bewegungsfläche

 Gruppengröße: ab 10 Spielern

 Alter: ab 6 Jahre

 Art: Bewegungsspiel

Levi als Zöllner scheffelt viel Geld.

Viele Centstücke liegen auf dem Boden. Wer kann innerhalb einer bestimmten Zeit die meisten Münzen aufsammeln?

Variante:
Statt mit den Händen mit einer Nudel- oder Zuckerzange auflesen, oder mit Fausthandschuhen, oder blind auflesen, dirigiert durch einen sehenden Partner.

262. Lukas 5,27-32 **Tischgemeinschaft**

 Material: nicht erforderlich

 Spieldauer: ca. 5 Minuten

 Spielort: im Stuhlkreis

 Gruppengröße: ab 10 Spielern

Alter: ab 8 Jahre

 Art: Interaktionsspiel

Tischgemeinschaft hat in der Bibel einen hohen Stellenwert. Jesus hat sich mit vielen verschiedenen Menschen an einen Tisch gesetzt und Gemeinschaft gestiftet.
In Anlehnung an diese Geschichte darf ein Festmahl am Tisch gefeiert werden. Damit nicht immer dieselben in der Gruppe zusammensitzen, kann mit dem folgenden Spiel die für die Gruppenmitglieder gewohnte Sitzordnung aufgelockert werden.

Das klassische Kinderspiel „Mein rechter, rechter Platz ist frei ..." wird in einer Variante gespielt. Alle sitzen um einen Tisch. Ein Platz ist frei. Derjenige, dessen rechter Stuhl frei ist, beginnt das Spiel. Er sagt den klassischen Satz: „Mein rechter, rechter Platz ist frei, ich wünsche mir ..." Statt einen Namen aus der Gruppe zu sagen, beschreibt er eine Person, z. B. „... die Person, die heute zum ersten Mal bei der Gruppe ist oder die heute einen gelben Pullover trägt." Die Spielspannung wird erhöht, wenn die Beschreibungen der Personen nicht sofort eindeutig für die Gruppenmitglieder sind. Wenn eine Person meint, dass die Beschreibung zu ihr passt, wechselt sie den Platz. Dadurch wird ein neuer Stuhl frei. Nun wiederholt sich der Spielablauf solange, bis alle einen für sich neuen Platz am Tisch haben.

Anschließend kann zusammen Tischgemeinschaft mit Essen und Trinken erlebt werden.

Andere Bibeltextstellen, z. B. Lukas 14,15-24, Lukas 15,11-32, Lukas 19,1-10.

263. Lukas 5,27-32 Zollstation

 Material: Tisch

 Spieldauer: ab 10 Minuten

 Spielort: ausreichende Bewegungsfläche

 Gruppengröße: ab 10 Spielern

 Alter: ab 6 Jahre

 Art: Interaktionsspiel

Die Spieler warten vor dem Gruppenraum. Hinter der Tür wird eine Zollstelle eingerichtet. Ein Zöllner nimmt dort Platz und wartet auf die Kinder. Einer nach dem anderen wird durch den Zoll geschleust. Um den Raum betreten zu können, muss Zoll bezahlt werden. Willkürlich nimmt der Zöllner beim einen die Uhr, beim anderen die Schuhe und beim dritten Schuhe und Pullover. Der Willkürcharakter muss deutlich werden.

Anschließend wird die Geschichte von dem Zöllner Levi erzählt. In der Begegnung mit Jesus erfüllt sich seine Sehnsucht nach Gemeinschaft und Befreiung. Deshalb lädt er alle seine Berufskollegen zu einem Abendessen mit Jesus ein.

Mit den Spielern zusammen wird ein Fest gefeiert, bei dem sie ihre Zollabgaben zurückbekommen.

Andere Bibeltextstelle, z. B. Lukas 19,1-10.

264. Lukas 7,11-17   Getragen werden

 Material: Decke

 Spieldauer: ab 5 Minuten

 Spielort: ausreichende Bewegungsfläche

 Gruppengröße: ab 7 Spieler

 Alter: ab 6 Jahre

 Art: Interaktionsspiel

In seinem Leben hat Jesus Menschen immer wieder ins Leben zurückgeführt. So zeigt Jesus: Gott will das Leben, gelingendes, erfülltes Leben. In dieser Geschichte ist Jesus betroffen von der Trauer und Not der Mutter um ihren Sohn. Jesus schaut beim Trauerzug nicht weg, sondern sieht diese Mutter an, weckt ihren Sohn von den Toten auf und gibt ihn ihr zurück.

Ein Spieler legt sich als freiwillige Person in eine Decke. Dann wird er – eingehüllt in dieser Decke – von den anderen Spielern getragen. Auf der einen Seite nimmt der Freiwillige die Geborgenheit wahr, das Gefühl, von den anderen getragen zu werden. Aber dieses Erleben hat auch eine zweite Seite: Über diesen Spieler wird verfügt. So erlebt er auf der anderen Seite das Gefühl von Eingebundensein, Bewegungslosigkeit und Unselbstständigkeit. Wenn er wieder auf seinen eigenen Füßen steht, kann er für sich die Befreiung wahrnehmen.

265. Lukas 8,4-8   Lebendige Vogelscheuche

 Material: kleine Naschereien

 Spieldauer: ab 5 Minuten

Spielort: ausreichende Bewegungsfläche

 Gruppengröße: ab 7 Spielern

 Alter: ab 5 Jahre

 Art: Bewegungsspiel

Die Vögel gegen die Scheuchen: Wer macht das Rennen?
Die Mitarbeiter machen die Vogelscheuchen und stellen sich an einen festen Platz. Die Füße dürfen sie nicht mehr bewegen. Zwischen ihren Füßen liegt ein Samenkorn (Bonbon), das die Vögel stibitzen dürfen (die Vögel fraßen einiges). Werden die Spieler dabei von der Scheuche berührt, müssen sie zu Felsen erstarren.
Es wird gespielt, bis jedes Kind mindestens ein Bonbon hat.

266. Lukas 8,4-15 Es geht auch was daneben

 Material: Erbsen (trocken), braune Flaschen oder Vasen, Tücher oder Papier in grau, grün, schwarz

 Spieldauer: ab 5 Minuten

 Spielort: ausreichende Bewegungsfläche

 Gruppengröße: ab 2 Spielern

 Alter: ab 6 Jahre

 Art: Bewegungsspiel

So wie nicht alle Erbsen den Flaschenhals treffen und daneben kullern, so verhält es sich auch beim Säen. Manches von der Saat trifft auf guten Boden, manches landet im Unkraut, auf Felsen oder auf einem Weg.

Die Kinder spielen entweder für sich alleine oder in Gruppen. Eine braune Flasche oder Vase steht als Zeichen für einen guten Acker auf dem Boden. Um die Flasche sind drei Tücher oder Papiere gelegt in grau, grün und schwarz. Ein Kind stellt sich auf einen Stuhl und lässt nun zehn Erbsen in die Flasche fallen. Die allermeisten Erbsen werden daneben springen und sich rundum verteilen. Erbsen, die in der braunen Flasche landen sind zehn Punkte wert, auf grauem Papier (= Felsen) einen Punkt, auf grünem Papier (= Unkraut) zwei Punkte und auf schwarzem Papier (= Weg) gar keinen Punkt.

267. Lukas 9,51-57 *Streitfälle*

 Material: nicht erforderlich

Spieldauer: ab 10 Minuten

Spielort: ausreichende Bewegungsfläche

Gruppengröße: ab 4 Spielern

Alter: ab 6 Jahre

Art: Rollenspiel

Jesus liegt hier nicht nur im Streit mit seinen Jüngern, sondern indirekt auch mit den Samaritern. Grund genug, ein Spiel zum Thema „Streit" zu spielen.

Die Spieler sollen Streitsituationen spielen. Dabei können die Szenarien vorgegeben sein oder sich frei entwickeln. Die Spieler haben im Spiel selbst freie Hand. Zu einem geeigneten Zeitpunkt darf das Spiel allerdings unterbrochen und geändert werden. Nun steht nicht mehr der Streit, sondern ein Moment der Lösung im Vordergrund. Dies kann mit einer Frage oder einem kurzen Gespräch über Lösungsmöglichkeiten eingeleitet werden. Erfahrungsgemäß dauern Aufbau und Spiel des Streits erheblich länger als die Momente der Lösung und Versöhnung. Zudem ist davon auszugehen, dass den Spielern Lösungsmöglichkeiten so vertraut sind, dass es keine unterbrechende Richtungsänderung dahingehend braucht.
Weiter ist es sinnvoll, einen Streitschlichter einzubauen, der mit ritualisierten Fragen den Versöhnungsprozess anleitet. Dies kann der Spielleiter sein.

Mögliche Fragen dazu:
Was ist der Grund für den Streit?
Was soll geschehen, damit du dich wieder versöhnen kannst?
Was willst du konkret tun, um Versöhnung möglich zu machen?

Mögliche Szenarien:
Mark hat ein Spielzeugauto geschenkt bekommen, Luzie eine Kette. Sie hätte aber lieber das Auto und nimmt es Mark weg.
Claudia hat ein Bild gemalt. Jens ist neidisch, weil er auch gerne so schön malen könnte. Er schmiert Claudias Bild mit Farbe voll.
Ulrike hat Nicole ein Geheimnis anvertraut. Von Tobias hört sie, dass Nicole ihr Geheimnis allen verraten hat.
Carsten hat sich eine Höhle unter dem Tisch gebaut. Sein Bruder Kevin kriecht hinein und will nicht mehr hinausgehen. Also schubst Carsten ihn. Kevin stößt sich den Kopf und schreit laut.

268. Lukas 10,20 **Namensluftballons**

 Material: Luftballons, Eddings, CD, Musikanlage

Spieldauer: ab 8 Minuten

Spielort: ausreichende Bewegungsfläche

Gruppengröße: ab 8 Spielern

Alter: ab 8 Jahre

Art: Bewegungsspiel

Unsere Namen sind im Himmel geschrieben.

Jeder Spieler erhält einen Luftballon, bläst diesen auf und verknotet ihn. Danach schreibt er in großen Buchstaben seinen Namen auf den Ballon. Sobald die Musik erklingt, werden die Luftballons in die Höhe geworfen und alle hüpfen und tanzen durch den Raum und schlagen auf die Ballons, damit sie nicht auf den Boden fallen. Dabei wird nicht mehr auf den eigenen Luftballon geachtet, die Luftballons sind für alle da. Bei Musikstopp schnappt sich jeder einen Luftballon und sucht den Spieler, dessen Name auf dem Ballon steht. Der Spielleiter gibt einen Frageimpuls, z. B. Frage nach der Lieblingsfarbe! Diesem Impuls wird nachgegangen und die Antwort auf dem Luftballon eingetragen. Bei jedem Musikstopp kommt ein neuer Impuls dazu: z. B. Hobby, Lieblingsessen, peinlichstes Erlebnis, Lieblingsstar. So müssen die Spieler sich jedes Mal durchfragen, welchen Luftballon sie in den Händen halten. Durch den Luftballon ist immer mehr zu der betreffenden Person zu erfahren. Am Ende des Spiels können die Luftballons aufgehängt und betrachtet werden.

269. Lukas 10,25-37 **Barmherziger Samariter**

 Material: Papier, Kohlepapier, Stifte, Bibeltext

Spieldauer: ca. 60-90 Minuten

Spielort: mehrere Räume

Gruppengröße: ab 6 Spieler

Alter: ab 12 Jahre

Art: Planspiel

Die Geschichte wird in der Gruppe vorgelesen. Es werden allgemeine Fragen zum Verständnis geklärt. In diesem Planspiel werden als Personen benötigt: Samariter, Opfer, Räuber, Wirt, Leviten und die Priester. Die Spieler ordnen sich so, dass es jeweils eine Kleingruppe für jede Rolle gibt. In einer sehr kleinen Gruppe können Personen weggelassen werden, wie z. B. die Leviten. Jede Gruppe setzt sich in einen eigenen Raum. Während des Spiels wird zwischen den anderen Gruppen nur schriftlich kommuniziert. Hierzu werden Briefe geschrieben – in zweifacher Ausfertigung. Zudem wird auf jedem Brief der Absender, der Adressat und die Uhrzeit notiert.

Wenn in einer Kleingruppe ein Brief geschrieben wurde, bringt einer diesen Brief zur Spielleitung, die das Original dann entsprechend an den Adressaten weiterleitet. Die Kopie bleibt bei der Spielleitung, um gegebenenfalls während des Spiels weitere Impulse zu geben. Der Empfänger kann sofort auf diesen Brief mit einem erneuten Brief antworten.

Das Spiel ist nach einer zuvor vereinbarten Spielzeit beendet. Anschließend kann im Plenum der gesamte Spielverlauf reflektiert werden.

Möglicher Einstieg ins Planspiel:
Wirt an Samariter – 10.15 Uhr
Inhalt: Mein Geld wird knapp! Opfer muss wieder gesund werden. Wenn längerer Genesungsurlaub erwünscht ist, brauche ich mehr Geld!

270. Lukas 10,25-37 Öffnen

Material: nicht erforderlich

Spieldauer: ab 5 Minuten

Spielort: im Kreis

Gruppengröße: ab 4 Spielern

Alter: ab 6 Jahre

Art: Interaktionsspiel

Der unter die Räuber gefallene Mann lässt sich helfen. Dazu öffnet er sich dem Samariter. Nicht jedem fällt es leicht, sich einem anderen gegenüber zu öffnen bzw. sich helfen zu lassen.

Die Spieler finden sich in Paaren zusammen. Der kleinere der beiden Partner stellt sich vor, in einer Lebenssituation zu sein, die ihn verschlossen hält. Dies bringt er durch eine geballte Faust zum Ausdruck. Der Partner versucht diese Faust behutsam zu öffnen. Der Spieler mit der Faust öffnet nur dann seine Hand, wenn es ihm als gegeben erscheint.

Nach diesem Wahrnehmungsspiel kann ein Rollenwechsel zwischen den Spielern stattfinden.

Andere Bibeltextstellen, z. B. Matthäus 8,23-27, Lukas 5,1-10. Hier hilft Jesus und die betreffenden Personen öffnen sich ihm.

271. Lukas 10,25-37   Hilfsaktion

 Material: nicht erforderlich

 Spieldauer: ab 5 Minuten

 Spielort: ausreichende Bewegungsfläche

 Gruppengröße: ab 9 Spielern

 Alter: ab 6 Jahre

 Art: Kooperationsspiel

Der von Räubern überfallene Mann erfährt Hilfe durch den Samariter.

Die Spielgruppe wird durch Abzählen (1, 2, 3) in drei Gruppen eingeteilt. Alle bewegen sich zusammen im Spielfeld. Wenn der Spielleiter eine Zahl aufruft, spielt diese Gruppe den von Räubern überfallenen Mann, indem sie langsam zu Boden sinken. Die beiden anderen Gruppen haben zur Aufgabe, die anderen vor dem Hinfallen zu bewahren und ihnen zur Hilfe zu kommen. Dann setzt eine neue Spielrunde ein, indem der Spielleiter eine andere Zahl aufruft.
Am Ende des Spiels tauschen sich die Spieler über ihre Erfahrungen aus und kommen zu folgenden Fragen ins Gespräch:
In welchen Situationen habe ich Hilfe erfahren?
In welchen Situationen habe ich anderen geholfen?
Kann ich ohne Hilfe auskommen?

272. Lukas 10,25-37   Was alles hilft

 Material: Filmdosen, Schaumstoffwürfel, diverse Materialien für die Filmdosen, Spielstein

 Spieldauer: ab 20 Minuten

 Spielort: im Kreis

 Gruppengröße: ab 4 Spielern

Alter: ab 6 Jahre

 Art: Illusionsspiel

Der barmherzige Samariter hilft durch Öl, Wein und seine Liebe einem von Räubern überfallenen Menschen.

Vor Spielbeginn füllt der Spielleiter diverse Filmdosen mit unterschiedlichen Materialien, z. B. Sicherheitsnadel, Geldstück, Teelicht, Wasser usw. Dann werden die Filmdosen in einem Kreis aufgestellt. Für die Spielspannung ist es wichtig, dass mindestens 15 unterschiedlich gefüllte Filmdosen im Spielkreis sind. Bei einer Filmdose steht ein Spielstein. Ein Spieler beginnt zu würfeln. Entsprechend der Augenzahl setzt er den Spielstein zur nächsten Filmdose, die geöffnet wird. Allen wird der Inhalt der Dose gezeigt. Der Spieler denkt sich eine Situation aus, in der dieser Gegenstand gut zum Einsatz kommen kann. Er erzählt diese Geschichte den anderen. Wenn die anderen Spieler diese Geschichte für angemessen halten, darf die Filmdose aus dem Kreis genommen werden, und der im Uhrzeigersinn nächste Spieler würfelt usw.

Variante:
Die Filmdosen werden nicht aus dem Spielkreis genommen. Wenn noch einmal der Spielstein zu einer bereits geöffneten Filmdose kommt, erzählt der Spieler eine neue Situation zu dem Gegenstand.

Andere Bibeltextstelle, z. B. Matthäus 25,31-41.

273. Lukas 10,38-42   Hören

 Material: Kassettenrekorder, Aufnahme mit diversen Geräuschen

 Spieldauer: ca. 10 Minuten ohne Vorbereitungszeit

 Spielort: im Kreis

 Gruppengröße: ab 6 Spielern

 Alter: ab 5 Jahre

 Art: Illusions- und Ratespiel

Maria hört Jesus zu, und tankt dabei innerlich auf.
Um bei den Kindern das Hören für die täglichen Geräusche zu sensibilisieren, sind vor Spielbeginn verschiedene Geräusche auf einem Kassettenrekorder aufgenommen worden. Abschnittsweise werden den Kindern, die sich paarweise unterstützen, verschiedene Geräusche vorgespielt, die sie erraten sollen.

In einem zweiten Schritt kann eine Fantasiereise zum Leben Jesu gestaltet werden.

Andere Bibeltextstellen, z. B. Matthäus 11,15, Markus 7,31-37.

274. Lukas 10,38-42   Flüsterton

Material: nicht erforderlich

Spieldauer: 10-15 Minuten

Spielort: im Kreis

Gruppengröße: 10-20 Spieler

Alter: ab 5 Jahre

Art: Interaktionsspiel

Hören und Handeln sind zwei ganz unterschiedliche Sachen, die oft untrennbar miteinander verbunden sind. Nach den Regeln des klassischen Spiels „Stille Post" wird ein konkreter Auftrag, den ein Kind aus der Gruppe ausführen soll, weitergegeben.

Alle Kinder sitzen im Kreis. Dem ersten Kind wir ein Auftrag ins Ohr geflüstert. Dieser wird an den rechten Nachbar weitergegeben. Möglicher Auftrag: „Stehe auf und lache laut!" An einer beliebigen Stelle wird die „Stille Post" angehalten und das Kind, dem er als letztes ins Ohr geflüstert wurde, muss den Auftrag oder das, was es davon verstanden hat, ausführen.

275. Lukas 12,13-21   Armer Reicher oder „Hans im Pech"

Material: Spielgeld für jeden Spieler, den Spieltischen entsprechende Spiele

Spieldauer: ab 60 Minuten

Spielort: mehrere Tische

Gruppengröße: ab 12 Spielern

Alter: hängt von den jeweiligen Spielen ab

Art: Wettkampfspiel

Im Lukasevangelium wird von einem Kornbauer berichtet, der sich mit seinem

Reichtum auf der glücklichen Seite des Lebens fühlt. Er glaubt, für den Rest seines Lebens ausgesorgt zu haben. Jedoch hat er sich verrechnet. Denn in dieser Nacht wird sein Leben zu Ende sein.

Diese Beispielgeschichte lädt ein, Lebensbilanz zu ziehen: Was ist der Sinn des Lebens? Lohnt sich mein Leben? Was heißt reich sein bei Gott?

Als Einstieg zu diesem Gleichnis kann folgendes Spiel eingesetzt werden:

In der Spielvorbereitung erhält jeder Spieler Spielgeld, das einzelne Banken als Werbematerial ausgeben. An verschiedenen Stationen sind Spieltische eingerichtet, die das Flair eines Casinos vermitteln sollen.

An diesen Stationen wird ihnen die jeweilige Spielregel erklärt. Danach legen die Teilnehmer ihren Spieleinsatz fest. Auf ein Startzeichen des Spielleiters hin beginnen alle Spieler an ihrem Spieltisch unter einer vorher vereinbarten Zeit (ca. 10 bis 15 Minuten) zu spielen. Wenn die Spielzeit abgelaufen ist, wird der Spieleinsatz entsprechend an den Gewinner des Spieltisches ausgezahlt. Denkbar ist folgende Abrechnung: Der erste Gewinner erhält die Hälfte des Spieleinsatzes aller Spieler am Tisch, der zweite Gewinner ein Viertel des Spieleinsatzes, der dritte Gewinner sowie die Spielleitung am Spieltisch jeweils ein Achtel des Spieleinsatzes.

Dann wechseln die Spieler an einen anderen Spieltisch, wobei sich hier eine andere Gruppenkonstellation ergeben kann als zuvor. Es beginnt eine neue Spielrunde.

Wenn alle Spieler alle Spieltische durchlaufen haben, zählt jeder Spieler sein Geld. Wer hat das meiste Geld erwirtschaftet?

Je mehr Spieltische eingerichtet werden, um so länger dauert das Spiel.

Für die Spieltische eignen sich Spiele, in denen unterschiedliche Fähigkeiten der Spieler gefordert sind, z. B. Mikado als Geschicklichkeitsspiel, Würfel- und Kartenspiele als Zufallsspiele sowie verschiedene Denkspiele, wie Stadt-Land-Fluss etc.

276. Lukas 12,16-21 *Der eilige Kornbauer*

Material: Styroporchips (z. B. bei Handwerksbetrieben), Teller

Spieldauer: 10-20 Minuten

Spielort: ausreichende Bewegungsfläche

Gruppengröße: 10-20 Spieler

Alter: ab 5 Jahre

Art: Wettkampfspiel

Der reiche Kornbauer aus der biblischen Erzählung hatte nur sein Getreide im Sinn. Jetzt bekommt er Unterstützung von den Kindern.

Als Spielvorbereitung werden Styroporchips, wie sie zum Verpacken benutzt werden, besorgt. Die Kinder bilden zwei lange Reihen. An einem Ende der Reihen liegt ein großer Berg der Styroporchips. Die Gruppen sollen jetzt möglichst viele Chips auf die andere Seite schaffen. Sie dürfen sich aber nicht von der Stelle bewegen. Sie müssen die Chips mit Tellern weitergeben. Runtergefallene Chips dürfen nicht wieder aufgehoben werden. Ist der Starthaufen abgetragen, wird am Ende der Reihen verglichen, welche Gruppe am meisten herübergeschafft hat.

277. Lukas 13,6-9 **Früchte tragen**

 Material: Orange oder Apfel

Spieldauer: ab 5 Minuten

Spielort: im Stuhlkreis

Gruppengröße: ab 10 Spielern

Alter: ab 5 Jahre

Art: Kooperationsspiel

Der Baum darf noch ein weiteres Jahr stehen bleiben, damit er vielleicht Frucht bringt.

Die Gruppe sitzt im Stuhlkreis. Sie hat die Aufgabe, eine Frucht, wie z. B. Orange oder Apfel, von Spieler zu Spieler weiterzugeben, ohne dabei die Hände zu benutzen. Die Frucht darf nicht auf den Boden fallen.

278. Lukas 13,10-13 **Richte dich auf**

 Material: mehrere Schals oder andere stabile Tücher, diverse Gegenstände, Leinentaschen

Spieldauer: 10 Minuten

Spielort: ausreichende Bewegungsfläche

Gruppengröße: 15-25 Spieler

Alter: ab 5 Jahre

Art: Wettkampfspiel

Die Spieler erleben in diesem Spiel, dass Menschen mit eingeschränkten körperlichen Möglichkeiten vieles als schwierig in ihrem Alltag erleben.

Allen Kindern wird die rechte Hand mit einem Schal am rechten Fußknöchel festgebunden. Dann werden zwei Gruppen gebildet. An den gegenüberliegenden Seiten der Spielfläche sind „Verkaufstische" aufgebaut. Auf diesen Tischen liegen verschiedene Gegenstände. Jedes Kind bekommt eine Tasche. Jede Gruppe steht an einem Tisch. Auf ein Startzeichen hin müssen alle Kinder den gegenüberliegenden Verkaufstisch leer räumen und die Gegenstände auf ihrer Startseite unter dem Tisch verstauen. Es siegt die Gruppe, die als erstes alle Sachen zu sich herübergeholt hat. Wie sie dies machen, ist ihnen überlassen. Es ist egal, ob alle Kinder einzeln laufen, oder ob sie dazu eine Kette bilden. Es ist eine Wohltat, sich nach der Aktion aufrichten zu dürfen.

279. Lukas 14,15-24   So habe ich es erlebt

Material: Textvorlage, evtl. Papier und Stifte

Spieldauer: ab 20 Minuten

Spielort: ausreichende Bewegungsfläche

Gruppengröße: ab 6 Spielern

Alter: ab 12 Jahre

Art: Identifikations- und Rollenspiel

Die Geschichte wird zweimal gelesen, wegen des unterschiedlichen Eindruckes von zwei verschiedenen Personen, möglichst von einer Frauen- und einer Männerstimme. Die Zuhörer können zwei unterschiedliche Orte mit unterschiedlichen Körperhaltungen, z. B. sitzen, stehen oder liegen, im Raum einnehmen. Nach der Textlesung kommen alle Spieler wieder zusammen, und es werden die im Text vorkommenden Personen, z. B. der Gastgeber, der Knecht, der Ackerkäufer, der Ochsenkäufer, der Bräutigam, die Armen, die Lahmen und die noch dabei gewesen sein könnten (z. B. die Braut, eine Magd, ein Koch) gesammelt und notiert. Aus der Spielgruppe wählt sich jeder eine Rolle. Die Rollen, die nicht besetzt sind, werden beiseite gelegt. Jeder Spieler macht sich Gedanken zu seiner Rolle und notiert sich evtl. Stichpunkte dazu. Dann beginnt einer, die Geschichte aus seiner Sicht zu erzählen. Ein anderer Spieler darf den Erzähler unterbrechen, um seine Sichtweise deutlich zu machen. Der Spielleiter achtet darauf, dass keiner in seiner Erzählung zu kurz kommt.

1. Variante:
Die Spieler einigen sich auf eine Situation in der Geschichte und stellen diese in einem Standbild dar. Jeder sucht dabei seinen Platz und seine Position, bis alle zufrieden sind. Es folgt ein Auswertungsgespräch.

2. Variante:
Die Geschichte wird z. B. als Krimi, Science Fiction, Lustspiel oder Oper dargestellt.

Tipp:
Dieses Spielprinzip lässt sich auf jede andere biblische Geschichte, in der mindestens zwei Personen vorkommen, übertragen.

280. Lukas 14,15-24 *Zum Gastgeber werden*

 Material: viele Spielfiguren oder ähnliche Materialien, evtl. Zutaten für ein Festmahl

 Spieldauer: ca. 20 Minuten ohne Festmahl

 Spielort: im Kreis

 Gruppengröße: ab 6 Spielern

 Alter: ab 12 Jahre

 Art: Wettkampfspiel

Ein Gastgeber will ein großes Festmahl feiern, doch nacheinander sagen alle Eingeladenen ab. Weil jedoch das Essen fertig ist, werden andere zum Mahl geladen, die nicht damit gerechnet hätten.

Jeder Spieler erhält 21 Spielfiguren, die als Spielmarken gelten. Jeder Spieler baut seine Spielfiguren vor sich auf, deutlich voneinander abgegrenzt: Erst eine, dann in Grüppchen zu zwei, zu drei, zu vier, zu fünf und zu sechs Figuren. Dann wird reihum gewürfelt. Da der Gastgeber nacheinander immer mehr Gäste einlädt, muss jeder Spieler zu Beginn eine Eins würfeln, um seine Spielfigur an den imaginären Tisch in der Mitte stellen zu können. Dann braucht jeder zweimal eine Zwei usw. Wer hat als Gastgeber seine Plätze am Tisch als Erster besetzt? Anschließend kann zusammen ein Festmahl zubereitet und gefeiert werden.

Andere Bibeltextstelle, z. B. Psalm 23,5.

281. Lukas 15,1-7 *Schafe und Wölfe*

 Material: nicht erforderlich

 Spieldauer: ab 5 Minuten

 Spielort: ausreichende Bewegungsfläche

 Gruppengröße: ab 10 Spielern

Alter: ab 5 Jahre

 Art: Wettkampfspiel

Die Kinder bilden eine Reihe. Dabei sollten die Jüngeren und die Älteren getrennt werden und jeweils eine eigene Reihe bilden. Der Letzte der Reihe ist das Schaf und der Vordere der Wolf. Das Schaf läuft an der Reihe vorbei auf einen Zielpunkt zu. Hat es den Wolf passiert, darf dieser die Verfolgung aufnehmen. Schafft das Schaf es bis zum Zielpunkt, ist der Wolf raus und das Schaf reiht sich in der Mitte der Reihe wieder ein, ansonsten bleibt der Wolf drin. Gespielt wird, bis entweder ein Schaf oder ein Wolf übrig ist.

282. Lukas 15,8-10 **Wo ist die Geldmünze?**

 Material: eine Geldmünze

 Spieldauer: ab 4 Minuten

 Spielort: im Kreis

 Gruppengröße: ab 10 Spielern

 Alter: ab 5 Jahre

 Art: Interaktionsspiel

Im Mittelpunkt des Gleichnisses steht eine Frau, die einen Silbergroschen verliert, der den Wert ungefähr eines Tageslohnes besitzt. Sie ist nicht so reich, dass sie auf ihn verzichten möchte. Deswegen sucht sie ihn solange, bis sie ihn wiederfindet. Jeder, der diese Geschichte hört, zweifelt nicht daran, dass sich die Frau so verhalten muss wie sie es tut. Was sie sucht, ist der Mühe wert.

Eine Person steht in der Mitte. Alle anderen Spieler bilden einen Kreis um diese Person. Dabei stehen sie Schulter an Schulter und halten ihre Hände hinter ihrem Rücken. Der Spielleiter drückt einem im Kreis stehenden Spieler eine Geldmünze in die Hand. Diese wandert von einer Hand zur anderen, während der in der Mitte stehende Spieler nach der Geldmünze sucht. Wenn er sie gefunden hat, kann eine neue Spielrunde beginnen, indem ein anderer Spieler in die Mitte geht.

283. Lukas 15,11-32 **Heimkommen**

 Material: nicht erforderlich

 Spieldauer: ca. 10 Minuten

Spielort: im Kreis

 Gruppengröße: ab 8 Spielern

 Alter: ab 5 Jahre

 Art: Identifikationsspiel

Der Zweitgeborene geht fort, um in der Ferne sein Glück zu suchen. Als alles verloren zu sein scheint, kehrt er heim und kommt an.
Im Identifikationsspiel sollen die Spieler in ihrer Hoffnung gestärkt werden, dass es nach jedem Fortgehen auch ein An- und Heimkommen gibt. In der Liebe Gottes erwartet mich ein endgültiges Heimkommen, ein Aufgehobensein.

Die Spieler bilden stehend einen Kreis und fassen sich an den Händen. Sie empfinden nach, was dieser geschlossene Kreis bedeuten kann und äußern ihre Empfindungen, z. B. Verbundenheit, Geborgenheit, Umschlossensein.
Anschließend darf sich jemand aus der Gruppe in den Kreis setzen und seine Empfindungen den anderen mitteilen: Ich bin in einem Haus, in einer Höhle…
Dann setzen sich alle kreisförmig auf den Boden und spüren die Nähe des Nachbarn. Wer mag, darf die Augen dabei schließen. Der Spielleiter berührt dann einen Spieler, der daraufhin die Augen öffnet und den Kreis verlässt. Im Fortgehen löst sich die Nähe, die Bindung, deswegen darf derjenige, der spürt, dass sein Nachbar geht, ebenfalls aufstehen und fortgehen.
Wenn alle aufgestanden und fortgegangen sind, dürfen die Spieler durch den Raum gehen: Zunächst jeder in seinem Tempo, dann sehr schnell, vor Freude springend, Gräben übersteigend, bis an die eigenen Grenzen kommend. Diese Wege haben die Spieler „müde" und erschöpft gemacht, sodass sie heimfinden mögen. So geht jeder Spieler nach und nach wieder in den Kreis zurück. Wenn alle Spieler „heimgekommen" sind, fassen sie sich an den Händen an und spüren wieder die Nähe des Nachbarn. Eine Freude über das Beisammensein darf entstehen.

284. Lukas 15, 11-32 Zublinzeln und in die Arme schließen

 Material: nicht erforderlich

 Spieldauer: ab 7 Minuten

 Spielort: im Kreis

 Gruppengröße: ab 10 Spielern

 Alter: ab 6 Jahre

 Art: Bewegungsspiel

Die Spieler bilden Zweierpaar und stellen sich hintereinander in einem Kreis auf. Der Spielleiter steht alleine im Kreis. Alle Kinder, die hinter ihrem Partner stehen, müssen die Arme auf dem Rücken verschränken, die vorne stehenden Kinder dürfen frei stehen. Nun ist der Mitarbeiter der Vater und versucht, einem Kind seiner Wahl einen freundlichen Blick zu schenken und ihm leicht zuzublinzeln. Sobald dieses „verlorene Sohn-Kind" das Blinzeln bemerkt, rennt es los und der „Vater" breitet die Arme aus. Wenn der Vater den verlorenen Sohn in die Arme geschlossen hat, hat es der verlorene Sohn geschafft, sich von seinen falschen Freunden, seinen Gewissensbissen und dem falschen Stolz loszusagen und zum Vater zurückzukehren. Nun stellt es sich hinter den bisherigen "Vater" und sie bilden ein neues Paar. Das andere Kind, dem der verlorene Sohn davongerannt ist, wird nun zum liebenden Vater und versucht seinerseits einem wartenden Kind zuzublinzeln. Es kann allerdings auch passieren, dass der Vater blinzelt und der verlorene Sohn losrennt, aber das Kind hinter ihm, das die „falschen Freunde, das schlechte Gewissen" symbolisiert, dies bemerkt und blitzschnell reagiert, indem es den verlorenen Sohn festhält. Es muss dabei auf seinem Platz stehen bleiben und darf nicht zum Fangen hinterher rennen. Wird der verlorene Sohn eingefangen, versucht es der Vater erneut bei einem anderen Kind.

Variante:

Es bietet sich an, mit den Kindern gemeinsam zu überlegen, was die falschen Freunde oder das Gewissen dem verlorenen Sohn wohl zugerufen haben könnten. Dazu kann die Spielregel eingebaut werden, dass die festhaltenden Kinder immer einen Satz ausrufen. Regel ist dann, dass es jedes Mal ein neuer Satz sein muss.

285. Lukas 15,22 Schuhe, Schuhe, Schuhe

Material: Schuhe oder Schmuck aus der Gruppe

Spieldauer: ca. 15 Minuten

Spielort: im Kreis

Gruppengröße: ab 10 Spielern

Alter: ab 6 Jahre

Art: Ratespiel
bei der 2. Variante: Wettkampfspiel

Als der verloren geglaubte Sohn wieder zu seinem Vater nach Hause kommt, freut sich der Vater so sehr, dass er ihn mit den besten Kleidern, Schmuck und Schuhen beschenkt.

Die Schuhe als Zeichen der Freiheit stehen bei diesem Spiel mit Mittelpunkt. Hierzu ziehen alle Gruppenmitglieder ihre Schuhe aus und legen sie zu einem Haufen in die Mitte. Die Kinder dürfen barfuß den Raum erleben. Dann sortiert ein Freiwilliger die Schuhe nach Paaren und ordnet sie ihren Besitzern zu.

1. Variante:
Der Spielbeginn läuft wie oben beschrieben ab. Jedoch bekommt bei dieser Spielvariante einer die Augen verbunden. Er versucht „blind" die Paare zu sortieren und gegebenenfalls ihren Besitzern zuzuordnen.

2. Variante:
Der Spielbeginn läuft wie oben beschrieben ab. Auf ein Startzeichen hin gehen alle Spieler zu dem Schuhhaufen und suchen ihre Schuhe selbst heraus. Wer zuerst seine Schuhe komplett, mit Schleife o. Ä., wieder angezogen hat, stellt sich auf seinen Platz. Dieser Spieler hat gewonnen.

286. Lukas 16,19-31 Die fünf Geschwister

Material: Textvorlage

Spieldauer: ab 30 Minuten

Spielort: ausreichende Bewegungsfläche

Gruppengröße: ab 5 Spielern

Alter: ab 12 Jahre

Art: Rollenspiel

Diese Erzählung Jesu könnte auch mit der Überschrift versehen sein: „Die fünf Geschwister des reichen Mannes." Hier geht es um die Mahnung an die Lebenden, die aus dem Tod eines Bruders bzw. Mitmenschen entsteht.

Bei diesem Rollenspiel sollen nicht der reiche Mann und Lazarus selbst im Mittelpunkt stehen, sondern die Mahnung an die fünf Geschwister des reichen Mannes. Für diese fünf Personen werden in der Gruppe gemeinsam Rollenbeschreibungen überlegt, z. B.

1. Rolle:
Ein erfolgreicher und kluger Selbstständiger kann sich mit seinem Geld alle seine Wünsche erfüllen. Er ist bei mehreren Vereinen im Vorstand und stets bemüht, in der Öffentlichkeit zu stehen. Der Kirche steht er fern gegenüber, auch wenn er ihr hohe Geldbeträge spendet, um sich vom persönlichen Handeln an der Hilfe anderer freizukaufen. Seine Kinder leben im Internat.

2. Rolle:

Eine Angestellte, die nach langer Arbeitslosigkeit endlich eine Arbeit gefunden hat. Sie ist unverheiratet, lebt sehr zurückgezogen und besitzt keine guten Beziehungen zu ihren Geschwistern.

3. Rolle:

Ein Beamter auf Lebenszeit, der somit sein Auskommen für seine Familie sichert. Eines seiner Kinder ist körperlich behindert. Er selbst ist an kirchlichen Fragen interessiert, engagiert sich jedoch aus Zeitgründen nicht am Gemeindeleben.

4. Rolle:

Eine Inhaberin eines Modegeschäftes. Sie lebt allein, hatte eine gute Beziehung zum verstorbenen Bruder und ist tief getroffen von seinem Tod.

5. Rolle:

Eine Theologiestudentin, welche die jüngste Schwester des verstorbenen Bruders ist. Sie jobbt, um sich mit dem verdienten Geld teure Auslandsreisen leisten zu können. Über die Heimatkirchengemeinde nimmt sie an einer Projektgruppe teil, die regelmäßig in die Partnergemeinde nach Tansania fährt. Sie setzt sich mit sozialen Fragen zu den sogenannten Entwicklungsländern auseinander. Sie empfindet den Unterschied zwischen arm und reich als ungerecht.

Das Rollenspiel beginnt zeitlich gesehen nach der Beerdigung des reichen Mannes. In seiner Ansprache hat der Pastor von der Gedankenlosigkeit im Leben des Verstorbenen gesprochen. Dieser hat nicht mit seinem Tod „gerechnet" und nicht den Nächsten geachtet. Die fünf Geschwister sind von der Predigt angerührt und treffen sich zum Gespräch im Haus des Verstorbenen.
Im Laufe des Rollenspiels können weitere Rollen besetzt werden, z. B. Menschen in einer Notsituation, Bankangestellter, der über das Vermögen des Verstorbenen waltet.

287. Lukas 18,1-8 **Bitten und Verweigern**

Material: nicht erforderlich

Spieldauer: ab 20 Minuten

Spielort: ausreichende Bewegungsfläche

Gruppengröße: ab 4 Spielern

Alter: ab 10 Jahre

Art: Rollenspiel

Eine hartnäckige Witwe setzt sich beharrlich für die Gerechtigkeit bei einem gewissenlosen Richter ein. Diese Geschichte ist ein Gleichnis, das Jesus erzählt: Gott ist kein ungerechter Richter. Er will die Sehnsucht nach Gerechtigkeit stillen. Wie die Witwe darf ich Gott immer wieder um etwas bitten, auch wenn mein Gebet nicht sofort erhört wird.

Die Spieler haben die Möglichkeit, die Geschichte in einem Rollenspiel nachzuempfinden. Indem ein Spieler jeweils in die Rolle der bittenden Witwe und des gewissenslosen Richters schlüpft, machen die Spieler interessante Entdeckungen zu diesen beiden Charakteren. Es könnte manchen Spielern schwer fallen, so hartnäckig wie die Witwe zu bitten oder Gewalt anzudrohen, um zu ihrem Recht zu gelangen, bzw. sich so ungerecht wie der Richter in der ersten Phase der Geschichte zu verhalten. Darum besteht die Möglichkeit, dass die Spieler durch andere Personen ausgewechselt werden können.

Nach dem Rollenspiel haben die Spieler Zeit, über ihre Erfahrungen ins Gespräch zu kommen.

Variante:
Nach dem Hören der Geschichte überlegen sich die Spieler Situationen, in denen sie Ungerechtigkeit erlebt haben. Hierzu werden Kleingruppen eingeteilt mit maximal fünf Spielern. In ihren Szenen zeigen sie Wege zur Gerechtigkeit auf. Alle Anspiele werden nacheinander vorgestellt und gemeinsam besprochen.

288. Lukas 19,1-10 **Baumspiel**

Material: Blätter, Stift, Spielfiguren

Spieldauer: ab 10 Minuten

Spielort: am Tisch

Gruppengröße: ab 6 Spielern

Alter: ab 6 Jahre

Art: Wettkampfspiel

Die Kinder helfen Zachäus auf seinen Ausguck. Die Kinder werden in zwei oder mehr Gruppen eingeteilt. Vor Spielbeginn malt jede Gruppe einen großen Baum auf ein Blatt Papier. Auf den Baum werden sechs Spielfelder in aufsteigender Reihenfolge vom Baumstamm bis zur Baumkrone eingezeichnet. Die Felder werden aufsteigend von eins bis sechs nummeriert. Die Spielfigur (Zachäus) wird jeweils unter das erste Feld gestellt. Nun stellt die Spielleitung den Gruppen abwechselnd Fragen zur Geschichte. Wird die Frage richtig beantwortet, darf Zachäus ein Feld den Baum hinauf weiterrücken. Kann eine Gruppe die Frage nicht beantworten, darf die andere Gruppe abstauben. Welche Gruppe schafft ihren Zachäus schneller in den Ausguck?

Mögliche Fragen:
Was war Zachäus von Beruf?
Wieso war er unbeliebt?
Welchen Körperbau hatte Zachäus?

289. Lukas 19,1-10 **Geld fliegt gut**

Material: Münzen und Geldscheine

Spieldauer: ab 5 Minuten

Spielort: ausreichende Bewegungsfläche

Gruppengröße: ab 6 Spielern

Alter: ab 6 Jahre

Art: Wettkampfspiel

Zachäus war ein reicher Zöllner zur Zeit Jesu. Er war vom Geld besessen. Auch wenn er reich an Geld war, so war er im Herzen arm, weil keiner mit ihm zu tun haben wollte. Als sich Jesus eines Tages bei ihm zu Hause einlädt, wandelt sich Zachäus. Das zuviel geforderte Geld möchte er vierfach zurückerstatten.

In der ersten Runde geht es um Münzenweitwurf. Jeder hat drei Versuche, der weiteste wird gewertet. Münzen werfen ist ja noch einfach, aber wie sieht es mit Scheinen aus? In der zweiten Runde gibt es einen Geldscheinweitwurf (Regel: ohne den Geldschein zu verändern, wie z. B. knüllen, Flieger falten o. Ä.).

Andere Bibeltextstelle, z. B. Matthäus 22,15-22.

290. Lukas 19,1-10 **Gierig**

Material: Gummibärchen oder ähnliches

Spieldauer: ab 5 Minuten

Spielort: am Tisch

Gruppengröße: ab 5 Spielern

Alter: ab 5 Jahre
für die Variante: ab 8 Jahre

 Art: Interaktionsspiel

Hätt' ich doch bloß nicht: Uraltes Spiel zum Thema „Gier und Genügsamkeit".
Ein Kind wird rausgeschickt. Sieben Gummibärchen werden auf den Tisch gelegt, davon werden zwei als „giftig" bezeichnet. Die anderen Kinder wissen, welche Gummibärchen giftig sind. Das Kind wird hereingerufen und darf sich Gummibärchen nehmen. Alle Gummibärchen, die gewählt werden und nicht giftig sind, dürfen behalten und gegessen werden – wird allerdings ein giftiges Gummibärchen gewählt, schreien alle Kinder „giftig" und alle vorher gewählten Bärchen müssen zurückgegeben werden. Das Kind entscheidet, wie viele Gummibärchen es nimmt, oder wann es besser ist, keins mehr zu nehmen, weil die Gefahr, ein giftiges zu nehmen und alle anderen zu verlieren, zu groß wird.
Anmerkung: Die meisten Kinder sind „gierig" – verlieren also alle Gummibärchen, weil sie nicht früh genug aufhören zu nehmen. Jedes Kind sollte die Möglichkeit haben zu spielen (auch mehrfach). Dazu in Kleingruppen teilen und gleichzeitig spielen.

Variante:
Es werden 18 Gummibärchen auf den Tisch gelegt. Ein Kind spielt gegen einen Mitarbeiter. Abwechselnd dürfen (müssen) mindestens ein bis maximal drei Gummibärchen vom Tisch genommen werden. Wer als letzter nehmen kann, hat gewonnen und bekommt alle.
Anmerkung: Die Kinder nehmen meistens drei Bärchen pro Zug und achten weniger auf die Anzahl der verbleibenden Gummibärchen. Nicht selten verlieren sie deshalb am Ende alle genommenen Bärchen.

Damit die Enttäuschung über die verlorenen Gummibärchen nicht ganz so groß ist, werden die Bärchen gerecht verteilt und gegessen.

291. Lukas 19,1-10 **Mängel murmeln**

 Material: Murmeln

 Spieldauer: 10-15 Minuten

 Spielort: im Kreis

 Gruppengröße: ab 5 Spieler

 Alter: ab 6 Jahre

 Art: Interaktionsspiel

Der „gierige" Zachäus hatte eine Eigenschaft, die in der Gesellschaft als Mangel angesehen wurde. Später waren plötzlich Menschen mit roten Haaren verachtet, heute vielleicht diejenigen, die keine Modelmaße haben. Irgendjemand passt immer nicht in die Norm. Wie steht es mit uns?

Alle Kinder bekommen drei Murmeln. Jetzt müssen sie ihre „Mängel" vergleichen. Das erste Kind nennt einen seiner „Mängel". Dies kann sein: Streitbarkeit, Schweißfüße, Schüchternheit, Morgenmuffel…
Jedes Kind, das ganz frei sagen kann: „Diesen Mangel habe ich nicht!" gibt eine Murmel ab.
Dann ist das nächste Kind in der Reihe dran.
Das Spiel ist beendet, wenn der erste Spieler keine Murmel mehr besitzt.

292. Lukas 19,1-10   Veränderungen

Material: nicht erforderlich

Spieldauer: ca. 10 Minuten

Spielort: ausreichende Spielfläche

Gruppengröße: ab 6 Spielern

Alter: ab 6 Jahre

Art: Ratespiel

Zachäus verändert sich nach der Begegnung mit Jesus. Dieses Erleben nimmt das folgende Spiel auf. Dazu stellen sich die Spieler in zwei Reihen so auf, dass sie einem Partner in einem Abstand von einem Meter gegenüberstehen. Sie haben einen Moment Zeit, sich genau anzuschauen. Dann drehen sich beide um und verändern etwas an ihrer Kleidung, z. B. Schnürsenkel lockern, Ohrring herausnehmen, Hose hochkrempeln. Schließlich drehen sie sich wieder zum Partner hin. Wer entdeckt die Veränderung beim Partner zuerst?

293. Lukas 19,1-10   Was kostet der Zoll?

Material: Schminke

Spieldauer: ab 5 Minuten

Spielort: im Stuhlkreis

Gruppengröße: ab 12 Spielern

Alter: ab 10 Jahren

 Art: Konzentrationsspiel

Das Gleichnis von den anvertrauten Pfunden bringt ein ungewöhnliches Gesetz von Gerechtigkeit und damit verbunden eine Verantwortung, für die mir anvertrauten Gaben Gottes, zum Ausdruck. Mir wird zugemutet, meine Gaben für das Wachsen der Welt Gottes einzusetzen. Wenn ich bereit bin, meine Gaben für das Leben einzusetzen, erhalte ich Anteile an dem, was zurückfließt. Wenn ich mich aber um mein Wohl ängstige, verliere ich alles und schade schließlich mir selbst.

Alle Spieler sitzen im Stuhlkreis. Ein Spieler erhält den Namen „Knecht". Alle anderen Spieler bekommen entweder eine fortlaufende Nummer oder einen Begriff, wie z. B. Ja, Nein, Sicher, Tatsächlich, Vielleicht. Im Spiel sollten mehr Zahlen als Wörter vorhanden sein. Der Spielleiter selbst steht in der Mitte und spielt den „Herrn". Im Spiel wird immer folgende Dialogform wiederholt:

Herr: „Knecht, Knecht!"
Knecht: „Ja, Herr!"
Dabei muss der Knecht unbedingt aufstehen.
Herr: „Was kostet der Zoll?"
Knecht: „Fünf."
Der Knecht hat die Aufgabe, eine der im Spiel vorhandenen Zahlen zu sagen. Der Herr kann nun mit der vom Knecht benannten Zahl, mit einer anderen Zahl oder mit einem Begriff antworten.
Herr: „Sieben."
Zahl sieben: „Tatsächlich, Herr."
Wichtig ist, dass alle Spieler, die vom Herrn aufgerufen werden, vor ihrem Herrn aufstehen und ihren Einsatz nicht verpassen. Wer einen Fehler macht, erhält einen farbigen Punkt auf der Stirn. Sollte in diesem Dialogbeispiel die „Zahl fünf" ebenfalls aufgestanden sein, so erhält sie einen Schminkpunkt auf der Stirn. Nur das zählt, was der Herr sagt! Bei einer neuen Spielrunde beginnt der Herr immer mit der an den Knecht gerichteten Frage.

294. Lukas 19,10 *Suchen*

 Material: Zettel, Stifte

 Spieldauer: ca. 10 Minuten

 Spielort: im Stuhlkreis

 Gruppengröße: ab 12 Spielern

 Alter: ab 8 Jahre

Art: Konzentrationsspiel

Zachäus sucht nach einem für ihn neuen Lebenssinn. In der Begegnung mit Jesus findet er, was in ihm verloren war. Auch bei diesem Spiel wird gesucht ...

Jedes Kind erhält am Anfang des Spieles einen Zettel, auf den ein Wort geschrieben wird, z. B. „Maulbeerbaum". Nun laufen die Kinder los und versuchen zunächst, Sachen zu finden, deren Anfangsbuchstabe mit dem des Anfangswortes übereinstimmt. Wer nach weiterer Suche nach Buchstaben für den Rest des Wortes zuerst genug Sachen hat, um das Anfangswort zu bilden, gewinnt.
Dieses Spiel kann gut in Kleingruppen gespielt werden, denn um so länger das Anfangswort ist, desto länger dauert die Sachensucherei.

Variante:
Jedes Kind macht sich auf die Suche nach einer besonderen Sache. Mit den Fundstücken wird ein kleines Sachensucher-Museum eingerichtet.

295. Lukas 19,45-48   Münzsammler

Material: Münzen, Bierdeckel, Korken o. Ä.

Spieldauer: ab 5 Minuten

Spielort: ausreichende Bewegungsfläche

Gruppengröße: ab 5 Spielern

Alter: ab 6 Jahre

Art: Kooperationsspiel

Im Tempel sollen keine Geschäfte gemacht werden, so vertreibt Jesus alle Händler. Schnell müssen sie ihr Geld, ihre Ware zusammenraffen.

Im Spielfeld verteilt liegen gut sichtbar Münzen, Bierdeckel, Korken oder ähnliches Material. Die Spieler stellen sich zu fünft oder mehr in einer Reihe auf, fassen sich an den Händen an und sammeln als "Münzsammler" so viele Münzen wie möglich ein. Dabei dürfen sie die Hände nicht loslassen und sich nur per Augenkontakt darüber verständigen, welche Münzen von den Endgliedern der Reihe aufgenommen werden. Es gilt also, auf die Signale der anderen zu achten.

Tipp:
Die Spielspannung wird erhöht, wenn mehrere "Münzsammler" gleichzeitig im Spielfeld ihrer Aufgabe nachgehen.

296. Lukas 22,39-46 **Den anderen stärken**

 Material: nicht erforderlich

Spieldauer: ab 5 Minuten

Spielort: im Kreis

Gruppengröße: ab 8 Spielern

Alter: ab 10 Jahre

Art: Interaktionsspiel

Jesus begegnet mir in dieser Erzählung mit großer Verlassenheit. Damit Jesus den äußeren Weg des Verrats, der Angst, der Einsamkeit gehen kann, bittet er seine Freunde: „Bleibet hier und wachet mit mir!" Sie schlafen ein. Stattdessen stärkt ein Engel Jesus. So kann er den inneren Weg gehen, den Gott ihm aufträgt.
Auch ich kenne die Befindlichkeiten von Angst, Einsamkeit, Verlassenheit, ausgeliefert zu sein. In diese Dunkelheit hinein brauche ich vertraute und liebende Menschen an meiner Seite, die mich stärken und begleiten.

Um einer Person in einer für sie schweren Situation symbolisch zu zeigen, dass sie ein wertgeschätzter Mensch ist, darf sie sich in die Mitte der Gruppe stellen. Von den anderen werden ihr ermutigende Worte zugesprochen, z. B.:
Du bist liebenswert.
Das Leben ist wunderbar.
Du hast die Fähigkeit …
So bringen die anderen ihre Verbundenheit mit dieser Person zum Ausdruck. Der Spielleiter achtet sensibel darauf, dass im rechten Moment diese „Beifallrunde" abgeschlossen wird.

Dieses Interaktionsspiel kann gelegentlich für andere aus der Gruppe wiederholt werden, um so das Erleben von Verständnis, Stärkung und Aufmunterung durch die Gruppenteilnehmer spürbar zu gestalten.

297. Lukas 22,(39-46) 47-53 **So nicht**

 Material: nicht erforderlich

 Spieldauer: 5-10 Minuten

 Spielort: ausreichende Bewegungsfläche

 Gruppengröße: 5-15 Spieler

Alter: ab 5 Jahre

 Art: Interaktionsspiel

Jesus ist von bewaffneten Soldaten gefangen genommen worden, aber er hat sich nicht gewehrt. In diesem Spiel sollen die Kinder versuchen, sich zu wehren, ohne zurückzuschlagen.

Die Kinder wählen sich einen Partner und stellen sich diesem gegenüber. Eines der Kinder greift nun das andere Kind körperlich an. Das andere Kind reagiert ganz spontan. Im Anschluss wird die Situation besprochen.
Dann beginnt das Spiel:
Kind Nummer eins greift wieder an, aber Kind Nummer zwei wehrt sich diesmal ausschließlich mit Worten, z. B. „Stopp", „Hau ab" oder „Geh weg".
Anschließend tauschen sich die Kinder über das Erlebte aus.

298. Lukas 22,54-62 (63-71) Er hat mich angesehen

 Material: nicht erforderlich

 Spieldauer: 10-15 Minuten

 Spielort: im Kreis

 Gruppengröße: 10-25 Spieler

 Alter: ab 6 Jahre

 Art: Interaktionsspiel

Petrus ist von Jesus angesehen worden. Petrus hat diesen Blick sehr bewusst wahrgenommen. Alle anderen Anwesenden haben es sicher nicht einmal bemerkt.

Ein Kind wird als Soldat nach draußen geschickt. Jetzt einigt sich die Gruppe darauf, wer die Rolle des Jesus übernehmen darf.
Der Soldat kommt zurück in den Raum. Er setzt sich in den Kreis und beobachtet die anderen Kinder. Das Kind, welches die Rolle von Jesus übernommen hat, versucht nun, unbemerkt von dem Soldaten, Blickkontakt zu einem der Kinder im Kreis aufzunehmen. Wenn der Blickkontakt zustande gekommen ist, schließen beide einmal kurz die Augen. Das angesehene Kind steht schweigend auf und stellt sich hinter seinen Stuhl. Wenn der Soldat herausgefunden hat, welches Kind Jesus ist, ist das Spiel beendet.

299. Lukas 23,13-25 Alle gegen einen

Material: Tonkarton, Scheren, Klebstoff, evtl. Glasperlen

Spieldauer: ab 5 Minuten

Spielort: im Kreis

Gruppengröße: ab 4 Spielern

Alter: ab 4 Jahre

Art: Interaktionsspiel

Weil das Passahfest bevorsteht, darf ein Gefangener freigelassen werden. Pilatus lässt das Volk entscheiden: Barabbas oder Jesus?

Vor Spielbeginn werden Königskronen mit den Kindern gebastelt. Dann setzt jeder sie auf und stellt sich nacheinander in den Kreis. Dabei wird jeder einzelne wie ein König von den anderen bejubelt.
An dieses Erleben setzt sich ein Gespräch fort:
Kennst du das? Wenn alle dich auslachen und du ganz alleine dastehst? Erinnerst du dich, wie es war, als du der König gewesen bist? Erzähl deinen Freunden eine Geschichte, in der du von anderen ausgelacht worden bist. Wie hast du dich dabei gefühlt?

300. Lukas 24,13-35 Der Weg nach Emmaus

Material: diverses anregungsreiches Material

Spieldauer: ab 90 Minuten

Spielort: mehrere Räume

Gruppengröße: ab 15 Spielern

Alter: ab 10 Jahre

Art: Identifikationsspiel

Die Jünger durchleben auf ihrem Weg nach Emmaus unterschiedliche Gefühle. Zunächst tauschen sich die beiden Jünger über ihre Erinnerungen mit Jesus aus, erzählen sich von ihren einzigartigen Erfahrungen mit ihm. Dann sind sie traurig, Jesus ist nicht mehr bei ihnen. Im nächsten Moment meinen sie, in eine Sinnlosigkeit zu verfallen. Doch plötzlich verändert sich ihr Weg nach Emmaus. Ein Mann gesellt sich zu ihnen. Sie merken nicht, dass Jesus mitten unter ihnen ist. Sie spüren aber eine Hoffnung in sich hochsteigen. Als sie dann am Abend zusammen mit dem Fremden essen, erkennen sie in ihm Jesus. Freude breitet sich aus.

Die Spieler werden in fünf Gruppen eingeteilt. Jede Gruppe ist für einen Raum zuständig, den sie entsprechend der fünf Erlebnismomente gestalten: Erinnerungen, Trauer, Sinnlosigkeit, Hoffnung und Freude.
Wenn alle Räume in ihrer Gestaltung fertig sind, erleben alle Gruppen den Weg nach Emmaus. Im Raum der Freude kann zum Abschluss ein Freudenfest mit einem Agapemahl gefeiert werden.

Tipp:
Wenn die Gruppe sehr groß ist, wird der Weg nach Emmaus nacheinander in zwei Kleingruppen nachempfunden. Der Raum der Freude sollte der größte Raum im Spielverlauf sein, damit gemeinsam gefeiert werden kann.
Aus meiner Erfahrung sollte der Raum der Trauer ein sehr kleiner Raum sein, damit die dort zur Sprache kommende Trauer die einzelnen Spieler nicht „erdrückt".

301. Lukas 24,13-35 Gefühle darstellen

Material: nicht erforderlich

Spieldauer: 10-15 Minuten

Spielort: im Kreis

Gruppengröße: 10-20 Kinder

Alter: ab 6 Jahre

Art: Pantomimik

Die Kinder wählen zwei Gruppen. Abwechselnd kommt aus jeder Gruppe ein Kind nach vorne und stellt pantomimisch ein Gefühl dar, das es selbst schon empfunden hat. Dabei reicht es aber nicht, das reine Gefühl, wie z. B. „Angst" darzustellen. Das Gefühl soll einer bestimmten Situation zugeordnet sein, z. B. „Im Dunkeln habe ich Angst!"
Die Gruppe, welche die Pantomime erraten hat, bekommt einen Punkt.

302. Lukas 24,13-35 Erkennst du mich

 Material: Namen- und Auftragszettel, Musikanlage, CD, Hut

 Spieldauer: ab 10 Minuten

Spielort: ausreichende Bewegungsfläche

Gruppengröße: ab 15 Spielern

Alter: ab 7 Jahre

Art: Ratespiel

Jesus ist mit seinen Jüngern zusammen nach Emmaus gegangen, ohne dass diese ihn erkannt haben. Bei diesem Spiel geht es auch um das Erkennen.

Alle Kinder bewegen sich frei im Raum, evtl. unterstützt durch Musik.
Jetzt geht ein Hut o. ä. herum, aus dem sich jedes Kind einen Zettel nimmt. Auf den meisten dieser Zettel steht das Wort „Detektiv". Auf einem steht „Pontius Pilatus" mit einem Pfeil zum Kreuz. Auf einem weiteren Zettel steht das Wort „Kreuz" mit einem Pfeil zu Ostern, auf einem „Ostern" mit einem Pfeil zu Emmaus, auf einem „Emmaus" mit einem Pfeil zu Jesus, und auf einem „Jesus".
Die Kinder mit dem Zettel „Detektiv" bekommen den Auftrag, „Pontius Pilatus" zu suchen. Alle Kinder bewegen sich durcheinander. Detektivisch versuchen die Spieler durch Fragen herauszubekommen: „Bist du Pontius Pilatus?" Das Gegenüber antwortet entweder wahrheitsgemäß mit „Nein" oder „Ja, ich bin es! Suche jetzt das Kreuz!"
So schickt Pontius Pilatus alle weiter zum Kreuz. Der „Kreuzspieler schickt die Detektive weiter zu „Ostern". „Ostern" schickt alle weiter zu „Emmaus", und „Emmaus" schickt alle Spieler zu „Jesus". Der erste Spieler, der „Jesus" gefunden hat, hat gewonnen.

303. Lukas 24,31 **Fallender Namensvorhang**

 Material: Bettlaken o. ä.

Spieldauer: ab 7 Minuten

Spielort: ausreichende Bewegungsfläche

Gruppengröße: ab 15 Spielern

Alter: ab 6 Jahre

Art: Interaktionsspiel

Die beiden Jünger erkennen Jesus auf dem Weg nicht sofort.

Auch bei diesem Spiel „ent-decken" die Spieler die Namen der anderen.

Die Spieler haben sich untereinander vorgestellt, sodass sie sich mit Namen anreden können. Dann werden die Spieler in zwei Kleingruppen eingeteilt, die sich auf den Fußboden setzen. Zwischen diesen beiden Gruppen halten zwei Spielleiter ein Betttuch, sodass sich die Spieler nicht sehen können. Jede Kleingruppe lässt einen ihrer Spieler direkt vor dem Betttuch Platz nehmen. Die Einigung untereinander geschieht nonverbal, denn die andere Kleingruppe darf auf keinen Fall mitbekommen, wen die gegnerische Mannschaft für die jeweilige Spielrunde auswählt. Die Ausgewählten setzen sich gegenüber, getrennt durch das Betttuch. Auf ein Kommando hin lassen die Spielleiter das Betttuch fallen. Spontan müssen die gegenüber sitzenden Personen den Namen des anderen sagen. Derjenige, der als erster den Namen des Gegenübers sagen kann, hat die Spielrunde gewonnen: Der Gegner muss in die andere Gruppe wechseln. Dann beginnt die zweite Spielrunde. Das Spiel ist beendet, wenn entweder eine Gruppe alle Spieler vereint oder eine vorher vereinte Spielzeit abgelaufen ist.

Tipp:
Die Spielspannung erhöht sich, wenn die Spieler nicht nur den Namen des anderen Spielers sagen müssen, sondern zusätzlich noch eine weitere Information zum Spieler. Dieses Spiel lässt sich von daher gut mit anderen Kennenlernspielen kombinieren.

304. Johannes 2,1-12   Fülle versus Leere

 Material: Papier, Stift

Spieldauer: ab 10 Minuten

Spielort: im Kreis

Gruppengröße: ab 2 Spielern

Alter: ab 10 Jahre

Art: Konzentrationsspiel

Für diese Geschichte nehme ich die in diesem Text angesprochene Dualität von Leere und Fülle auf. Jesus füllt bei der Hochzeit zu Kana die Krüge, die zuvor mit Wasser gefüllt bzw. ohne Wein waren, mit kostbarem Wein.

Bei dem Spielprinzip „Gefüllte Kalbsbrust" als ein Evergreen schreibt jeder Spieler ein beliebiges Wort so auf das Papier, dass die einzelnen Buchstaben links von oben nach unten und rechts von unten nach oben stehen. Zwischen den beiden Buchstabensäulen bleibt genügend Platz. Diese bilden die „leere Kalbsbrust", die jeder Spieler mit Worten füllt, deren Anfangs- und Endbuchstaben jeweils durch das Vorgabewort bestimmt sind. Wer schafft es, als erster die „Kalbsbrust" bzw. den Krug zu füllen?

Beispiel:

```
S    pee         R
P    erl         E
E    iszei       T
I    gelhau      S
S                I
E                E
M                M
E                E
I                S
S                I
T                E
E                P
R                S
```

Tipp:
Dieses Spielprinzip lässt sich auf andere Bibeltextstellen gut übertragen, die ebenfalls das Motiv von Leere und Fülle zum Thema haben, wie z. B. 1. Könige 17 oder 1. Mose 1-2,4a.

305. Johannes 4,46-54   O Schreck, die Pickel kommen

 Material: Schminke

 Spieldauer: 15 Minuten

 Spielort: im Kreis

 Gruppengröße: ab 10 Spielern

 Alter: ab 6 Jahre

 Art: Konzentrationsspiel

Jesus zeichnet die Menschen aus, heilt sie, beruhigt sie und wendet sich ihnen zu. Auch in folgendem Spiel werden die Spieler besonders „ausgezeichnet".

Alle Kinder sitzen im Stuhlkreis und werden durchnummeriert. Es ist wichtig, dass sich alle Kinder ihre Nummer merken. Nun bekommen alle Kinder mit Schminke einen Punkt (einen Pickel) auf das Gesicht gemalt.

Das erste Kind beginnt und sagt z. B. „Rippel Pippel eins mit einem Pickel ruft Rippel Pippel sieben. Wie viele Pickel hast du?" Das Kind mit der Nummer sieben sagt, wie viele Pickel es hat und macht dann auf die gleiche Weise weiter. Am Anfang haben alle Kinder erst einen Pickel, brauchen bei ihrer Antwort also nicht lange zu überlegen. Im Spielverlauf verändert sich das. Wenn ein Kind auf einen Zuruf hin nicht reagiert oder reagiert, obwohl es gar nicht gemeint war, oder eine falsche Anzahl an Pickeln angibt, bekommt es von der Spielleitung einen weiteren Pickel aufgemalt.

306. Johannes 6,1-15 **Alle werden satt**

 Material: Teller mit Gebäckteilen oder einzeln verpackten Süßigkeiten, Getränk, Gläser, evtl. Papier und Stifte für eine Spielauswertung

 Spieldauer: ca. 30 Minuten bei 12 Spielern

 Spielort: im Kreis

 Gruppengröße: ab 6 Spielern

 Alter: ab 6 Jahre

 Art: Interaktionsspiel

Alle Spieler sitzen im Kreis, evtl. an einem Tisch. In der Mitte steht Essen und Trinken. Keiner bedient sich selbst, sondern jeder wartet ab, bis ihm gegeben wird. Einer beginnt und nimmt ein Gebäckteil oder ähnliches und überreicht es dem anderen mit einem Satz, der ein Kompliment oder einen Wunsch beinhalten kann. Der Empfangende nimmt dieses Essen an. Nun kann der zweite Spieler Essen weitergeben oder den Teller in die Mitte zurückstellen, sodass ein anderer Essen weiterreichen kann. Es wird gewartet bis alle versorgt sind.
Dann wird nach gleicher Regel für das Trinken verfahren. Jemand schenkt dem anderen zu trinken ein und übergibt ihm das Glas, wieder kann etwas dazu gesagt werden.

Im Anschluss an das Spiel kann eine kurze Auswertung stattfinden, bei der alle Teilnehmer Zettel und Stifte erhalten. Jeder schreibt für sich auf, was er während des Spiels empfunden hat. Das Aufgeschriebene wird von jedem selbst vorgestellt.

307. Johannes 6,1-15 **Weckmänner teilen**

 Material: Weckmänner, Butter, süßer Aufstrich

 Spieldauer: ab 10 Minuten

 Spielort: am Tisch

 Gruppengröße: ab 2 Spielern

Alter: ab 6 Jahre

 Art: Interaktionsspiel

Bei der Speisung der 5000 werden alle satt, weil die Menschen untereinander teilen. Auch im Spiel geht es darum, Essen zu teilen.

Ich achte darauf, dass die Gruppe der Kinder aus zwei, drei oder sechs Kindern besteht. Aus einer großen Gruppe bilde ich deshalb verschiedene kleine Gruppen. Auf dem Tisch liegen Weckmänner in der Anzahl der Kinder. Zu der ersten Strophe des Textes nimmt sich das Kind einen Weckmann vom Stapel und teilt ihn in sechs Teile (Kopf, zwei Arme, zwei Beine, Rumpf). Dann legt es vor jedes Kind und vor sich selbst zwei Teile des Weckmanns. Bei zwei Kindern sind es drei Teile pro Kind, bei sechs Kindern ein Teil pro Kind. Zur nächsten Strophe nimmt sich das nächste Kind einen Weckmann und teilt wiederum die einzelnen Teile aus. Dabei muss es darauf achten, dass die Teile entsprechend verteilt sind. Wenn die Gruppen aus sechs Kindern bestehen, muss der Text zweimal gesprochen werden. Bei zwei Kindern pro Gruppe wird die dritte Strophe zusätzlich gesprochen. Schließlich kann jedes Kind aus den einzelnen Teilen einen ganzen Weckmann zusammensetzen und essen. Dazu reiche ich Butter und süßen Aufstrich.

Lied: Wir teilen

Es ist genug für alle da,
weil Gott uns reichlich gibt.
Ich nehme und teile,
schaue und gebe,
bis jeder vor sich liegen hat:
von einem werden alle satt.

Wenn ich von meinem gebe,
habe ich nicht zuwenig.
Ich nehme und teile,
schaue und gebe,
bis jeder vor sich liegen hat:
von einem werden alle satt.

Wenn jeder von sich abgibt,
gibt es keine Not.
Wir nehmen und teilen,
schauen und geben,
bis jeder vor sich liegen hat:
von einem werden alle satt.

Andere Bibeltextstelle, z. B. Matthäus 25,37-41.

308. Johannes 6,22-35   **Ich bin das Brot des Lebens**

 Material: Tücher und Glassteine in den Farben Rot, Blau, Gelb, Grün, evtl. Musik

 Spieldauer: ab 10 Minuten

 Spielort: im Raum

 Gruppengröße: ab 12 Spielern

 Alter: ab 6 Jahre

 Art: Bewegungsspiel

Nach der Speisung der 5000 (Johannes 6,1-15) fragen die Menschen wieder nach Brot. Wonach haben die Menschen Hunger? Was suchen sie bei Jesus?
Bei der Speisung hat er die Menschen satt gemacht, aber er hat ihnen viel mehr gegeben als nur Brot. Er hat ihnen sich selbst gegeben: Brot des Lebens. Er ist Lebensbrot für viele Menschen. Wenn von Brot die Rede ist, dann ist all das gemeint, was ich zum Leben brauche.

Zusammen mit den Spielern wird überlegt, was alles zum Leben gebraucht wird, z. B. Liebe, Wärme, Sonne, Wasser, Luft, Erholung in der Natur, Bäume.
Diese Begriffe werden vier Farben zugeordnet, z. B.:
Liebe und Wärme entsprechen der Farbe Rot,
Sonne und Licht entsprechen der Farbe Gelb,
Wasser, Himmel und Luft entsprechen der Farbe Blau,
Natur, Erholung und Bäume entsprechen der Farbe Grün.
Entsprechend der vier Farben werden Tücher jeweils in die vier Ecken des Spielraumes gelegt. Alle Spieler bewegen sich auf der Spielfläche, evtl. nach Musik. Wenn der Spielleiter z. B. „Wärme" oder „Liebe" ruft, bewegen sich die Spieler zum roten Tuch. Wer zuletzt das Tuch erreicht, scheidet aus und bekommt einen roten Glasstein geschenkt. In den nächsten Spielrunden ruft der Spielleiter immer wieder andere Begriffe auf. Immer, wenn Spieler ausscheiden, erhalten sie entsprechend der Farbe einen Glasstein. Wenn der Spielleiter „Brot des Lebens" ausruft, dann müssen alle Spieler eine Verbindung zwischen allen Farben herstellen. Solange noch viele Spieler mitspielen, schaffen sie diese „Brücke", indem sie sich an den Händen festhalten. Später, wenn schon viele Spieler ausgeschieden sind, können diese Farben nur überbrückt werden, indem sich die Spieler z. B. auf den Boden legen.

Andere Bibeltextstelle, z. B. Matthäus 6,11.

309. Johannes 6,22-35 **Brot**

Material: nicht erforderlich

Spieldauer: 10-15 Minuten

Spielort: im Kreis

Gruppengröße: 10-25 Spieler

Alter: ab 6 Jahre

Art: Interaktionsspiel

In der Gesamtgruppe werden Dreier-Kleingruppen gebildet, in denen in ca. drei bis vier Minuten ein Standbild zu einem entsprechenden Stichwort entwickelt wird, z. B. Brot, Leben, Hunger, Boot, Himmel. Die Standbilder werden nacheinander im Plenum vorgestellt mit dem Hinweis, dass jeder Teilnehmende alle Positionen eines jeden Standbildes selber nachstellen können muss. Auf Nachfrage werden zur Orientierung einzelne Standbilder noch einmal gezeigt. Alle Spieler stehen im Kreis. Nun zeigt der Spielleiter auf eine Person und nennt ein Stichwort zu einem Standbild. Daraufhin stellt diese Person, mit dem rechten und linken Nachbarn gemeinsam, das entsprechende Standbild dar.
Der Spielleiter lässt sich solange Standbilder anzeigen, bis ein Spieler einen Fehler in der Darstellung macht. Dieser geht dann als Spielleiter in die Mitte und fragt weitere Standbilder ab.

310. Ich-bin-Worte **Ich-bin-Worte Jesu**

Material: nicht erforderlich

Spieldauer: ab 10 Minuten

Spielort: im Kreis

Gruppengröße: ab 2 Spielern

Alter: ab 8 Jahre

Art: Bewegungs- und Wettkampfspiel

Eine jede Ich-bin-Aussage stellt einen Spitzensatz des johanneischen Christuszeugnisses dar.

In Anlehnung an die Regeln des klassischen Spiels „Sching, Schang, Schong" kommen die Worte Hirte (Joh. 10,11), Brot (Joh. 6,35) und Licht (Joh. 8,12) in Bewegung.

In einem ersten Schritt überlegt sich die Spielgruppe pantomimische Darstellungen zum Hirten, Brot und Licht.

Dann wird die Gruppe in zwei Kleingruppen eingeteilt. Jede Kleingruppe überlegt sich, welches Wort sie auf ein Startzeichen des Spielleiters hin darstellen möchte:
Der Hirte braucht das Brot zum Leben.
Das Brot braucht das Licht (Feuer), um zum Brot zu werden.
Das Licht braucht der Hirte zum Leben, d. h.:
Hirte schlägt Brot, Brot schlägt Licht und Licht schlägt den Hirten.
Wenn beide Spielgruppen gleichzeitig das gleiche Wort darstellen, werden keine Punkte vergeben.

Mit der Spielgruppe können verschiedene Spielziele vereinbart werden. Zum einen kann solange gespielt werden, bis eine Gruppe drei Punkte erhalten hat. Zum anderen muss ein Spieler zur gegnerischen Kleingruppe überwechseln, wenn seine eigene Mannschaft keinen Punkt erreicht hat.

311. Johannes 12,12-16 Wie ein König

Material: goldfarbene Pappe, Scheren, Klebstoff

Spieldauer: ab 5 Minuten

Spielort: ausreichende Bewegungsfläche

Gruppengröße: ab 4 Spielern

Alter: ab 5 Jahre

Art: Rollenspiel

Als Jesus in Jerusalem einzieht, wird er wie ein König verehrt …

Die Kinder spielen den Einzug in Jerusalem nach.
„Bist du schon mal ein König gewesen? Heute darfst du es sein. Du brauchst goldfarbene Pappe, eine Schere und Kleber. Schneide dir eine Krone aus und setze sie dir auf. Spiel mit den anderen die Szene in Jerusalem nach. Du wirst hereingetragen und alle jubeln dir zu. Wie fühlst du dich?"

Wenn der Gruppe ausreichend Zeit zur Verfügung steht, kann ein Rollenwechsel stattfinden. Anschließend erzählen sich die Spieler von ihren Erfahrungen.

312. Johannes 12,24 **Im Sterben liegt Leben**

 Material: für jeden Spieler ein Weizenkorn, Schale, evtl. Blumentöpfe, Erde

Spieldauer: ab 10 Minuten

Spielort: ausreichende Bewegungsfläche

Gruppengröße: ab 2 Spielern

Alter: ab 5 Jahre

Art: Identifikationsspiel

Jesus verwendet das Bild des Weizenkornes in Verbindung mit Tod und Auferstehung. Das Weizenkorn steht für mich für eine Lebenserfahrung. Manchmal muss etwas in mir sterben, damit etwas Neues erwachsen und reifen kann. Angst und Schmerz gehören dazu. In der Leere zwischen Altem und Neuem besteht keine Sicherheit darüber, ob Neues entsteht und welche Gestalt das Neue hat.

Jeder Spieler bekommt ein Weizenkorn in seine Hand. Der Spielleiter lässt jedem Zeit, sein Weizenkorn zu betrachten:
Welche Farbe, welche Form hat das Korn?
Dann wird jedes einzelne Korn in einer Schale abgelegt, die in der Mitte der Spielgruppe steht.

In einem zweiten Baustein können alle den Werdegang eines Weizenkornes leibhaftig spielen:
Dazu kann sich jeder zunächst eingerollt auf den Boden legen. Das Weizenkorn ruht. Dann spürt es den Regen, die Sonne. Es fängt an zu keimen. Es beginnt, die ersten zarten Wurzeln auszubilden. Das Korn fängt an zu sprießen. Ein grüner Halm kommt an das Licht. Es spürt die Luft, die Sonne, den Regen. Es reift zu einer Ähre heran. Im Wind wiegt sich die Ähre hin und her. Wenn sie an Körnern schwer und reif geworden ist, neigt sie sich zur Erde. Die Ähre wartet auf die Erntezeit, bis es geschnitten ist.

Tipp:
Zur Erinnerung an diese Worte darf jeder ein Weizenkorn in einen Blumentopf mit Erde einpflanzen.

313. Johannes 13,1-20 **Taram, Taram**

 Material: Schuhe der Spieler

 Spieldauer: ca. 4 Minuten

Spielort: im Kreis

 Gruppengröße: ab 10 Spielern

 Alter: ab 8 Jahre

 Art: Interaktionsspiel

Jesus wäscht seinen Jüngern die Füße. Damit macht er deutlich: Er will nichts Besseres sein als seine Jünger. Mit seinem Vorbild lädt er ein, auch einander die Füße zu waschen. Wenn für die Gruppe angedacht ist, eine Fußwaschung zu initiieren, dann dienen verschiedene spielerische Elemente als „warming up" dazu, die Gruppe auf eine solche Zeichenhandlung hinzuführen.

Das folgende Spiel lädt ein, die Schuhe auszuziehen:

Die Spieler knien auf dem Fußboden und bilden dabei einen Kreis. Jeder hat seine beiden Schuhe vor sich. Nun geht es los. Gemeinsam wird laut "taram" gesprochen, gleichzeitig werden die Schuhe zum rechten Nachbarn weiter gegeben. Dies wird wiederholt. Beim dritten Mal sprechen alle: "taram, tam, tam". Die Bewegung dazu sieht so aus, dass die vor einem stehenden Schuhe zum rechten Nachbarn gereicht, aber nicht abgelegt werden. Bei "tam, tam" werden die Schuhe noch einmal zurückgeholt und dann erst rechts abgestellt.
Dann beginnt der Text wieder von vorn: "Taram" (Handlung) "Taram" (Handlung) "Taram tam tam" (Handlung). Das Tempo wird während des Spiels langsam gesteigert. Es entsteht ein großes Schuhchaos.

314. Johannes 13,34-35 *Gemeinschaft stiften*

 Material: Stühle

 Spieldauer: ca. 4 Minuten

 Spielort: im Kreis

 Gruppengröße: ab 15 Spielern

 Alter: ab 12 Jahre

 Art: Interaktionsspiel

Das Gebot der Nächstenliebe stiftet Gemeinschaft.

Bei diesem Spiel setzen sich die Spieler in Bewegung und erfahren in doppelter Weise, dass sie Geber und Nehmer sind.

Alle Spieler stehen im Kreis hinter einem Stuhl. Dann drehen sie sich um eine Vierteldrehung nach links und fassen die Rückenlehne mit ihrer rechten Hand an. Der Stuhl wird angekippt, sodass er nur noch auf den hinteren Füßen steht. Auf ein Startzeichen des Spielleiters hin gehen alle Spieler im Uhrzeigersinn einen Stuhl weiter, dabei darf weder der „eigene", noch der Stuhl des Vordermannes hinfallen. Der gruppendynamische Prozess innerhalb der Gruppe gibt Auskunft darüber, ob die Spieler es schaffen, eine ganze Runde zu gehen – von einem zum anderen Stuhl –, ohne dass Stühle hinfallen.

Wenn ein Stuhl hinfällt, startet die Gruppe einen neuen Versuch.

Tipp:
Das Spiel kann einen Impuls geben, über den gemeinsamen Gruppenprozess ins Gespräch zu kommen: Wo bin ich Geber bzw. Nehmer in dieser Gruppe?

315. Johannes 14,1-3   Gordischer Knoten

 Material: nicht erforderlich

Spieldauer: ab 5 Minuten

Spielort: im Kreis

Gruppengröße: ab 10 Spielern

Alter: ab 5 Jahre

Art: Bewegungsspiel

Gar nicht so einfach, die vielen Wohnungen Gottes zu finden. Es wird auch nicht so leicht sein, den Gordischen Knoten zu lösen.

Die Spieler stehen im Kreis, fassen sich an den Händen und lassen sich nicht mehr los. Der Kreis verknotet sich zu einem sehr dichten „Knäuel". Ein Freiwilliger versucht, den Knoten wieder zu lösen, sodass alle am Schluss wieder in der Ausgangsposition stehen.

Variante:
Bei kleineren Gruppen (ca. 10 bis 20 Personen) stehen die Spieler nicht angefasst im Kreis, sondern gehen mit geschlossenen Augen aufeinander zu und reichen sich die Hände. Es entsteht ein Gewirr. Jetzt müssen die Spieler versuchen, den Knoten aufzulösen.

316. Johannes 14,6 **Labyrinth**

 Material: Tau, den Stationen entsprechendes Material

Spieldauer: ca. 80 Minuten

Spielort: ausreichende Bewegungsfläche

Gruppengröße: ab 10 Spielern

Alter: ab 12 Jahre

Art: Interaktionsspiel

Jesus sagt von sich „Ich bin der Weg". Bei diesem Interaktionsspiel erleben die Spieler einen Weg.

Mithilfe eines langen Taus wird ein Labyrinth mit verschiedenen Eingängen auf den Fußboden gelegt. Im Labyrinth verteilt liegen an unterschiedlichen Plätzen Briefe, die unterschiedliche Aufgaben beinhalten.
Jeder Spieler sucht sich einen Partner. Zusammen gehen beide in das Labyrinth hinein. Immer, wenn sie an eine Stelle kommen an der ein Brief liegt, öffnen sie diesen und erfüllen die Aufgabe. Nach ca. 60 Minuten findet innerhalb der Gruppe ein Austausch über die gemachten Erfahrungen statt:
Was hat mir besonders gut gefallen?
Was möchte ich als Erinnerung an diesen Weg in den Alltag mitnehmen?

Mögliche Aufgaben:
Diskutiert über den Bibeltext: „Ich bin der Weg, die Wahrheit" – Johannes 14,6.
Massiert euch gegenseitig den Rücken.
Singt zusammen ein Lied, das euch gefällt.
Erzähle dem anderen eine Geschichte aus deinem Leben.
Erzähle dem anderen, welche Fähigkeiten und Fertigkeiten du an ihm am meisten schätzt.
Erzähle dem anderen, was dir auf deinem Lebensweg am wichtigsten ist.
Erzähle dem anderen, was für dich Glück bedeutet.

317. Johannes 14,16-17 **Wie geht „Trösten"?**

 Material: nicht erforderlich

Spieldauer: ab 10 Minuten

Spielort: im Kreis

Gruppengröße: ab 6 Spielern

 Alter: ab 6 Jahre

 Art: Rollenspiel

Der Anfang einer fiktiven Situation wird gespielt: Carstens Onkel Jens aus Kanada war sieben Wochen zu Besuch. Die beiden haben sich prima verstanden. Aber nun muss Onkel Jens wieder nach Hause fliegen. Am Abend vor dem Abschiedstag sitzen alle bei einem Festessen zusammen. Die Stimmung ist gedrückt. Carsten muss auf einmal weinen.
Die Spieler übernehmen unterschiedliche Rollen. Sie spielen die Szene als Vater, Mutter, Bruder, Schwester, Freund/Freundin und Onkel Jens weiter. Fragen zum Gespräch:
Wie tröstet man Carsten?
Wie will Carsten sich trösten lassen?

Das Rollenspiel wird mit dem Hinweis auf die Geschichte abgeschlossen: Die Jünger sind traurig. Jesus hat ihnen gesagt, dass er sie verlassen und zu seinem Vater gehen wird. Jesus gibt ihnen ein Versprechen: „Gottes heiliger Geist wird euch trösten".

318. Johannes 18,1-14 **Ja gegen Nein**

 Material: nicht erforderlich

 Spieldauer: 5-15 Minuten

 Spielort: im Kreis

 Gruppengröße: 10-20 Kinder

 Alter: ab 5 Jahre

 Art: Interaktionsspiel

Jesus hat sich nicht gewehrt, als die Soldaten ihn gefangen genommen haben. Er hat nicht geschrieen, sondern er war ruhig. Die Kinder kennen auch Situationen aus ihrem Alltag, in denen sie angegriffen werden. Dann ist es leicht zu schreien. Aber wie reagiert mein Gegenüber, wenn ich ruhig bleibe?

Die Gruppe teilt sich in Zweiergrüppchen auf. Jetzt legen die Kinder fest, welcher Partner mit dem „Nein" und welcher mit dem „Ja" anfängt. Mehr müssen die Kinder nicht sagen.

Das „Ja-Kind" beginnt so laut es kann immer wieder „Ja" zu brüllen. Es kann die Tonlage variieren oder die Fäuste ballen, aber es darf das andere Kind nicht anfassen.
Das „Nein-Kind" widerspricht mit einem einfachen „Nein". Ein ganz ruhiges, sachliches Nein, das aber auch wiederholt werden darf. Anschließend tauschen die Kinder ihre Rollen.

319. Johannes 18,28-40 / Johannes 19,6-16 **Ein falsches Spiel**

 Material: Papier, Zeigestock

 Spieldauer: 5-15 Minuten

 Spielort: im Kreis

 Gruppengröße: 10-20 Kinder

 Alter: ab 5 Jahre

 Art: Interaktionsspiel

Mit Jesus wird ein falsches Spiel gespielt. Die Gegner von Jesus stellen die Spielregeln der Welt auf den Kopf.

Den Kindern wird erklärt, dass ein „Hellseher" im Raum ist. Dieser Hellseher ist entweder ein Kind, das vorher in das Spiel eingewiesen wurde oder ein anderer Spielleiter. Dieser Hellseher könne Gedanken lesen, so wird erzählt.
Auf dem Boden in der Mitte des Stuhlkreises werden neun Blätter Papier wie folgt ausgebreitet. Ein Spielleiter bekommt einen Zeigestock.

Während der Hellseher im Flur wartet, suchen die Kinder im Kreis ein Blatt Papier aus, das der Hellseher durch seine Fähigkeiten wiedererkennen soll. Wenn der Hellseher wieder im Raum ist, tippt der Spielleiter auf ein Blatt und fragt: „Hast du das ausgesucht?" Der Hellseher erfährt jetzt, welches Blatt gesucht wird, weil der Spielleiter mit seinem Zeigestock einen Hinweis gibt! Mit dem Zeigestock tippt er nämlich so auf das Blatt, dass er, wenn man sich das Blatt als Verkleinerung des Gesamtplans vorstellt, auf die Ecke tippt, die der Position des gesuchten Blattes gleichkommt.

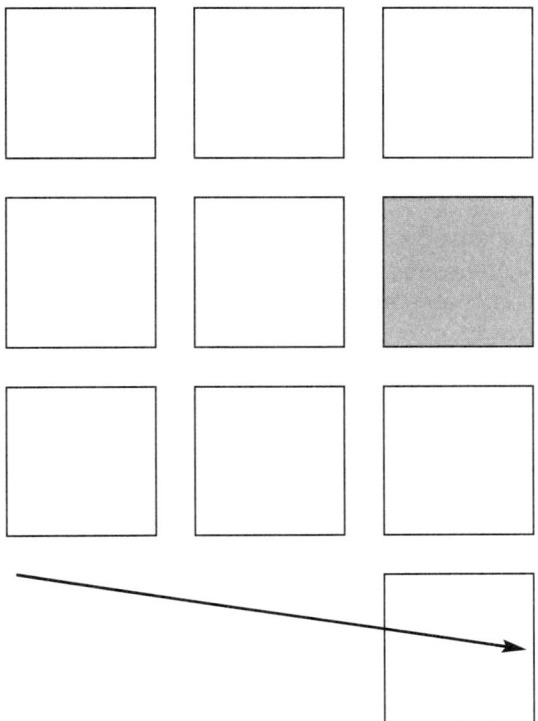

Ein Beispiel:
Das grau unterlegte Blatt soll erkannt werden. Der Hellseher wird auf einem beliebigen Blatt gefragt: „Suchen wir dies Blatt?" Der Mitarbeiter zeigt mit dem Zeigestock auf diese Stelle. Der Hellseher kann nun verneinen und weiß, dass das Blatt rechts in der Mitte gesucht wird! Wer durchschaut die Spielregeln?

320. Johannes 20,1-18 **Eierschnitzeljagd**

Material: Überraschungseier

Spieldauer: ab 30 Minuten

Spielort: ausreichende Bewegungsfläche

Gruppengröße: ab 4 Spielern

Alter: ab 8 Jahre

Art: Bewegungsspiel

Das Ei ist ein Zeichen für die Auferstehung Jesu.

Jede Gruppe bekommt ihr erstes Ei ausgehändigt. In dem Ei steht ein Hinweis, wo das zweite Gruppenei zu finden ist. Wird das zweite Ei gefunden, kann man über ein Rätsel herausfinden, wo das dritte Ei ist. Im dritten Ei steht der Hinweis, dass der Spielleiter verrät, wo das vierte Ei versteckt ist, etc. Je nach gewünschter Spiellänge und Alter der Kinder kann man die Anzahl der Eier und die Schwierigkeit der Hinweise und Rätsel variieren, ebenso, ob die Eierschnitzeljagd nur im Haus stattfindet oder im Freien. Die Gruppe, die zuerst das letzte Ei gefunden hat (nur ein letztes Ei für beide Gruppen, so kann genau ermittelt werden, wer es zuerst gefunden hat), hat gewonnen.

321. Johannes 20,1-18 **Eierüberraschung**

 Material: pro Gruppe vorbereitete gefüllte Ostereier, Kärtchen mit Überraschungseierinhalt

 Spieldauer: ab 5 Minuten

 Spielort: im Kreis

 Gruppengröße: ab 4 Spielern

 Alter: ab 7 Jahre

 Art: Ratespiel

Jede Gruppe bekommt zehn gefüllte Überraschungseier und zehn Kärtchen. Auf den Kärtchen stehen die Füllungen der Eier, z. B. Reis, Zucker, Sand, Split, Perlen etc. Aufgabe ist es, durch Schütteln der Eier den Inhalt zu „erhören" und das richtige Kärtchen neben das entsprechende Ei zu legen. Schwierigkeit: die Gruppe hat nur zwei Minuten Zeit. Welche Gruppe hat die besseren Ohren?

Hinweis:
Wem es zu umständlich ist, alles doppelt vorzubereiten, lässt die beiden Gruppen einfach nacheinander antreten.

322. Johannes 20,1-18 **Hoffnung aus der Enttäuschung**

 Material: Decken, Tücher, spannende Geschichte, evtl. Musikanlage und CD

 Spieldauer: ab 20 Minuten

 Spielort: ausreichende Bewegungsfläche

Gruppengröße: ab 4 Spielern

Alter: ab 5 Jahre

Art: Identifikationsspiel

Ostern feiern und erleben ist wie Hoffnung aus der Enttäuschung.
Zusammen mit der Spielgruppe wird eine Höhle gebaut, die Geborgenheit vermittelt.
Wenn alle Spieler in der Höhle Platz genommen haben, wird entweder durch einen guten Erzähler oder CD eine Geschichte erzählt. An einer spannenden Stelle wird die Geschichte abgebrochen. Die Spieler nehmen ihre Enttäuschung wahr und kommen darüber ins Gespräch. Anschließend wird die Geschichte bis zum Ende erzählt.

323. Johannes 20,1-18 *Karfreitag versus Ostern*

Material: Karten aus Tonkarton, Stifte

Spieldauer: ab 20 Minuten

Spielort: im Kreis

Gruppengröße: ab 4 Spielern

Alter: ab 8 Jahre

Art: Konzentrationsspiel

Ostern ist ein Verwandlungsfest. Am Karfreitag ist Jesus am Kreuz gestorben. Ostern erinnern wir uns an den Zuspruch: Er ist auferstanden, er ist wahrhaftig auferstanden! Aus Tod wird Leben.

In der Spielvorbereitung sammeln die Spieler Erlebnismomente sowohl zu Karfreitag als auch zu Ostern, die ein Verwandlungsereignis darstellen, zum Beispiel:

Karfreitag	in	Ostern
Tod	in	Leben
Enttäuschung	in	Erfüllung
Trauer	in	Freude
Angst	in	Geborgenheit
Einsamkeit	in	Gemeinschaft
Unglück	in	Glück
Ungerechtigkeit	in	Gerechtigkeit
Misstrauen	in	Vertrauen
Unzufriedenheit	in	Zufriedenheit

Diese Begriffe werden auf Karten geschrieben und wie bei dem Spiel Memory verdeckt ausgelegt. Daraufhin wird nach den klassischen Spielregeln des Memory gespielt.

324. Johannes 20,24-29 **Händepost**

 Material: Würfel, Gegenstand, z. B. Schlüssel,

Spieldauer: 10 Minuten

Spielort: ausreichende Bewegungsfläche

Gruppengröße: 10-30 Spieler

Alter: ab 5 Jahre

Art: Interaktionsspiel

Der Beweis für Jesu Botschaft waren die Wundmale an seinen Händen. Auch im Spiel dürfen Hände Botschaften weitergeben.

Die Spieler werden in zwei Kleingruppen eingeteilt. Diese setzten sich in zwei geraden Linien hintereinander und halten sich an den Händen. Mittig im Gang zwischen den beiden ersten Spielern liegt ein Gegenstand (z. B. ein Schlüsselbund), der schnell gefasst werden muss. Keiner der Spieler darf nach hinten sehen. Nur die beiden letzten in der Schlage dürfen sich umdrehen. Zwischen ihnen wird gewürfelt. Bei einer sechs geben sie per Händedruck einen Impuls durch die Reihe. Wenn dieser bei dem ersten Spieler angekommen ist, greift er blitzschnell nach dem Gegenstand. Die schnellste Gruppe bekommt einen Punkt. Blindgänger – Impulse die falsch weitergegeben wurden – werden mit einem Minuspunkt bestraft. Nachdem eine Gruppe den Gegenstand gefasst hat, kommt das hinterste Kind nach vorne und alle rutschen einen Platz nach hinten weiter.

325. Apostelgeschichte 2,1-13 **Feuer und Flamme**

 Material: viele verschiedene Zungenbrecher

Spieldauer: ab 8 Minuten

Spielort: ausreichende Bewegungsfläche

Gruppengröße: ab 10 Spielern

Alter: ab 8 Jahre

Art: Wettkampfspiel

Die Kinder stellen sich wie für einen Staffellauf in Kleingruppen gegenüber auf. Auf ein Kommando liest das jeweils erste Kind auf der einen Seite der Staffelgruppen den Zungenbrecher und rennt zur anderen Seite. Dort flüstert es dem Staffelpartner den Zungenbrecher ins Ohr. Sind alle Kinder gelaufen, muss der Zungenbrecher dem Spielleiter gesagt werden. Wer dies schafft, erhält einen Punkt. Es werden einige Durchgänge mit unterschiedlichen Zungenbrechern gespielt.
Die Kinder erleben, dass es nicht einfach ist, sich verständlich zu machen, wenn man „Feuer und Flamme" ist. Es tut gut zu erleben, wenn Verstehen gelingt.

326. Apostelgeschichte 2,1-13   *Geheimbotschaften*

 Material: Vokabeln in verschiedenen Sprachen

 Spieldauer: ab 10 Minuten

 Spielort: ausreichende Bewegungsfläche

 Gruppengröße: ab 2 Spielern

 Alter: ab 5 Jahre

 Art: Interaktions- und Wettkampfspiel

In Jerusalem feiern Juden aus vielen Ländern das Pfingstfest. Sie sprechen alle unterschiedliche Sprachen. Über die Sprachbarrieren hinweg hören die Gäste, wie die Jünger die Taten Gottes, loben.

Für dieses Spiel werden zwei Freiwillige aus dem Raum geschickt, welche die Rolle der Festgäste einnehmen. Die anderen Spieler werden als Jünger in verschiedene Spielgruppen eingeteilt. Alle zusammen erhalten zum Spieleinstieg ein deutsches Wort, z. B. Pfingst-wun-der. Jede Spielgruppe ist nur für jeweils eine Silbe des Wortes zuständig, d. h. eine Spielgruppe für die erste Silbe „Pfingst", die zweite Gruppe für die Silbe „wun" und die dritte Gruppe für die Silbe „der". Nach der Einteilung der Gruppen kommen die Freiwilligen in den Raum zurück und stellen sich in die Mitte der Spielergruppen. Auf ein Startzeichen hin ruft jede Spielgruppe ihre Silbe. Die Freiwilligen versuchen die Silben zu einem Wort zusammenzusetzen.

Bei älteren Kindern können auch Wörter in verschiedenen Sprachen eingesetzt werden, z. B. Praise, Gloria. Hierzu bekommt jede Spielgruppe ein anderes Wort, das nicht in seine Silben zerlegt wird. Welcher Spieler versteht als Festgast eine Vokabel?

Andere Bibeltextstelle, z. B. 1. Mose 11,1-9.

327. Apostelgeschichte 2,1-13 **Gottes Geist schafft Gemeinschaft**

Material: Papier, Stifte, Würfel

Spieldauer: ab 10 Minuten

Spielort: am Tisch

Gruppengröße: ab 3 Spielern

Alter: ab 5 Jahre

Art: Wettkampfspiel

Die Jünger können nicht anders: Sie fangen an, von Jesus zu erzählen. Sie erzählen von dem, was sie mit Jesus erlebt haben. Und die Menschen hören zu und verstehen sie. Viele der Menschen, die den Jüngern zuhören, fangen an zu glauben und lassen sich taufen. Von nun an gehören Christinnen und Christen wie eine große Familie zusammen. Herzlichen Glückwunsch zum Geburtstag, Kirche! Dafür gibt es die Geburtstagstorte!

Jeder Mitspieler bekommt ein Blatt Papier und malt darauf eine sechsstöckige Geburtstagstorte mit allem, was dazugehört. Ausmalen darf er sie allerdings noch nicht. Hat jeder Spieler die Vorlage fertig, nummeriert er die einzelnen Schichten von eins bis sechs. Dann wird reihum gewürfelt. Die Spieler malen das erwürfelte Feld an. Welche Torte ist als am schnellsten bunt?

328. Apostelgeschichte 2,1-13 **Kirche von außen wahrnehmen**

Material: nicht erforderlich

Spieldauer: ab 20 Minuten

Spielort: bei der Kirche

Gruppengröße: ab 3 Spielern

Alter: ab 6 Jahre

Art: Kennlernspiel

Zum Geburtstag der Kirche wird die eigene Kirche von außen wahrgenommen. Kirchenpädagogik versucht, die christliche Religion durch entdeckendes Lernen und entsprechende Spurensuche im Gebäude „be-greifbar" zu machen.

Jeder Spieler geht einmal um die Kirche herum. Dabei können einige Fragen die Wahrnehmung der Spieler sensibilisieren:
Wie viele Fenster und Türen hat die Kirche?
Was fällt dir bei den Fenstern auf?
Was fällt dir an den Türen auf?
Gibt es einen Turm? Wo steht er?
Kannst du von außen die innere Form der Kirche erkennen?
Versuche, einen Grundriss von der Kirche zu zeichnen.
Bringe nach deinem Rundgang ein „Lebenszeichen" in die Kirche mit.

329. Apostelgeschichte 2,1-13   Kirche von innen wahrnehmen

 Material: nicht erforderlich

 Spieldauer: ab 20 Minuten

 Spielort: in der Kirche

 Gruppengröße: ab 3 Spielern

 Alter: ab 6 Jahre

 Art: Kennlernspiel

Jeder Spieler hat in der Kirche Zeit, seine Eindrücke vom Gebäude zu sammeln. Dabei können folgende Wahrnehmungsübungen hilfreich sein:

Was unterscheidet diesen Raum von deinem Zuhause?
Bewege dich auf unterschiedliche Weise im Raum: langsam, rennend, hüpfend, Pilgerschritt (zwei Schritte vor, ein Schritt als Wiegeschritt zurück). Was empfindest du dabei? Welche Art des Gehens ist angemessen für diesen Raum?
Schätze die Höhe des Gebäudes.
Miss in deinen Schrittlängen die Länge und Breite des Gebäudes aus.
Probiere aus, wo du am liebsten sitzen magst.

330. Apostelgeschichte 2,1-13   Spiel mit der Windwedelblume

 Material: nicht erforderlich

 Spieldauer: ab 4 Minuten

 Spielort: im Kreis

 Gruppengröße: ab 2 Spielern

Alter: ab 5 Jahre

 Art: Kooperationsspiel

Zwei Kinder sitzen sich gegenüber. Eines fächert dem anderen Luft zu: ins Gesicht, auf den Arm, in die Haare, auf die Handfläche, auf die Beine. Das andere Kind schließt seine Augen und sagt, wo es den Luftzug spürt. Nach einiger Zeit werden die Rollen gewechselt. Die Kinder erleben: Das, was ich nicht sehe, kann ich doch spüren.

331. Apostelgeschichte 2,42-47 Geister lauschen

 Material: Tücher zum Augen verbinden, Gläser und Löffel

 Spieldauer: 10-15 Minuten

 Spielort: ausreichende Bewegungsfläche

 Gruppengröße: 10-20 Spieler

 Alter: ab 5 Jahre

 Art: Ratespiel

Die erste christliche Gemeinde wird groß. Menschen kommen dazu, auf die Lehren der Apostel zu hören. Auch in diesem Spiel geht es darum, durch genaues Hinhören in die Gruppe der „Glasklinger" aufgenommen zu werden.

Das erste Kind, das sich freiwillig meldet, setzt sich mit verbundenen Augen in die Mitte des Raumes. Vier bis fünf andere Kinder bekommen ein Glas und einen kleinen Löffel in die Hand, und schleichen auf Socken durch den Raum. Die schleichenden Kinder halten Blickkontakt, denn sie sollen nun nacheinander leise gegen ihre Gläser schlagen. Das Kind in der Mitte konzentriert sich auf das Gehörte und zeigt in die Richtung, aus der es ein Klingen gehört hat. Zeigt es dabei genau auf das „klingende" Kind, so finden die beiden als Paar zusammen. Die Kinder mit den Gläsern bekommen ein neues Kind dazu und ein anderes freiwilliges Kind setz sich in die Mitte.

332. Apostelgeschichte 8,26-39 Rund um die Bibel

 Material: diverse Fragen zur Bibel, die auf die Altersgruppe der Spieler abgestimmt sind

 Spieldauer: ca. 15 Minuten

Spielort: im Raum

 Gruppengröße: ab 4 Spielern

 Alter: hängt von den Fragen ab

 Art: Ratespiel

Der Äthiopier ist auf der Reise nach Hause. Er war in Jerusalem, wo er sich eine Schriftrolle des Propheten Jesaja gekauft hat. Obwohl ihn der Text sehr interessiert, versteht er nicht alle Sätze. Philippus hilft ihm, Gottes Worte zu verstehen.

Im Spiel wird Zeit und Raum gegeben, Antworten zur Bibel zu finden.
In jede Ecke des Raumes stellt sich ein Kind. Der Spielleiter stellt eine Bibelfrage. Das Kind, das als erstes die Antwort auf die Frage weiß, geht im Uhrzeigersinn eine Ecke weiter. Das Kind, das in dieser Ecke steht, scheidet aus und geht zurück auf seinen Platz. Es folgt die nächste Frage usw. Wenn ein Kind eine Frage richtig beantwortet hat und somit in eine bereits „leere" Ecke kommt, scheidet kein Kind aus. Die erste Quizrunde zur Bibel ist beendet, wenn nur noch ein Kind im Spiel ist. Es können mehrere Spielrunden erfolgen, damit möglichst viele Kinder die Möglichkeit haben, ihr Wissen ins Spiel zu bringen.

333. Apostelgeschichte 9,1-19 Wo war das Licht?

 Material: 2 Taschenlampen

 Spieldauer: ab 10 Minuten

 Spielort: ausreichende Bewegungsfläche

 Gruppengröße: ab 4 Spielern

 Alter: ab 5 Jahre

 Art: Ratespiel

Nach der Begegnung mit Christus ist Saulus drei Tage blind. Als er aus dieser „Todesnacht" aufsteht, geht ihm ein Licht auf. Er ist ein neuer Mensch.

Der Raum ist verdunkelt. Der Spielleiter schweift mit seiner Taschenlampe mehrmals durch den Raum und verharrt auf verschiedenen Gegenständen, die er für die anderen deutlich anleuchtet. Im Licht begegnen den Spielern verschiedene Gegenstände. Das Licht der Taschenlampe wird dann gelöscht. Ein Spieler versucht nun, die vom Spielleiter angeleuchteten Gegenstände der Reihe nach wieder anzuleuchten. Ist er noch „blind" oder geht ihm ein Licht auf und erinnert sich, was der Reihe nach vom Spielleiter angeleuchtet worden ist? Der Spieler kann sich dabei von den Mitspielern helfen lassen. Wer diese Aufgabe schafft, fühlt sich gestärkt.

Andere Bibeltextstelle, z. B. 1. Mose 1,3-5.

334. Apostelgeschichte 27 Schiff ahoi

Material: Seil

Spieldauer: ab 10 Minuten

Spielort: ausreichende Bewegungsfläche

Gruppengröße: ab 15 Spielern

Alter: ab 6 Jahre

Art: Interaktionsspiel

Paulus war auf einer Schiffsfahrt nach Rom, als Sturm aufkam und das Schiff zu sinken drohte. Durch gutes Zureden beruhigte Paulus die Mannschaft und alle kamen heil an. Ob es wohl dem Kapitän dieses Spiels auch gelingt, das Schiff heil an Land zu bringen?

Alle Spieler, bis auf drei, fassen sich an den Händen und nehmen die Form eines Schiffes an. Sie sind jetzt die Reling. Von den übrigen drei fassen sich zwei an den Händen, sodass sie eine Sitzfläche bilden. Darauf setzt sich der dritte Spieler als Kapitän. Das Schiff soll sich jetzt bewegen. Der Kapitän gibt dabei die Kommandos. Sagt er „volle Fahrt", legt das Schiff ab und beginnt seine Reise. Der Kapitän darf sein Schiff eine Zeitlang steuern, damit sich alle an ihre Rolle gewöhnen. Dann wird die See rau! Eine Welle rollt auf das Schiff zu! Zwei Spielleiter spannen dazu ein Seil etwa 20 –30 cm. über dem Boden. Alle Spieler müssen im richtigen Moment über das Seil steigen, ohne dass das Schiff auseinanderreißt.

Andere Bibeltextstelle, z. B. Markus 4,35-41.

335. Paulusbriefe Ich schicke einen Brief

Material: nicht erforderlich

Spieldauer: ca. 10 Minuten

Spielort: im Kreis

Gruppengröße: ab 10 Spielern

 Alter: ab 6 Jahre

 Art: Interaktionsspiel

Paulus ist bekannt für die Briefe, die er Personen und deren Gemeinden geschrieben hat.

Bei diesem Spiel schlüpfen die Kinder in die Rollen von Absender und Adressat. Hierzu fassen sich alle Kinder im Kreis an den Händen, während ein Kind in der Mitte steht. Als Absender beginnt ein Kind und sagt: „Ich schicke einen Brief an …" Dabei ergänzt es den Satz mit einem Namen aus der Gruppe, z. B. Kerstin. Per Händedruck schickt es den Brief entweder rechts oder links herum zum Adressaten. Wenn der Brief bei Kerstin angekommen ist, signalisiert sie es den anderen. Dann darf Kerstin erneut einen Brief auf die Reise schicken. Der in der Mitte stehende Spieler achtet darauf, wo sich gerade der Brief per Händedruck befindet. Nimmt er einen Händedruck wahr, nennt er den Namen des Spielers. Der Spieler, der beim Weiterreichen des Briefes erwischt wird, muss in die Mitte. Der andere Spieler reiht sich stattdessen in den Kreis ein.

Variante:
„Ich schicke einen Brief an Kerstin über Ellen." Dann muss der Brief erst bei Ellen ankommen, bevor er zu Kerstin gelangt.

336. Römer 14,7-9 Der rote Faden

 Material: Rote Wolle

 Spieldauer: hängt von dem Alter der Spieler und der Größe der Spielgruppe ab, ab 10 Minuten

 Spielort: ausreichende Bewegungsfläche

 Gruppengröße: 10-20 Spieler

 Alter: ab 5 Jahre

 Art: Interaktionsspiel

Dieses Spiel regt dazu an, über Tod und Trauer nachzudenken. Dies ist der sprichwörtliche „rote Faden", der sich durch die Gespräche zieht, und der die Bibeltextstelle aufgreift.

Der Spielleiter schneidet in der Spielvorbereitung von einem roten Wollknäuel mehrere ca. zehn Meter lange Stücke ab. Diese verteilet er so im Spielfeld, dass sie kreuz und quer, über Tische und Stühle verlaufen.

Dann beginnt das Spiel: Jeder Spieler nimmt ein Ende eines solchen Fadens in die Hand und beginnt ihn langsam aufzuwickeln. Dabei wird sich sein Weg immer wieder mit dem eines anderen Spielers kreuzen. Treffen zwei Spieler aufeinander, beginnen sie ein Gespräch unter der Einleitung: „Ich war einmal traurig, weil …" Wenn die beiden Spieler das Gespräch als beendet ansehen, verabschieden sie sich voneinander und wickeln ihre Fäden weiter auf, bis sie auf den nächsten Gesprächspartner treffen.

337. 1. Korinther 9,24-27 „Isthmische Spiele"

 Material: den einzelnen Disziplinen entsprechendes Material, Liste mit den einzelnen Disziplinen, Klebeband, um die Startlinie zu markieren, Stoppuhr, evtl. Siegerurkunden oder –kränze sowie Preise, Tücher für Nationalflaggen, Stoffwachsmaler, Papier, Stifte, evtl. Orffsche Instrumente

 Spieldauer: ab 90 Minuten

 Spielort: ausreichende Bewegungsfläche

 Gruppengröße: ab 16 Spielern

 Alter: ab 6 Jahre

 Art: Wettkampfspiel

In Korinth fanden alle drei Jahre die Isthmischen Spiele statt. Die Teilnehmer unterzogen sich vorher monatelang einer strengen Disziplin, weil ihnen so viel am Siegeskranz lag.

Die Gruppe wird in mindestens vier Kleingruppen als Nationalmannschaften eingeteilt, um die Spielspannung im Wettkampf zu erhöhen.

Anschließend treten aus den einzelnen Nationalmannschaften nominierte Vertreter in diversen Disziplinen gegeneinander an. Einige Einzelspiele werden als Mannschaft durchgeführt, wie z. B. das Entzünden des „Isthmischen Feuers". Die in diesem Spiel verwendeten Disziplinen sind im übertragenen Sinn zu verstehen.

Mögliche Beispiele für die einzelnen Disziplinen:

Entzünden des „Isthmischen Feuers":

Wie bei der Olympiade wird zunächst das „Isthmische Feuer" entzündet. Hierzu stellt sich jeweils ein Spieler aus jeder Mannschaft an der Startlinie zum Staffellauf auf, in der Hand eine Kerze. Beim Startsignal müssen diese an einer „Ersatzkerze" entzündet werden. Mit brennender Kerze laufen nun die ersten Spieler eine vor dem Spiel abgesteckte Strecke und übergeben dann die Kerze den zweiten Läufern usw. Ziel dieser Disziplin ist es, das „Isthmische Feuer" als erste Mannschaft zu entzünden.

Speerwerfen:
Die für diese Disziplin nominierten Spieler werden von der Spielleitung aufgerufen. Diese stellen sich an der Startlinie nebeneinander auf, um den Speer – einen Strohhalm – möglichst weit zu werfen. Jeder Athlet hat drei Würfe, sein weitester Wurf wird gewertet.

Kugelstoßen:
Die für diese Disziplin nominierten Spieler werden von der Spielleitung aufgerufen. Sie stellen sich an der Startlinie nebeneinander auf, um ihre Kugel – ein aufgeblasener Luftballon gleicher Größe und Gestalt – möglichst weit zu stoßen oder zu schlagen. Jeder Athlet hat drei Würfe, sein weitester Wurf wird gewertet.

400-Meter-Lauf:
Bei dieser Disziplin wird eine „400-Meter-Strecke" eingerichtet von ca. fünf bis zehn Metern. Als Materialien liegen diverse Gegenstände bereit, wie z. B. Löffel, Tischtennisbälle, Schaumstofftennisbälle, Zeitungspapier, evtl. „Hindernisse".
Die für diese Disziplin nominierten Spieler stellen sich an der Startlinie auf. Der Schaumstofftennisball wird zwischen die Beine geklemmt, das Zeitungspapier als Hut aufgesetzt, der Löffel mit einem Tischtennisball in die Hand genommen. So ausgerüstet kann der 400-Meter-Lauf beginnen, der mit kleinen Hindernissen erschwert werden kann. Verliert ein Athlet einen Gegenstand, muss er zurück zur Startlinie, um sich neu auszustatten.
Diese Disziplin ist auch als Mannschaftsstaffel geeignet.

Rudern im Einer:
Die nominierten Athleten gehen nebeneinander an die Startlinie. Als Einer erhalten sie eine Plastiktüte. Auf ein Startzeichen hin setzen sich die Spieler auf ihre Plastiktüte und bewegen sich mit Po und Füßen über die imaginäre Wasserfläche.

Tipp:
Diese „Isthmischen Spiele" gewinnen an Spielreiz, wenn die einzelnen Nationalmannschaften sich vor Spielbeginn in ein „Trainingslager" begeben können, um sich einen Namen für ihre Nationalität, eine Hymne sowie eine Flagge auszudenken. Nach dem Entzünden des „Isthmischen Feuers" werden diese dann im Plenum vorgestellt. Zum Abschluss der "Istmischen Spiele" eignet sich eine Siegerehrung, die mit dem Löschen des olympischen Feuers endet.

338. 1. Korinther 12,4-7 „Handikaps"

 Material: diverse Schals zum Verbinden, je nach Aufgabe geeignetes Material

 Spieldauer: ab 30 Minuten

Spielort: ausreichende Bewegungsfläche

 Gruppengröße: ab 4 Spielern

 Alter: ab 8 Jahre

 Art: Interaktionsspiel

Die verschiedenen Gaben der Einzelnen werden zum Nutzen aller.

Es werden Kleingruppen gebildet. Die Teilnehmer der Kleingruppe haben alle unterschiedliche Handikaps: 1. Nicht sehen können (Augen verbinden), 2. Nicht sprechen können (Mund verbinden), 3. Keine Hände haben (Hände auf den Rücken), 4. Nicht hören können (Hörschutz aufsetzen).
Diese vier gehandikapten Personen oder Gruppen gestalten zusammen ein Bauwerk, z. B. Murmelbahn, Brücke, Haus usw.

339. 1. Korinther 12,10 *Geschenke*

 Material: Zettel mit den Spielernamen, Papier, Tonkarton, Stifte, Scheren, Stoffe, Ton usw.

 Spieldauer: ab 30 Minuten

 Spielort: ausreichende Bewegungsfläche

 Gruppengröße: ab 10 Spielern

 Alter: ab 9 Jahre

 Art: Interaktionsspiel

Auch wenn Paulus den einzelnen Gaben nicht den höchsten Wert zumisst, wird bei diesem Spiel die Individualität der Spieler hervorgehoben.

Bei diesem Spiel müssen sich die Gruppenteilnehmer schon eine Zeit lang gut kennen. Jeder Spieler zieht einen Namen aus der Gruppe, dabei achtet der Spielleiter darauf, dass keiner seinen eigenen Namen zieht. Dann besteht die Aufgabe darin, dass jeder sich für den gezogenen Namen ein charakteristisches Geschenk überlegt und es aus diversen Materialien herstellt.
Dann kommt es zur Geschenkübergabe, z. B. Anneke, ich habe dir einen kleinen Computer aus einem Schuhkarton gebastelt, weil ich von dir weiß, dass du gern am Computer sitzt. Für dich, Henry, habe ich ein Buch gemalt, weil du gern liest. du, Jiri, bekommst ein Schiff von mir, weil du in den Sommerferien gerne segelst.

Variante:

Vor Spielbeginn werden Pärchen gebildet, sodass beide zusammen sich jeweils zwei Geschenke für zwei verschiedene Personen überlegen. Bei dieser Spielvariante werden subjektive Einseitigkeiten für die Geschenkübergabe vermieden.

340. 1. Korinther 12,10 **Verschiedene Gaben**

 Material: evtl. akustisches Material wie Zimbeln

Spieldauer: ab 5 Minuten

Spielort: ausreichende Bewegungsfläche

Gruppengröße: ab 10 Spielern

Alter: ab 6 Jahre

Art: Interaktionsspiel

Die Spieler wissen, dass sie mit ihren verschiedenen Gaben einzigartig von Gott geschaffen sind. In diesem Selbstbewusstsein bewegen sie sich auf der Spielfläche, ohne sich gegenseitig zu berühren. Auf ein Zeichen des Spielleiters finden sich die Einzelnen zu Teilnehmergruppen zusammen. Wie die Grüppchen zusammengesetzt sind, sagt der Spielleiter in jeder Runde neu an. Es können sich z. B. die Gruppen mit gleicher Haar- oder Augenfarbe, mit gleichfarbiger Oberbekleidung, gleichem Alter, gleicher Körperlänge usw. zusammenfinden.

Variante:

In der spontanen Gruppenbildung erzählen die Spieler außer ihren Namen drei Informationen über sich, z. B. Hobby, Lieblingsessen oder zuletzt gelesenes Buch. Anschließend gehen die Spieler solange wieder auseinander, bis der Spielleiter zur nächsten Grüppchenbildung aufruft.

341. 1. Korinther 12,12-27 **Körpergestalten**

 Material: Kärtchen mit Körperteilbezeichnungen, großes Plakat, Wachsmalstifte

Spieldauer: ab 10 Minuten

Spielort: im Kreis

 Gruppengröße: ab 10 Spielern

Alter: ab 5 Jahre

 Art: Interaktionsspiel

Jeder erhält ein Kärtchen, auf dem jeweils eine Körperteilbezeichnung steht, Kopf, Bauch, rechtes Bein, linkes Bein, linker Fuß, rechter Arm, rechtes Ohr, linkes Ohr, Nase, Mund, Haare, Herz etc. Die Menge der Karten hängt von der Größe der Spielgruppe ab. Die Kärtchen sind durchnummeriert. In der Mitte liegen ein großes Plakat und Wachsmalstifte. In der Reihenfolge der Nummerierung steht einer nach dem anderen auf und malt das Körperteil, das bei ihm auf der Karte steht, auf das Plakat, sodass nach und nach ein Leib mit vielen Gliedern entsteht – ein Mensch. Anschließend können alle Körperteile nacheinander, in der Reihenfolge der Nummerierungen, einmal durchgeschüttelt und bewegt werden. Dazu stehen alle Spieler im Kreis.

342. 1. Korinther 12,12-27 Maschine

 Material: evtl. Musik

 Spieldauer: ab 5 Minuten

 Spielort: ausreichende Bewegungsfläche

 Gruppengröße: ab 10 Spielern

 Alter: ab 6 Jahre

 Art: Interaktionsspiel

Wie ein Leib aus vielen Gliedern besteht und lebensfähig ist, so besteht auch eine Maschine aus vielen Einzelteilen, die nur im Zusammenspiel funktionieren. Die Aufgabe der Gruppe besteht darin, gemeinsam eine „Maschine" zu bauen. Dies geht so: Jemand aus der Gruppe stellt sich in die Mitte des Spielfeldes, macht eine Maschinenbewegung und ein Geräusch dazu. Dann stellt sich der zweite Spieler dazu, der ebenfalls eine Bewegung sowie einen Laut für die Gruppenmaschine einbringt. Dies geschieht solange, bis alle Spieler in die Maschine eingebunden sind. Die Mitspieler entscheiden selbst, wie sie sich in das Gesamtbild einordnen. Nun kann der Spielleiter die Maschine „ein- und ausstellen".

1. Variante:
Zwei bis drei Spieler werden zu Ingenieuren, die eine Maschine bauen. Sie formen aus den anderen Mitspielern eine Maschine und bringen den Teilnehmern die entsprechenden Geräusche zu den Bewegungen bei.

2. Variante:

Es wird vor Spielbeginn ein Beobachter bestimmt, der die Möglichkeit besitzt, einzelne Maschinenteile auszuwechseln. In dem Fall geht der Beobachter auf einen anderen zu, klopft ihn ab und übernimmt dessen Maschinenaufgabe. Der freigewordene Spieler hat die Chance, sich die Maschine im Gesamtkontext anzuschauen, klopft dann den nächsten Spieler ab usw.

343. 1. Korinther 13,13   Ei-Übung

Material: rohe Eier, Papier, Pappe, Klebeband, Strohhalme, Scheren

Spieldauer: ab 60 Minuten

Spielort: am Tisch

Gruppengröße: ab 10 Spielern

Alter: ab 10 Jahre

Art: Interaktionsspiel

Jeder Einzelne hat seine eigene Aufgabe im Leben eines Leibes. Es kommt nicht darauf an, welche Gaben am eindrücklichsten sind, sondern welche am ehesten dem Aufbau der Gemeinde dienen. Aber drei Dinge sind wichtiger als alle Gaben: Glaube, Hoffnung, Liebe.
Um die bevorstehende Ei-Übung gemeinsam bewältigen zu können, brauchen die Spieler ihre unterschiedlichen Begabungen und vor allem Glaube und Hoffnung, dass sie die Übung schaffen, sowie einen liebevollen Umgang miteinander.

Jeweils vier Personen zusammen bilden eine Kleingruppe, die das oben beschriebene Material erhält. Für jede Kleingruppe ist das Material identisch und räumlich von den anderen getrennt. Jede Kleingruppe hat ca. 50 Minuten Zeit, mit diesem Material einen Apparat zu entwickeln, der es ermöglicht, ein rohes Ei aus ca. drei Meter Höhe auf einen harten Untergrund fallen zu lassen, ohne dass es zerbricht. Das Ei ist weder gekocht noch ausgeblasen. Zur Präsentation werden die Apparate auf ihre Tauglichkeit hin überprüft. Welche Eier fallen aus der Höhe, ohne zu zerbrechen?

344. 1. Korinther 13,13   Unverzichtbar

Material: nicht erforderlich

Spieldauer: ab 10 Minuten

Spielort: am Kreis

Gruppengröße: ab 10 Spielern

 Alter: ab 12 Jahre

 Art: Interaktionsspiel

Ohne Liebe ist Leben nicht möglich. Wer meint, auf Liebe verzichten zu können, wird krank an seiner Seele.

In diesem Spiel werden Sätze gebildet, die Unverzichtbares zum Ausdruck bringen, z. B. „Keine Liebe ohne Leben". Der nächste Spieler formuliert einen Satz zum Leben, z. B. „Kein Leben ohne Tod". Wer kann an diesen Satz anknüpfen? „Kein Tod ohne …"
Fällt der spielenden Gruppe kein weiterer Satz ein, beginnt eine neue Spielrunde mit einem völlig neuen Satz, z. B. „Keine Schule ohne Lernen".

345. 2. Korinther 8 „Eine-Welt-Rollenspiel"

 Material: Lose für die Einteilung in die Kleingruppen, richtet sich nach der Ausgestaltung des Rollenspiels

 Spieldauer: ab 180 Minuten

 Spielort: ausreichende Bewegungsfläche

 Gruppengröße: ab 20 Spielern

 Alter: ab 10 Jahre

 Art: Interaktionsspiel

Jesus hat durch sein Leben deutlich gemacht, dass wir Menschen die krassen Unterschiede zwischen Armut und Reichtum nicht hinnehmen dürfen. In diesem Brief fordert Paulus zu einem freiwilligen Verzicht auf, der für eine Gleichheit der Lebensverhältnisse sorgen kann.

In diesem Spiel geht es für die Spieler um die Darstellung und Erfahrung des Zusammenspiels zwischen den „armen" und „reichen" Völkern dieser Erde. Dazu werden die Spieler in Gemeinschaften, Dörfer, Völker oder Nationen eingeteilt. Der Spielleiter sollte darauf achten, dass die „armen" gegenüber den „reichen" Gemeinschaften in einem Verhältnis von vier zu eins im Spiel vertreten sind, um einen realen Bezug zu unserer Welt widerzuspiegeln. Per Losverfahren wird in der Gruppe geklärt, wer zu den „unterentwickelten" oder „entwickelten" Nationen gehört, um hier bereits deutlich zu machen, dass allein die Geburt über die Zufälligkeit der Lebenssituation entscheidet.

Im Rollenspiel spiegeln sich die unterschiedlichen Lebensbedingungen und die daraus resultierenden Konsequenzen wider.

Für die Darstellung der unterschiedlichen Lebensverhältnisse ist denkbar, dass die Spieler in den „unterentwickelten" Nationen einfache Kost essen, während die Spieler der „reichen" Länder jedes Mal ein opulentes Mahl vorgesetzt bekommen. Auch kulturelle Unterschiede bestimmen den Lebensalltag dieser Gemeinschaften: So sind die Spieler der Industrienationen privilegiert, bestimmte Angebote, wie z. B. Kinofilme, Bastelangebote oder Computerkurse, wahrzunehmen. Die Darsteller der Entwicklungsländer sind lediglich darauf beschränkt, sich zu einer Geselligkeit am Lagerfeuer mit Tanz und Gesang zusammenzufinden. Das Rollenspiel gewinnt an dieser Stelle an Spielreiz, wenn die privilegierten Länder z. B. aus polizeilichen Gründen kein Lagerfeuer machen dürfen.

Für die Darstellung der unterschiedlichen Arbeitsbedingungen in diesen Gemeinschaften könnten die Spieler der „armen" Gemeinschaften Arbeitsaufträge erhalten, die ausschließlich den Menschen in den „reichen" Nationen zugute kommen, wie z. B. Bau eines Treffpunktes allein für die „Reichen".

Tipp:
Dieses Rollenspiel ist besonders geeignet für der Durchführung von Freizeiten oder Projekteinheiten, bei denen der Problembereich Eine- bzw. Dritte-Welt behandelt wird.

Dieses Rollenspiel gewinnt an Spielreiz, wenn die Spielleitung eine umfangreiche Einführung in die Problematik dieser „Einen-Welt" leistet. Ebenso stehen den einzelnen Gemeinschaften anregungsreiches Material zur Verfügung, wie z. B. spezifische Kleidung und Werkzeug.

Im Spiel ist es ferner wichtig, dass mindestens zwei Kleingruppen Vertreter der „entwickelten" Nation darstellen, um gegebenenfalls Solidaritätspartnerschaften schließen zu können.

Im Anschluss an das Rollenspiel muss ausreichend Zeit zur Reflexion zur Verfügung stehen.

346. 2. Korinther 8   Teilen

Material: Bonbons, Würfel

Spieldauer: ab 10 Minuten

Spielort: im Kreis

Gruppengröße: ab 8 Spielern

Alter: ab 6 Jahre

Art: Interaktionsspiel

Den Nächsten erkennen und mit ihm teilen um Jesu Willen, daran erinnert Paulus in seinem Kollektenbrief.

Zu Beginn des Spiels bekommt jeder Mitspieler zehn bis 15 Bonbons. Reihum wird gewürfelt. Wer an der Reihe ist, verteilt so viele Bonbons an seine Mitspieler, wie er Punkte gewürfelt hat. Ganz so wie er mag, kann er sie alle einem Mitspieler geben oder nach Belieben verteilen. Wenn einer alle seine Bonbons weggegeben hat, darf er seine Mitspieler um eine Spende bitten. Bekommt er mehr zurück, als er verteilt hat?
Die Spieler können erleben, wie gut es tun kann abzugeben.

347. 1. Petrus 2,1-10 **Lebendige Steine**

Material: Kreide

Spieldauer: ab 5 Minuten

Spielort: ausreichende Bewegungsfläche

Gruppengröße: ab 10 Spielern

Alter: ab 5 Jahre

Art: Bewegungsspiel

Die Aufgabe der Spieler ist es, einen auf den Boden gemalten Fluss zu überqueren. Die Variante, Papierblätter oder Teppichfliesen als Steinersatz zu nehmen, um so „trockenen" Fußes den Fluss zu überqueren, kennen sicher die meisten Spieler. Bei diesem Spiel wird der Fluss mit lebendigen Steinen überquert.
Die Spieler teilen sich in Vierergruppen auf. Ein Spieler muss den Fluss nun trockenen Fußes überqueren, indem er die anderen aus seiner Gruppe als Steine einsetzt. Die „Steinspieler" hocken sich auf allen Vieren in den Fluss, sodass der andere Spieler – ohne Schuhe – über die Rücken der „Steinspieler" an das andere Ufer krabbeln kann.

348. 1. Johannes 1,5-7 **Von der Finsternis ins Licht kommen**

Material: Kreise oder Rhythmikreifen, dunkler Umhang

Spieldauer: ca. 5 Minuten

Spielort: ausreichende Bewegungsfläche

Gruppengröße: ab 6 Spielern

Alter: ab 6 Jahre

 Art: Bewegungsspiel

Gemeinschaft mit Gott durch ein Leben im Licht bedeutet, nicht in der Finsternis zu wandeln.

Auf den Boden werden in verschiedenen Entfernungen Kreise gezeichnet. Bis auf eine freiwillige Person steht jeder Spieler in einem Kreis. Diese Person bekommt ein dunkles Tuch umgehängt, nähert sich einem Spieler, berührt diesen mit dem dunklen Umhang und sagt: „Meine Kerze ist ausgelöscht, gib mir ein Licht!" Der angesprochene Spieler antwortet: „Frage meinen Nachbarn!" Während der Freiwillige zu einem anderen Spieler wandert, wechseln alle anderen Spieler die Plätze. Dabei versucht der Freiwillige, sich in einen freien Kreis zu stellen. Der Spieler, der ohne Kreis bleibt, nimmt sich den Umhang und eine neue Spielrunde beginnt.

Andere Bibeltextstelle, z. B. Johannes 8,12.

349. Hebräer 13,5 *Geldgieriges Auge*

 Material: Bonbonglas mit 1-Cent-Münzen

 Spieldauer: ab 5 Minuten

 Spielort: im Kreis

 Gruppengröße: ab 3 Spielern

 Alter: ab 8 Jahre

 Art: Ratespiel

Gott geht es um das ganze menschliche Leben. Es ist ihm wichtig, z. B. ob ich mich um andere kümmere, wenn sie in Not sind oder was ich mit meinem Geld anfange.

Ein Bonbonglas wird mit einem bestimmten Geldbetrag in ein Cent-Münzen gefüllt. Wer schätzt am genauesten?

In einem zweiten Schritt können die Spieler überlegen, was sie mit so viel Geld anfangen könnten.

Andere Bibeltextstelle, z. B. Lukas 19,1-10.

350. Offenbarung 21,1-7 **Gottes Stadt**

 Material: nicht erforderlich

Spieldauer: ab 5 Minuten

Spielort: im Stuhlkreis

Gruppengröße: ab 13 Spielern

Alter: ab 5 Jahre

Art: Bewegungsspiel

In Gottes Stadt herrschen Friede und Hilfsbereitschaft. Eine solche Stadt, eine solche Zukunft, in der wirklicher Friede herrscht, kann nur von Gott eröffnet und vollendet werden.

Die Spieler bekommen bei diesem Spiel statt Nummern Erlebnismomente aus der „Stadt Gottes", wie z. B. Freude, Friede, Respekt, Leben. Jeder Begriff ist mehrmals vergeben, sodass Kleingruppen entstehen. Die Spieler sitzen im Kreis. Einer steht in der Mitte und versucht einen Platz zu bekommen. Dazu ruft er einen oder mehrere der „Stadt Gottes-Begriffe" auf. Die Spieler mit dieser Bezeichnung wechseln ihre Plätze untereinander. Während des Wechsels versucht der in der Mitte stehende Spieler einen der freien Plätze zu bekommen. Ruft der Spieler den Begriff "Stadt Gottes", stehen alle Spieler auf und suchen sich einen neuen Platz. Der Spieler, der jetzt keinen Platz mehr hat, beginnt eine neue Spielrunde.

Tipp:
Dieses Spielprinzip lässt sich auf andere biblische Geschichten übertragen.

Variante:
Ich spüre eine Sehnsucht nach einer solchen Stadt Gottes, in der Menschen friedlich miteinander umgehen. Um an einer solchen Stadt zu bauen, wünschen sich die Spieler bei dieser Spielvariante von dem in der Mitte stehenden Spieler etwas, was in der Stadt Gottes Bestand haben könnte, bevor er die „Stadt Gottes-Begriffe" aufruft, wie z. B. allen Spielern die Hand geben und herzlich begrüßen, ein Lied singen, einen Witz erzählen, um die anderen zu erheitern.

Literaturverzeichnis

Arbeitsblätter zur Spielpädagogik. Band 1. Hrsg. von Ulrich Baer. Sammelband mit Beiträgen aus „spiel-päd", Hefte 1-12 (1979-1981). Köln 1985.

Aziz, Debora: Äktschen Samstag 2, Neukirchen-Vluyn 2003.

Bettelheim, Bruno: Kinder brauchen Märchen. Übs. Liselotte Mickel. Orginalausgabe New York 1987, ungekürzte Ausgabe München 1990.

Die Bibel. Nach der Übersetzung Martin Luthers. Hrsg. von der Evangelischen Kirche in Deutschland. Stuttgart 1991. (Sonderausgabe zum Jahr der Bibel 1992).

Chagall, Marc: Die Weiße Kreuzigung. In: Treffpunkt RU. 36 Farbfolien aus Treffpunkt RU – Neuausgabe 5/6; 7/8; 9/10. Zusammengestellt und kommentiert von Josef Epping, Diane Korthals, Brigitte Weber-Bange u.a. München 2005.

Depuhl, Patrick: Jahnke, Michael, Jugendarbeit Kreaktiv, Neukirchen-Vluyn, 5. Auflage 2006

Hartebrodt-Schwier, Elke: Echt was Erleben. Erlebnismomente, Biblische Inhalte, Spielideen. Neukirchen-Vluyn 2002 (Reihe Kreaktiv Kompakt).

Hartebrodt-Schwier, Elke: In Bewegung kommen. 33 Spiele für Einstiege in Gruppen. Neukirchen-Vluyn 2006. (Reihe spielend leicht).

Hartebrodt-Schwier, Elke: Jesus spielerisch entdecken. 33 Impulse für die Gruppenarbeit. Neukirchen-Vluyn 2007. (Reihe spielend leicht).

Hartebrodt-Schwier, Elke: Sei Quelle und Brot in Wüstennot. In: Der Kindergottesdienst. Arbeitshilfen für Mitarbeiterinnen und Mitarbeiter im Kindergottesdienst. Gütersloh, Neukirchen-Vluyn, Steinhagen, Heft 3-2004.

Hartebrodt-Schwier, Elke: Von Abendmahl bis Zehn Gebote. 44 Spiele für die Konfirmandenarbeit. Neukirchen-Vluyn 2006. (Reihe spielend leicht).

Hartebrodt-Schwier, Elke: Von Abraham bis Zachäus. 44 Spiele für den Kindergottesdienst. Neukirchen-Vluyn 2006. (Reihe spielend leicht).

Hartebrodt-Schwier, Elke: Von Baum bis Weg. 44 christliche Symbole spielerisch entdecken. Neukirchen-Vluyn 2008. (Reihe spielend leicht).

Hartebrodt-Schwier, Elke: Von Liebe und Leben. 33 Spiele für die Konfirmandenarbeit. Neukirchen-Vluyn 2007. (Reihe spielend leicht).

Hilkert, Manfred, unter Mitarbeit von Krieck, Annette: Wir sind die Kleinen in der Gemeinde. Bausteine für einen kreativen Kindergottesdienst mit 4- bis 6-jährigen. Lahr 1995.

Jahnke, Michael und Klink, Debora: Äktschen-Samstag. Neukirchen-Vluyn 2000.

Jahnke, Michael: Kinderarbeit Kreaktiv. 3. Auflage Neukirchen-Vluyn 2006.

Jahnke Michael: Meine Welt Spielen und erzählen. Ein Werkbuch zur religiösen Erziehung für Familie, Schule und Gemeinde, Gütersloh und Neukirchen-Vluyn 2003.

Jahnke, Michael: Ich habe seinen Stern gesehen. In: Der Kindergottesdienst. Arbeitshilfen für Mitarbeiterinnen und Mitarbeiter im Kindergottesdienst. Gütersloh, Neukirchen-Vluyn, Steinhagen, Heft 4-2005.

Jahnke, Michael (Hrsg.): Religion Praktisch. Heft 1-4. Neukirchen-Vluyn 2004-2005.

Kalmbach, Sybille: Bibel dramatisch. Neukirchen-Vluyn 2006.

Kalmbach, Sybille: Jungschar Schatzkiste. Spiele, Rezepte, Andachten, Feste. Neukirchen-Vluyn 2005.

Kalmbach, Sybille: Kreativ erzählen im Kindergottesdienst. Ideen, Beispiele, Bausteine für alle, die im Kindergottesdienst kreativ erzählen. Neukirchen –Vluyn 2008.

ku-praxis für die Arbeit mit Konfirmanden. Zum Abendmahl geladen. Hrsg. von Gottfried Adam u.a., 2. Aufl. Gütersloh 1993 (ku-praxis 27).

Lionni, Leo, Frederick: Aus dem Amerikanischen von Günter Bruno Fuchs. Weinheim/Basel 1967/2003.

Märchen der Brüder Grimm. Nachdruck der Ausgabe 1937. Droemersche Verlagsanstalt Th. Knaur Nachf. München, Zürich.

Mit Konfirmanden Spuren Gottes suchen. Hrsg. von der Beratungsstelle für Gestaltung von Gottesdiensten und anderen Gemeindeveranstaltungen. Frankfurt/M. 1993 (Materialheft 38).

Plan für den Kindergottesdienst. Hrsg. vom Gesamtverband für Kindergottesdienst in der Evangelischen Kirche in Deutschland e.V.

Scheurl, Hans: Das Spiel. Untersuchungen über sein Wesen, seine pädagogischen Möglichkeiten und Grenzen. Band 1, 11. überarb. Neuausgabe Weinheim, Basel 1990.

Schütz, Heike: Spiele, Rätsel, Quiz im Kindergottesdienst. Gestaltungsmaterial plus nach dem Plan für den Kindergottesdienst 2007-2009. DVD-Box. Neukirchen-Vluyn 2007

Werth, Jürgen, (Text) zusammen mit Nitsch, Johannes: Wie ein Fest nach langer Trauer. In: Feiert Jesus 1. Holzgerlingen 2005.